CITY
on the
EDGE
Hong Kong under
Chinese Rule

邊際危城
資本、帝國與
抵抗視野下的香港

孔誥烽 Ho-fung Hung———著

程向剛———譯

目　錄
Contents

編輯說明：
本書為翻譯著作，再加上港台兩地用語不同，如有未盡之處，還請讀者諒察。

本書用表

本書用圖

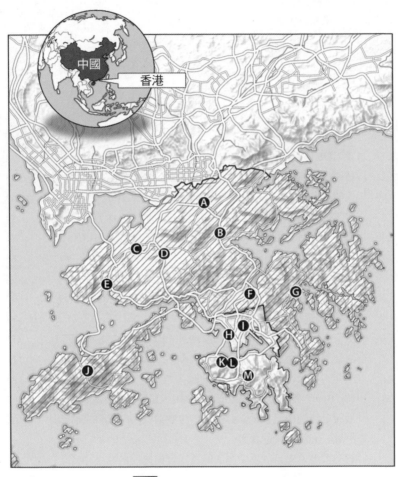

Ⓐ 上水	▨ 新界	Ⓙ 大嶼山	
Ⓑ 林村	Ⓕ 沙田	Ⓚ 中環	
Ⓒ 元朗	Ⓖ 西貢	Ⓛ 金鐘	
Ⓓ 錦田	Ⓗ 旺角	Ⓜ 香港島	
Ⓔ 屯門	Ⓘ 九龍		

沉著地為明天做好準備——中文版序言

　　2019年6月初，我剛好在台灣國立清華大學教授一個有關中國與香港威權韌性和民主運動的研究所密集課程，中間也到香港做了兩個有關香港金融與美中關係的講座。那時有關逃犯條例的爭議正在白熱化。台灣課程的學生，和香港的聽眾——包括學生、學者和各國駐港領館人員，都問我對於各界正在動員的反逃犯條例修訂運動的看法。我那時回應，反逃犯條例，可能會有大規模「和理非」遊行，但遊行過後，修訂可能仍會通過，很快大家就習慣淡忘。當時跟很多香港的朋友討論，也有類似的看法。

　　後來爆發了6月9日的百萬人大遊行和612立法會外的衝突，運動的升級出乎大家的意料，其餘的已是歷史。在2020年人大通過《國安法》和隨後的大鎮壓之後，再加上從武漢輻射全球的大瘟疫，香港已經變成大家不再認得、人們爭相出逃的危城。2019年6月初暴風雨前夕的寧靜安逸，好像已經是一個世紀前的事情。

長時段歷史中的香港

　　由2019年夏天劍橋大學出版社聯絡我，問我是否有興趣寫一本有關主權移交後香港的專書，到英文版在香港主權移交二十五週年前夕的 2022 年春天正式出版，香港的陷落與我的書寫同步。這是一本很難寫的書。

寫這一本書是我多年的心願，從我在香港中文大學唸本科，到留學美國再回中大任教的十年，再從 2005 年離開香港回美國到現在，我一直都關注和收集有關香港政治經濟發展的資料，時而在公共知識的領域發表評論，時而發表特定題材的論文。但一直以來，香港並非我的主要學術研究與寫作範圍。從研究十八世紀清帝國的抗議活動、中國近三十年崛起對全球政治經濟體系的衝擊、已開發資本主義國家勞工力量與通貨膨脹的關係、全球美元霸權的根基與發展效應，到美中關係惡化的企業根源，我都一直保持著與研究對象之間的批判距離。香港是我出生與成長的故鄉，對之愛恨交纏。與香港維持這樣一個批判距離，份外困難。

在 2020 和 2021 年，當香港的自由和自主在加速瓦解時，我壓抑住情感，從長時段與全球比較的角度，冷靜地審視香港自十二世紀始的歷史和現狀。寫到結尾時，雖然各界有關香港的評論已經變得越來越悲觀，但我卻在歷史的嚮導下，找到樂觀的理由。

告別浮躁

一直以來，香港作為一個金融城市，買賣投機股票，一個下午便轉手幾次。炒賣房產，很多時候一個物業還未完成交易便被轉手套利。在連手錶廣告也強調「不在乎天長地久，只在乎曾經擁有」的速食氛圍下，很多香港人思考問題的時間參照都不會太長，浮躁短視。但世界各國爭取自由的事業，都是漫長的起伏，缺少一點耐性也不行。1956年布達佩斯反蘇起義和1968年布拉格之春被鎮壓後，到了1989年，施害者才需要面對轉型正義。1947年二二八之後四十年，台灣才開始走出恐怖與壓制。有些地方的不義，不用等太久便能矯正，但我們哪能心存僥倖？

而當台灣、匈牙利、捷克等地天亮之後回頭，我們都發現在那些高壓年代，總有內斂沉著的人們，在各種不被察覺的角落追求自由。不論是隱蔽的讀書會、偷聽自由世界的電台廣播、抑或是地下搖滾，都讓大家能在思想和意志上準備轉變機遇來臨的一天。

中共進入習近平體制之後，權力高度集中於最高領袖一人。集體領導與培養接班的黨內機制消失。習的長壽固然會鞏固一切政策的持續性，但也增加了一旦最高領導死亡將會帶來的不確定性。歷史上的終身領袖個人獨裁體制，都會在獨裁者壽終正寢時出現危機。危機最後會帶來更大的自由，還是更大的壓制，難以事先預測。但為改變的機遇忽然來臨時作好準備，卻是必須。

經歷過自由浪潮的年輕人，忽然要潛藏低調甚至身陷囹圄，是痛苦和壓抑的。但肯定的是，時間在他們一邊，他們都能活得比獨裁者長，只要不自殘自棄，保持健康，終會迎來轉機出現的一天。

很多人說「唔好死」、要同獨裁者「鬥長命」。這不是被動地不作為。在這或長或短的等待之中，保持清醒頭腦、磨練觸覺增長知識、鞏固主體意識，不消沉不投降，十分重要。在香港內外的朋友，現在要追求的，恐怕不是消耗最後一分精力的冒險硬碰，或只能帶來一刻滿足的鎂光燈，而是電影《十年：本地蛋》那個不幸言中的荒誕極權社會裡，隱蔽地發亮的地下圖書館。保持身心安康，確保清算施害者的一天到臨時自己仍能精力旺盛，乃是我們的集體責任。

中國的新疆化與香港的不確定

北京近年重手打壓私企，不惜讓本來已經減速的經濟進入更大險境。但就算在國安法訂立之後，北京仍未能下定決心為堵死香港的「國安漏洞」而犧牲香港的金融中心地位。例如在 2021 年初，北京輿論，都將中國反外國制裁法延伸到香港，說成是定局。該法一旦在香港實施，香港的跨國公司便要在遵守美國等地法律制裁港中官員，和遵守中國法律無視西方制裁之間，做出不可能的選擇。最後中國政府在香港金融界的遊說下，於去年夏天宣布暫時擱置將該法伸延到香港，繼續研究。

在 2022 年初，中共喉舌強調香港在應對疫情時，一定要實施中國大陸式的強硬清零。一時全民強檢、封城好像不可避免。一些中共官員學者，甚至將香港是否進行大陸式封城，說成是香港官員是否願意走中國道路，是否仍懷戀西方殖民主義的指標。但最後上海進入長達兩個月的極端封閉管理，香港的封城卻不了了之。特區政府還在商界壓力下，縮短旅客從外地到港強制隔離的時間。2019年有論者認為習近平將把香港新疆化。但當外媒說上海在封城時已經「被新疆」時，北京連在香港強推封城的決心也沒有。

國安法之下，香港失去的自由，比所有人原先想像的都多。但香港相對於其他被中國強行同化的邊區（如1959年後的西藏），甚至中國大陸，都因為北京還沒下決心完全摧毀香港的國際金融中心地位，仍充滿變數。

哲學家史賓諾莎曾告誡：不要哭、不要笑，但要理解。經歷了過去兩、三年集體創痛的香港人，都難以避免百感交集情緒波動。但轉機遲早會來，問題只是快還是慢。要為遲早都會來的轉變契機做好準備，前瞻未來的可能狀況，理解、回顧、和反思香港為何會走到現在的處境，必不可少。對於台灣朋友來說，要更警覺和聰敏地應對中國因素，從香港的過去吸取教訓也是必不可少。如果我這本書可以為大家的這些努力做出一點貢獻，我便心滿意足。

孔誥烽

2022年6月4日

1 導論

Introduction

2019 年 11 月 17 日的黑夜，香港理工大學校園不幸淪為戰場。持械重裝上陣的香港警察包圍了理大校園。另一邊廂，校園內亦早有超過一千名示威者整裝待發。他們一直利用校園的地理位置，在紅磡海底隧道前設置路障，已令交通癱瘓了超過一星期。事實上，這是抗爭者長久以來策略的一部份。他們便是透過控制數間位於香港交通網絡樞紐位置的大學校園，用來阻礙城市的正常運作，以向政府施加壓力。[1]

據當時身在校園的記者記載，示威者大多二十多歲，另有一些只是十多歲的年輕人。但當晚，警方向校園內部的示威者發出了最後通牒，要求他們投降，否則警方將會荷槍實彈強行攻佔校園。此刻，全世界都在屏息以待觀看衝突現場的直播，生怕將會見證一場血腥屠殺的上演。及後，香港警察屢次強攻校園，但都徒勞無功。起初，他們試圖用裝甲車和水炮車打通前往主校園的

1　關於是次包圍校園的詳細紀錄，可以參考〈理大圍城 The Longest Day（有關於香港警察包圍香港理工大學的特別報告）〉，《立場新聞》。

道路，但被示威者架設的路障成功阻撓。然後，示威者將從校園實驗室所搜得的化學品用來製作燃燒彈，並投向警方的裝甲車。裝甲車在燃燒彈的投擲下被徹底摧毀。無數的警察小隊也試圖衝向校園入口，但都一一被燃燒的路障及密集的燃燒彈攻勢擊退，令他們寸步難行。

數次進攻都全數盡墨後，香港警察最終放棄了強行攻佔校園的企圖。反之，他們選擇加強圍堵，令示威者斷水斷糧，迫其投降。到了第二天晚上，數以萬計的香港人，包括不少人在中年及背景中產的市民，紛紛走上街頭，在校園附近的大街小巷上遊走，爭取輸送物資到內，並試圖為受圍困的示威者打通缺口，令他們可以有途徑逃離。故此，警察和示威者的爭鬥持續了整個晚上，數個地方都隨處可見汽油彈和路障的痕跡。

在校園周遭一片凌亂的街戰中，一隊電單車（摩托車）小隊成功突圍，拯救了數十個從橋上繩降下來的受圍困示威者。另外一群數十人的示威者透過校園的地下水道爬出校園範圍，最後坐上接應的車輛成功脫險。這次救援行動得以執行，是因為過程中有一群擁有地下水道地圖的工程師加以援助。他們密切留意地下水位的潮汐變化，確保水道處於開通狀態，令示威者可以安全離開。最終，通過連串救援行動，只有近百名示威者仍然留守校園。11月22日，在警方展開包圍行動後的一星期，最後一群留守的示威者選擇向香港警方投降，理大圍城正式告終。坊間普遍認為，被困於理工大學的示威者是整場運動裡面最擅長勇武戰鬥的一群人。他們專精於製作燃燒彈、發射投擲器，甚至操作弓箭。

因此，整場規模龐大的救援行動可視為香港民間對於勇武示威者的廣泛支持。

理大圍城的一週前，香港中文大學亦有相似的校園攻防戰。在11月11日及12日，示威者佔領由中大校園通往吐露港公路的一座天橋。數以百萬計的上班族每天都倚賴吐露港公路往返新界東的近郊地方及九龍和香港島的市中心。看中這點，示威者便在天橋上投擲家具及其他障礙物到公路上，設立屏障阻礙交通來往。[2]

在這兩天內，香港警察戴上全套防暴裝備進入校園並企圖驅散天橋上的示威者，從而引發一場激烈的衝突，雙方各自以燃燒彈、催淚煙及橡膠子彈猛烈還擊。在12日晚上，衝突達到最高峰的時刻，香港中文大學校長連同校方管理層及一群具有社會聲望的中大校友介入調停，希望說服學生及警方從此休戰。與此同時，無數的香港市民眼見中大被圍攻，紛紛湧入校園幫助示威者進行防衛工作以對抗警察進攻。在香港警察發覺無法重奪天橋並擊破示威者的浴血抵抗後，他們選擇日出前撤退，謀定而後動。13日，經過數小時的重整旗鼓，香港警察再度嘗試進攻校園，擊破佔領者。這次，基於示威者人數漸少，示威者最終決定棄守天橋，在警方長驅直進到中大校園之前撤離。及後，不少離開中大的勇武示威者馬不停蹄前往理工大學繼續佔領，正式開啟了理

2　關於是次中大之役的詳細紀錄，可以參考〈中大之戰（上）：捍衛山城的共同體」，《立場新聞》，2019年11月15日；〈中大之戰（下）：退場前後山城抗爭者的矛盾與誤解〉，《立場新聞》，2019年11月16日。

大一役的漫長戰鬥。

在運動的初期，亦即2019年6月初，示威活動的爆發是因為香港社會普遍反對香港政府修改引渡條例，容許涉嫌犯下中國大陸罪行的人從香港引渡至中國法庭受審。這項計畫引起全港甚至國際社會的嘩然和強烈反對。尤其香港近年出現多宗中國政府涉嫌跨境綁架書商及中國商人的案子，香港大眾因此都對逃犯條例的修訂感到恐懼。他們擔憂這項修訂會完全破壞香港優良的法律制度，進而引入由共產黨牢牢控制的中國法律制度。這將扼殺一國兩制下香港該有的普通法傳統。北京1997年從英國手中接過香港後，逐年蠶食香港的自治，不少人都認知到，逃犯條例的修訂將是摧毀香港本地自治的最後一根稻草。

整場抗爭運動由6月9日一場和平的百萬人遊行開始。緊隨其後的是在6月12日的一次暴力衝突，因為當時立法會內正值逃犯條例的表決，所以示威者和防暴警察在立法會外對峙。這次衝突癱瘓了立法會外周遭的交通，迫使政府不得不取消會議並宣佈押後有關表決。然而，政府堅決拒絕撤回逃犯條例的立場、及在612使用不合理的武力鎮壓示威者的做法，激發了更多示威者繼續抗爭。自612後的每個週末，示威者都會湧進城市的不同角落進行示威，人數及勇武程度亦不斷上升。示威者要求政府全面撤回逃犯條例，以及成立獨立調查委員會調查警方在衝突現場使用過份武力的情況。政府堅決的不妥協態度及縱容警方升級武力以應付每週的示威，使得社會大眾持續憤慨，令示威行動蔓延整個夏天。抗爭者的策略亦隨之升級，由設置路障到使用磚頭還擊，再到投擲燃燒彈，期間亦以毀壞及縱火行為對付各種代表政府及親建制企業的公物。[3]

7月1日，正值香港主權移交的週年紀念，數百名示威者成功衝入立法會大樓。他們在會議廳以噴漆畫上代表抗爭的口號和塗鴉，塗污香港特別行政區的徽章，這枚徽章代表了1997年英國交還香港主權給中國。最終在警方趕來之前，他們成功逃離。7月21日，示威者包圍中國共產黨在香港的總部——中聯辦，並在大門位置使用漆彈損毀一枚代表中華人民共和國的徽章。在其他不同具有象徵意義的場合，示威者都將中國國旗拆下，然後用火焚燒或拋到海中棄之不顧。在夏天的尾聲，示威者的目標已經鞏固成為「五大訴求」，包括全面撤回逃犯條例、撤回612暴動定性、釋放所有被捕示威者、成立獨立調查委員會調查警權暴力、及爭取行政長官和立法會雙普選。示威者公開表示，除非五大訴求可以全面落實，他們絕不會屈服。

在運動過程中，「光復香港・時代革命」成了抗爭現場示威者最常使用的口號。這句口號最初是由一個支持香港獨立的團體在2016年創作而成，這個組織的領導其後都因為2016年一次與警方的嚴重衝突，以坐牢抑或流亡收場。至於代表這次運動的歌曲《願榮光歸香港》亦是吸納了「光復香港」這句口號的核心思想，所以在大眾之間廣泛流傳，更被盛讚為「香港國歌」。[4]示威

---

3 〈香港反送中大事記：一張圖看香港人怒吼的285天〉，《報導者》，2019年11月25日，twreporter.org/a/hong-kong-extradition-law-events。

者更經常有意識地參考台灣和加泰隆尼亞獨立運動的經驗，創造出合乎香港的口號，例如「香港不是中國的」便是取材於「加泰隆尼亞不是西班牙的」；「自己香港自己救」則是參考台灣太陽花運動時期「自己的台灣自己救」的說法。運動的能量和聲量並沒有隨著政府在9月5號終於讓步及正式撤回逃犯條例而消散，因為香港政府仍然堅定地拒絕成立獨立調查委員會調查警方濫用武力的情況。

激進起義背後令人疑惑的廣泛社會支持

示威者敢於宣示他們希望爭取香港獨立，還敢用極其勇武的抗爭手段來對抗全副裝備的防暴警察，這些行為都使得頗多長久以來觀察香港的評論家感到震驚。雖然主權移交以後香港一向充滿大大小小的示威遊行，但這些示威背後絕大多數並非充滿對抗，而是相對和平的遊行和集會。只有極少數示威活動的訴求是牽涉到比較重大及有系統的改變。過去這些溫和的示威活動，亦很符合香港人長久以來給予世界的保守和務實之刻板印象，好像做事永遠不會脫離金錢世界的利益。2019年在中文大學及理工大學校園所出現的火光熊熊及示威者受傷流血的畫面，並不是大多數香港人曾經或預期在香港會看見的畫面。

4　"Listen to the Song That Hong Kong's Youthful Protesters Are Calling Their "National Anthem," *TIME*, September 12, 2019, at https://time.com/5672018/glory-to-hong-kong-protests-national-anthem.

　　然而，2019年運動令人尤其感到驚訝的是，無論示威活動呈現了多麼激進和勇武的現象，這場運動本身還是能夠成功吸納不同人的堅實支持。從被捕的示威者來看，整場運動的人口結構普遍是年輕學生參與，但同時亦有不少專業人士投身其中，包括醫生、飛機師、會計師、藝人以及會在前線出現的老一輩中產專業人士。[5]自運動爆發，香港中文大學新聞傳播學院聯同其他機構，一起進行了定期的民意調查去偵測大眾對於運動的想法。研究顯示，即使運動經歷了整個盛夏，香港人口中仍有大部份人支持示威者，並共同譴責政府導致衝突不斷升級。[6]

　　11月24日，在理工大學攻防戰完結後的數天，區議會選舉又再顯示了這次運動受到廣泛民意支持的事實。區議會選舉是屬於地方層次、較為草根的選舉。通常區議員要處理的都是一些比較沉悶的鄰里事務，包括道路工程項目及地下水道維修。親政府的候選人只要透過社區當中的恩庇侍從關係，一般都可以輕鬆地贏取區議會的大部份席位。然而到了2019年的區議會選舉，香港歷史上出現了第一次由民主派參選人大舉勝出的結果，當中大部份的參選人還是支持運動的政治素人。[7]北京政府原本期待對示威活動反感的「沉默大多數」，可以透過區議會選舉投票打擊氣

5　〈逆權運動：抗爭百日逾1,400人被捕　僅189人被控　大狀：警方濫捕〉，《蘋果日報》（香港），2019年9月16日。

6　〈明報民調：68.8%市民支持大規模重組警隊；五成人評對警方信任度0分〉，《明報》，2019年10月15日，https://bit.ly/3O7qnRU; 亦可參考 Centre for Communication and Public Opinion Survey, the Chinese University of Hong Kong, 2020.

焰正盛的激進反對力量，這次選舉的結果卻徹底地震撼了北京。

　　對逃犯條例修訂的反抗及對示威者的普遍同情，並非只限於普通市民，更是包涵了香港保守的商界精英勢力。早在反抗運動開始萌芽之前，香港房地產富翁劉鑾雄便針對逃犯條例的修訂申請過司法覆核，預示了商界精英對於此法的不滿和不支持。之後，一小撮具有影響力的北京商人，例如第二代商業巨亨及全國政協成員何柱國，就曾發聲反對逃犯條例修訂。他早在2019年3月26日一個商界精英聚首一堂的社交場合中，就表示他有很多朋友都相當懼怕會被逮捕並遞解到中國大陸。他還表示逃犯條例的修訂會嚴重影響香港普通法的執行，尤其這是對一國兩制及香港營商環境最重要的精粹所在。[8] 大量的親北京政治組織及商界組織代表亦都紛紛表示他們對逃犯條例修訂的反對或疑慮。[9]

　　當示威活動在整個夏天一發不可收拾的時候，北京嘗試動員富裕的精英權貴盟友去譴責示威者，及表達他們支持政府維持社會的秩序和治安，但北京收到的反應相當冷淡。例如曾協助香港由英國平穩過渡至北京管治的李嘉誠，他作為多年來香港及亞洲的首富，一直是北京長期合作的夥伴。不過，當他在香港多份

7　"Landslide Victory for Hong Kong Pro-democracy Parties in De Facto Protest Referendum," *CNN*, November 25, 2019, at cnn.com/2019/11/24/asia/hong-kong-district-council-elections-intl/index.html.

8　〈《逃犯條例》修訂惹商界憂慮　何柱國：讓商人返港如沐春風〉，《星島日報》（美國），2019年3月26日。

9　〈逃犯條例：建制商界憂修例影響營商環境　經民聯未決定是否支持〉，《香港01》，2019年3月7日，https://bit.ly/3ObEMwh。

報紙刊登頭版廣告時，他隱晦地譴責示威者和警察雙方都使用暴力，而不只是針對示威者。正因如此，他其後就被中國官方媒體公開批評，質疑他對於譴責示威者並不積極，令人感到可疑。[10]有趣的是，大量親建制企業和專業界別精英都攜手要求政府讓步，包括成立獨立調查委員會調查警方暴力問題，否則他們也認為不可能平息社會動亂。[11]輿論普遍認為這群精英選擇將這次運動爆發的責任及罪疚放到政府身上，而不是選擇批評示威者持續引起社會的動盪。

　　更令人驚訝的是，即使是一些中國大陸的商界巨亨都表明他們反對逃犯條例。在運動爆發前的2019年5月底，一群擁有香港居民身份及相當有影響力的中國大陸商人與香港特首林鄭月娥共聚晚餐。在飯局當中，他們清晰表達了對逃犯條例的憂慮並集體遊說林鄭月娥停止相關的立法工作。[12]由此可見，擔心會被引渡回中國大陸的人從來不只是香港民主派的政治人物，更有很多是商界翹楚。事實上，大部份商界組織都反映了外國企業在香港的利益，包括美國香港商會和國際商會就曾經公開反對條例，使得重視國際社會的香港商界組織不得不共同向政府表達憂慮。[13]

　　像這樣規模龐大的群眾總動員，再加以建制精英對示威活

---

10 〈中國官媒齊轟李嘉誠言語激烈不留情面〉，《自由亞洲》，2019年9月16日，rfa.org/mandarin/yataibaodao/gangtai/ql1-09162019063433.html.

11 〈逃犯條例：各界促成立獨立調查委員會〉，《明報》，2019年7月26日，https://bit.ly/3rmlPgz。

12 "Fears of Capital Flight as Beijing Tightens Grip on Hong Kong,"Financial Times, July 19, 2019, at ft.com/content/79dbc0b6-91bb-11e9-b7ea-60e35ef678d2.

動的同情或刻意不作為，絕非是特區成立初期有可能會出現的局面。香港民主陣營裡面較為激進、強調對抗的政治人物向來都是少數，更多的時候是由比較溫和的泛民主派人士主導陣營，尋求向北京政府讓步並對話。多年以來，大部份香港人如果不是政治冷感，就是公認的保守和務實。這裡我們必須問一道問題，到底香港在主權移交之後發生了什麼事，使得香港社會大規模總動員對抗北京變為可能？為何就連與北京長久相熟，受其不少利益的商界精英，都會在運動期間變得猶豫不決、曖昧不清，沒有完全倒向香港政府及北京一方呢？

撇除香港的這些轉變，我們亦需要審視地緣政治及全球經濟環境是否呈現了某些轉變，使得2019年的香港運動可以橫空出世。2019年的抗爭運動其中一項重要特色，就是示威者主動地建立了國際線，與海外港人合作，去遊說世界各國包括英、美的政府和議會機關支持香港。[14]國際倡議上的努力，促使美國國會在2019年11月底通過《香港人權民主法》。國際社會對於香港議題的大力對焦，不容置疑地乃是當時美中關係變得更加緊張的其中一個主因。

當2020年7月國家安全法被北京強推在香港生效的時候，連串的大搜捕便相繼發生，2019年起香港所發生的政治動盪也貌似開始平息。值得留意的是，如果回顧2014年雨傘運動結束

---

13 〈引渡修例：國際商會措辭強硬反對：面臨失去自由、財產、生命風險〉，《香港眾新聞》，https://bit.ly/3JNDXGU。
14 〈國際戰線：海外撐港組織一年結〉，《立場新聞》，2020年6月15日。

後的一段時間，我們可以看見抗爭仍然用某種形式存在，顯示這種平靜可以只是相當短暫，正如暴風雨的前夕。唯一可以肯定的是，各種社會張力只會繼續增加，未來亦可能有另一次動盪蓄勢待發。無論如何，2019 年的運動絕對帶來一種結構性的轉變，深深地影響本地社會和全球政治經濟體系。為了觀察這個結構性轉變當中的規模和所呈現的動態，我們就必須參考甚或超越現在對於香港殖民時期和後主權移交時期的研究。

拒絕接受死亡的城市

1968 年，英國作家理查・修斯（Richard Hughes）出版了一本名為《借來的地方、借來的時間》（*Borrowed Place, Borrowed Time*）的書。書中他這樣形容香港：

　　一個借來的地方用著借來的時間。香港是一個粗暴的資本主義生存者，活在中國共產主義的臀部。⋯⋯如果今天有工作和盈利，明天也會有工作和盈利，如果還有明天的話。這是香港的信條。[15]

對於這位作家來說，香港作為一個像當年美國西部自由狂野的城市，整個城市的存在其實都是短暫的。在他眼中，香港是注

---

15 Hughes 1968: 13, 16.

定會在某一刻沒落，吸納到中國裡面，因此一切都是短暫而虛幻的。這種「借來的地方，借來的時間」的概念，在往後的一段長時間成為一種主導論述，甚或有點陳腔濫調反覆地出現在香港文學、文化和學術界的研究上。當然「借來的地方，借來的時間」作為一種概念，的確可以描繪1997年主權移交前的香港情況，有些人甚至會指出當初北京對香港許下的一國兩制承諾，其實亦算是九七後一種對香港作為一種臨時狀態的延伸。[16]

當中華人民共和國在1949年成立之後，英國人其實相當意識到，香港這個城市假若在面對北京想入侵的情況下，是難以進行防衛的。政治上，英國人可以延續對香港的殖民管治算是北京的恩賜和准許，這狀態卻隨時都可以改變。尤其當大英帝國其他的殖民地都受到一波波去殖浪潮的影響下，英國政府也意識到對於香港的管治是處於隨時會結束的狀態。香港的民主運動也接受了，若說香港作為一個獨立的存在可以有別於中國，那只是一個暫時的情況。過去民主運動的參與者會將香港的民主化視為中國民主化的一部份，呼應了中國1919年五四運動及1989年天安門運動的精神。香港的民主化並不是以香港自身為本位。相反，很多人由過去到現在都視香港運動是中國民主運動在香港短暫寄託的化身。[17]不少社運人士都會相信只要中國民主化，其實一國兩制並不需要存在。他們幻想香港的民主化可以作為先鋒，帶動中

---

16 Bush 2016: Chapter 1.
17 Hung and Ip 2012.

國的民主化。對於這群人來說，香港民主運動的終極目標就是將香港融入一個民主的中國之內。[18]

經濟上，香港的繁榮有賴於中國被排擠於全球經濟體系之外。香港一直以來是作為中國對全球市場的一道大門或者代理人。從1950年代到1970年代，香港作為工業重鎮的崛起，是受到大量從中國大陸為了逃避共產政權而來到香港的中國資本家及工人移民所影響。香港之可以作為貿易及金融中心，都是受惠於在1970年代之後擔當了中國及世界的橋樑，及中國未能夠進行自由貿易及資本自由流動。因此，經常有人認為中國經濟只要逐漸開放，香港的經濟功能就會逐漸削弱和消失。[19]

研究香港文化的學者注意到，混雜性是香港認同的一項主要特徵。例如香港一直以來都是全球中國離散族群喜愛聚居的地方，但同一時間又會有大量來自美國、英國和其他西方國家的文化機構和影響存在。香港亦有不同的中國民族主義出現，第一種是來自台灣的國民黨，其次便是來自於中國共產黨。[20]有些人會形容香港文化就像一個「文化超級市場」或者「文化萬花筒」，由多元的文化組成，居民可以從不同的文化資源選擇如何組裝以代表他們的混雜身份。[21]到底香港認同的文化超級市場或者萬花

---

18 司徒華 2011；參考〈夏明：香港的民主運動一定會走向更大的全球化格局〉，法廣，2020年6月30日，https://rfi.my/693d。

19 Zheng and Chiew, eds., 2013: Part I.

20 Hamilton, ed., 1999; Chow 1993; Mathews et al. 2007; Wong 1996.

21 Mathews 2000; Siu 1996.

筒特性是否可以永續存在，還是最終會被中國單一的民族身份吸納，這是一個巨大的爭論點。

1984年簽訂的《中英聯合聲明》及1990年《基本法》的定稿，保障了香港過去已經存在的政治法律制度、經濟機構及港人生活可以在未來五十年延續下去。話雖如此，「香港已死」這個說法是相當流行，導致有文化研究學者堅持香港的文化政治就是一種消失的政治。[22] 至於在新聞媒體處理及評論有關香港主權移交的報導時，他們會毫不客氣地斷言「香港已死」。[23] 由此可見，很多人都認為香港正在消亡，正被中國整個國家體系、經濟市場及中國人身份這個概念逐步地吸納其中。這種對於香港消亡的觀感在其後不少中國官方的刊物中繼續強化。他們異口同聲地表示香港的發展終於不用再受到英國殖民統治影響，偏離國家的發展方針，而是可以在九七後回到中國發展的主旋律。香港故事在此就變成了「中華民族偉大復興」的一個有機環節。[24]

如果我們隨意看看有關香港的英文學術著作出版，不難發現在主權移交前後達到了巔峰，但之後就明顯回落。在出版的高峰期，大部份的著作都在哀悼香港的殖民地光輝歷史，總結香港過去的歲月，彷彿這些歲月已經一去不復返。[25] 在2000年之後，有

---

22 Abbas 1997.

23 如 Krarr, Louis and Joe McGowan, "The Death of Hong Kong," *CNN Money*, June 26, 1995, at https://money.cnn.com/magazines/fortune/fortune_archive/1995/06/26/203948/index.htm。

24 對於此種立場的彙整見 Wong 2000。

關香港的英文學術著作數量就開始下降。至於主權移交後有關香港的著作，大多是研究香港在中國崛起中所擔當的經濟新角色，以及香港如何被其他中國城市例如上海超越，或者香港如何跟珠江三角洲的經濟體系融合。[26]

另一邊廂，關於後九七香港政治及文化發展的研究卻開始注意到香港政治及社會所呈現的韌性。越來越多研究關注香港政治裡面的民主化運動及其不斷增加的張力——尤其是民主派根據基本法爭取實現本地立法會和特首雙普選，與北京拒絕給予真普選並嘗試對香港進一步加緊控制，兩者之間的張力。[27]即使北京控制和打壓，香港民主運動並沒有因此而消亡。相反，香港民主運動透過一波又一波的大型社會運動變得更加熾熱。[28]

主權移交後新興的社會運動，是傳統社運遺留下來的衍生物，因而牽涉到中國民主化的訴求。每年紀念1989年屠城的六四燭光晚會、促請釋放劉曉波、2008年北京奧運聖火在香港傳遞期間所出現的一連串針對中國人權問題的示威等等，都是主權移交後在香港出現的抗爭性政治的一些典型例子。[29]同一時間，本地亦出現了很多有別於以中國為主軸，而是以本土為主的示威抗爭。這些本土抗爭剛開始是出於保育本地社會及歷史建築的關

---

25 Ngo, ed., 1999.

26 Yeh et al. 2006; Karreman and Knaap 2009;

27 Ma 2007; Sing 2004.

28 Lee and Chan 2011; Sing 2009; Dapiran 2017.

29 Hung and Ip 2012.

懷，及後延伸到抗議中港邊境模糊化、本地不公義和中國對香港日漸的蠶食。這些示威本身跟中國民主化的主調完全脫離，亦因此變成一種香港反對運動的新力量。[30] 與此同時，香港人在中國越來越強硬的政治壓力下，更踴躍地捍衛香港的司法獨立，因為他們希望香港法治可以在普通法的傳統下運作，真正獨立於中國法律制度。主權移交後，使用法律手段抗議政府無理立法的趨勢一直上升。[31]

　　與本土運動上升相對應的，還有大眾對香港認同的全新追求。這裡所指的香港認同並非只是要跟中國人身份認同區分開來，更是強調本土扎根的香港文化和認同。崛起當中的香港本土認同怎樣與具壓迫性的中國人國民身份認同產生衝突，在媒體、藝術和教育不同領域當中又出現怎樣的爭論和融合，是九七年後不少香港文化作品探討的議題。[32]

　　這些作品背後通常探討香港與國際社會的持續連結、中國在世界經濟和政治上的持續擴張、及香港人在九七年後的衝突中不斷尋求本土身份認同，這三者之間的角力與關係。這些文獻幫助我們準確理解在所謂香港已死、平靜的表面上，底下實際有著什麼暗湧，香港的經濟、政治和文化認同有著怎樣結構性的轉變。不過暫時仍然只有少量著作能夠提供一個全面的回顧，來解釋為什麼會有這些結構上的轉變出現，以及轉變與轉變之間有什麼連

30　Dapiran 2017.

31　Chan et al., eds., 2000; Tam 2012; Lo 2014.

32　Chu 2017; Ku and Pun, eds., 2004; Ip 2019.

動關係。可惜的是，當一些人集中處理香港議題的時候，又會模糊和忽略了中國及全球經濟的宏觀角度。有些研究只會過份籠統地不斷用所謂中國崛起和全球化的框架來解釋香港的發展。由於香港的發展總是與更大的故事相連，包括與中國及全球政經局勢的動態互動，因此要了解香港今時今日的危機，就必須要對於全球和區域的複雜局勢有著全面認知。

作為一個城邦，香港的故事及其爭取自治的鬥爭，在民族國家形成的歷史上其實算不上特別新鮮。對北京而言，它亦不會覺得將香港吸納到中國的經濟、政治及文化領域裡面是一個特別新穎的做法。因為北京對待香港的政策和策略其實都參考了他們怎樣對待其他邊區民族。香港問題在中國內部不少文獻裡面，其實跟處理西藏和新疆所涉及的領土完整議題關聯在一起討論。[33] 北京一直以來都將香港視為解決台灣問題的一個先行答案。[34]

雖然中國現在的國力相比 1950 年代更加強盛，但香港跟西藏、新疆和其他少數民族相比，還是有能力可以抗衡中國政府的全面吞併，多撐一段時間。香港之所以有這樣的能力抵抗，實有賴於香港跟全球貨幣資金鏈的緊密聯繫，以及美國與國際社會在香港社會的參與，維持住了香港的自治。尤其美國直至最近都仍然有著巨大的影響，為了捍衛全球企業在這個城市的利益，一直協助香港抗衡北京破壞香港自治的舉動。

---

33 見本書第五章。
34 見本書第五章、第六章。

全球資本主義下的城市與國家

在世界歷史上，城邦或者一個小型的政治實體，為了維持自己的自治傳統而精於向國際列強提供貿易和金融服務，絕不罕見。在資本主義的世界經濟體系形成初期，其實就是靠著全球不同的商貿城邦穿針引線。義大利的眾多城邦以及漢撒同盟，又或者處於西方和亞洲帝國中間的阿曼或馬六甲海上城邦，都是歷史上的典型例子。[35] 國際上民族主權國家的出現，不論是王國還是共和國，都加強了中央集權國家及擁有獨立歷史和身份的富裕城市之間的衝突。資本主義世界經濟體由最初的跨城市網絡到多個國民經濟體的聚合，這長期的轉型很大程度上是一段關於民族國家收編或征服這些自治城邦的歷史。[36]

自文藝復興和早期近代開始，不少崇尚中央集權的統治者都苦惱於：如何讓一個較為龐大的領土強權吸納和征服一個習慣享受自由和自治的城市及其臣民。馬基維利在《君王論》用了不少篇幅討論統治者使用不同策略管治一個剛被征服的自由富裕城市的利與弊。[37] 他提及的策略包括容許當地人有自由自我管理；設立一個可信的寡頭集團代表君王進行管治；或直接鐵腕管治，全

---

35 Abu-Lughod. 1989; Braudel 1992 [1979]: Chapters 2, 3; Arrighi 1992: Chapter 2; Weber 1966 [1921].

36 Tilly 1990; Tilly and Blockmans, eds., 1994; Spruyt 1996; Braudel 1992 [1979]: Chapter 4; Arrighi 1994: Chapter 3.

37 Machiavelli 1992 [1513]: 14–15.

面毀滅本地習俗。有趣的是，這些策略其實亦是北京歷年來對於香港所採取的不同管治方法。中國將英國屬下的香港主權收歸，在二十世紀絕非獨特的情況。企圖合併和管治一個長久以來享受自我管治或被其他勢力統治的城市所帶來的挑戰，在其他後殖民國家的形成路徑上其實甚為常見。印度在1960年代從葡萄牙手上奪取果阿邦、印尼在1970年代收併本屬於葡萄牙的東帝汶、阿根廷數次希望奪取英屬福克蘭群島的嘗試，以及西班牙希望吸納英屬直布羅陀，都是上述現象的典型例子。

　　香港問題對於北京來說卻超越這種常態，不只是一個中央集權國家如何對一個剛剛收併回來的城市展開政治控制的問題。新自由主義下的全球化，在二十世紀末促成了一個與全球城市的分層網絡緊密連結的全球經濟體崛起。在全球範圍出現了互相連結的各大城市，它們取代了當代民族國家，成為促進現代經濟發展的最前線力量。某種程度而言，現在的趨勢有點回到近代早期的世界經濟，是以城市為中心，而不是以國民經濟作為基本單位。[38]有鑒於世界的新潮流，很多國際城市相對於它們所在的民族國家，更容易在經濟管理和政治上取得新的自治權力。有些城市所獲得的權力大到變成一個獨立的政治行動者，能夠設計以城市為本位的外交政策和其他獨立政策來解決一些重大的全球問題，例如氣候危機和金融管控，某些時候甚至會出現城市的政策跟中央政府相違背的情況。[39]

---

38 Sassen 2001; Taylor and Derudder 2015.

在這個全新的世界經濟體系裡面，很多民族國家一方面受惠於自由貿易和資本自由流動的好處，一方面致力於維持自己的權威、安全和對國家經濟的監管。這些國家意識到，在他們的邊界設立一些自主的城市領域，類似獨立的經濟特區或者自由貿易區，讓這些城市領域可以避開國內的多項監管、擁有更多元的渠道進入世界經濟，這樣對國家本身有好處。在大多數的情況中，例如菲律賓的蘇比克灣經濟特區和自由港、美國及墨西哥邊境的自由貿易區、印度的數個出口加工區和中國的深圳，都是由所屬國家從零開始建立的。[40] 在所有的這些例子中，特別區域的管理往往涉及國家經濟安全與經濟自由度之間的平衡，從而形成本地自治和中央控制難以兩全的局面，某些時候甚至會引發中央政府和當地自治政府的政治衝突。

從這方面看，1997 年之後，香港在中國裡面是屬於一個特別的超級經濟自由港。香港與世界的聯繫及其開放的自由經濟並不需要從頭到尾徹底打造，相反地，這些特色遠在特區政府成立之前的一個多世紀就有了，從英國殖民時期便已經存在並一直延續下來。香港這個特別的自由貿易區對於中國的國家資本主義來說具有重大意義，尤其是在中國共產黨採取前所未見的威權統治和控制，並且由國營企業主導中國市場的情況下。中國共產黨一直希望透過世界自由貿易及國際資本來發展中國的經濟，但同時

39　Brenner 2004; Calder 2021.

40　見 Moberg 2017。

仍然相當小心地保護自己對國家經濟的管控和壟斷能力。香港的存在為中國共產黨提供了解決這個兩難的方法，但同時又創造了另一種張力。一方面，共產黨要維持香港作為獨立金融／自由貿易區的角色，另一方面又要維持對香港政治的全面控制，因為這個地方是新近才吸納進來，過去跟中國在文化上和制度上都完全不一樣。無論是北京、香港人或者任何在香港有利益的人，都可以觀察到此一張力變得越來越緊繃。1997 年後香港和北京愈趨對抗及緊張的關係造成了兩大問題：其一是一個古老的問題，那就是一個領土的統治者如何有效地統治一個剛剛收併回來的地方，尤其是那個地方早已經建立某種程度的身份認同和自治；其二是一個屬於二十一世紀的問題，那就是一個封閉或半封閉的經濟系統，如何透過跟一個國際連結良好的自主開放城市進行互動而受惠，但又可以確保不會失去對該城市的控制。

當回應第一個問題時，北京尚可根據它對西藏和新疆的做法而施加在香港身上，但第二個問題直至現在仍然讓北京寸步難行。結果是兩者形成了一場拉鋸戰，中間是一個充滿不確定性、但人的行動可以創造出結果的空間。香港是一個恆常地處在邊緣的城市。它處在多個強權的邊緣、處在隨時會被消滅的邊緣、也處在可能擺脫枷鎖得到自由的邊緣。

方法與大綱：資本、帝國與抵抗

在上一段所提及的這些自由城市被更大的國家統治的例子

中，自治的消亡和區域的命運並非只由在地力量所決定，這些發展同時受到全球經濟和地緣政治變化所影響。要了解這些自治體的長期發展，我們需要建立深入的認知，了解這些全球和本地的力量是怎樣進行互動。香港也不例外。如果我們沒有一個更全面的認知，明白全球經濟體的金融化、全球勞工的供應鏈重整、中國繁榮週期和中美外交關係由好變壞的原因和轉變，我們便無法清楚理解香港在主權移交後的發展。

回顧從2019到2020年大家觀察到的暴力湧現，我們現在可以全面評估潛藏在香港底下的這些深層轉變是如何引發這種社會表層的震盪。這本書將會嘗試建基於先前關於香港主權移交後的著作，並嘗試超越它們去重新探討這個城邦的政治經濟結構及其在中國治下的反抗運動。透過對原始數據的系統性分析，對重要事件的描述及對全球經濟及地緣政治大型變化的調查，這本書將研究香港社會及政治的斷層如何在1997年後逐步改變和進一步加劇。本書將會探討這些本地的斷層如何連接到國際體系的斷層，並指出在2019年的動盪和2020年開始的全面打壓後，將會出現哪些可能性和新的危險。

關於示威和政治的社會科學研究一直以來相當分裂，其中一方涉及講求結構、長遠趨勢和必然性的分析，另一方則強調行動者的自主選擇及偶然性。[41] 在這方面，馬克思的《路易·波拿巴的霧月十八日》仍然是展示如何將結構性和事件性的分析框架兩者

---

41 Tilly 1989; Sewell 1996.

予以合併的經典著作。馬克思在這本著作中探討法國內部不同政治力量的動員和反動員策略，如何摧毀1848年革命後建立的有限度自由民主，以致讓拿破崙三世在1851年重建獨裁統治。[42]許多學者讚揚本書凸顯了政治領域的相對自主性，並且超越了馬克思和馬克思主義者強調必然性和結構趨勢的結構主義及歷史主義取向。[43]

《霧月十八日》分析了一段長時間之內，與法國資本主義一同發展的各種在地社會力量——不同的等級、等級之內的派系、政府官僚系統——彼此之間的制衡，而這些社會力量的樣態又受到當時世界資本主義所影響。馬克思站在這個由法國社會形態所拼成的基礎上，針對不同社會力量的政治代表所採取的戰略和戰術、以及他們之間的互動予以審慎的檢視。就像對於一場戰爭中的關鍵戰役予以分析。他並沒有忽略任何足以影響戰爭結果的因素，無論是結構性的決定因素，例如物流、組織、訓練、裝備及不同部隊的規模；還是偶然因素，例如戰場上的天氣或者不同陣營所選取的戰略與戰術。畢竟，馬克思那句經常被引述的話，便是來自該書——「人們自己創造自己的歷史，但是他們並不是隨心所欲地創造，並不是在他們自己選定的條件下創造，而是在直接碰到的、既定的、從過去承繼下來的條件下創造。」[44]

我的這本著作希望能夠跟從《霧月十八日》的精神，去追溯

---

42 Marx 1978 [1852].

43 Foucault 1980: 75-7.

44 Marx 1978 [1852]: 437.

香港內部與周遭的歷史結構，以及主要人物在這種結構當中的行動和反應。本書的內容將分為三部。在第一部「資本」，我將深入探討香港與中國大陸的經濟聯繫，以及國際資本和本地資本的不同派系之間進行角力所導致的轉變。第二部「帝國」，將把重心放在中國共產黨的百年歷史，探討香港在中共黨國體制的民族國家和帝國建構過程中擔當什麼角色。第三部「抵抗」，我會分析殖民地時期開始直到現在的民主及社會運動，檢視階級政治和政治意識在當中的演化。

本書的結構和歷史分析是建基於龐大的原始數據和豐富的二手資料。勾畫出香港內部的經濟、政治和社會構成只不過是一個起點。同一時間，我亦需要各種新聞資料，再配合我數十年來跟香港不同陣營的學者和政治人物的互動所吸收的知識和經驗，從而重構出香港在主權移交後持續卻又突發的社會和政治鬥爭。歷史、結構和事件分析將會帶領我們更了解香港現在危機的起源、結果和有可能引領出的未來。

本書會集中於1997年後中國統治下的香港。不過，所有在1997年後有影響力的社會和政治力量，都植根於1997年前的本地和全球歷史，而且扎得很深。一千多年來，香港的歷史一直受其地緣位置所形塑，亦即香港夾在一個陸地強權和一個海洋文明中間而不能更改的地緣位置。不同於英國殖民史史觀，早在英國人十九世紀中登陸香港之前，香港就不是荒蕪之石。至少在十二世紀時，香港就有規模不小的聚落與市場。有史以來，香港就處於中國帝國的邊陲，並跟海洋世界接壤。有接觸海洋的渠道，又遠離帝國的中心，這些條件使得香港成為一個反叛者和被驅逐者的空間。數百年來，一圈又一圈的拓殖聚落不斷地從帝國中央和違逆的漁民、農民、商人社群之間的拉鋸戰當中重生。英國在香港建立的殖民統治，並沒有終結香港處於帝國邊陲這一地緣位置。自此以後，香港變成了數個強權包括中國、英國和美國的共同邊陲。主權移交後的權利和抗爭，在某程度上是香港這個地緣歷史的結果和延伸。因此，任何有關於香港現況的認真討論，都必須由各主要社會政治社群與體制的深層歷史開始說起。

本書的第二章將會勾畫英國統治之前香港多彩多姿的權力和反抗史。很多在這段時期出現的群體，在往後殖民時期，甚至後殖民時期的鬥爭中，扮演了相當重要的角色。這一章亦會解釋香港崛起成為工業和金融中心，如何促進不同社會群體的出現，並且在冷戰時期的各種鬥爭中被不同政治力量動員起來。最典型的例子，就是1970和1980年代伴隨香港經濟轉型至金融及服務業而出現的新中產階級。這個新中產階級結合了各種草根社會運動，激發出一個扎根本土的民主運動，在主權移交後繼續擔當抗爭運動的中堅份子，努力在北京管治下尋求更大的自主性。

第三章探討香港在1997年後對中國所擔當的經濟功能。對北京來說，統治香港的挑戰在於要在九七後延續香港作為中國離岸金融貿易中心的角色。1997年後，美國《香港政策法》容許美國及國際社會繼續將香港視為一個獨立的貿易實體，與中國大陸區分開來。香港在一些國際機構例如世界貿易組織繼續維持了獨立的會員身份，雖然中國在同一時間也是這些組織的會員。這種特別身份的延續，透過北京的一國兩制，使得香港成為踏腳石和渠道，讓中國資本和精英得以與全球資本結合並移居到他國。香港亦是中國尋求人民幣國際化但同時又可以維持人民幣在中國大陸無法自由兌換的關鍵樞紐。香港獨特的離岸金融中心角色對中國來說，帶來並強化了中國資本在香港的主導地位。

第四章探討香港本地的商界精英和外國企業，怎樣逐漸被中國公司及中國商界精英排擠出香港金融市場的中央舞台之外。當本地大企業家選擇與中國共產黨緊密合作，去維持這個城市非民主的政治現況並且在中國大陸開拓更多商機的時候，他們其實亦重視香港的法律和制度上的自治以保障他們的財富。某些中國商人擁有香港的居留權，同時是眾所周知的中國共產黨黨員，並致力保障北京在香港的利益，但他們同樣重視通過香港的自治和法律來保護他們的私人財產不受侵犯。正是商人的這種特性，使得他們在面對逃犯條例修訂更顯矛盾。整個運動過程中，很多本地和中國大陸的企業家都公開或者非公開地反對逃犯條例。2017年爆發的美中貿易戰，加上香港在地的精英衝突，使得香港這個離岸金融中心的角色蒙上了一道陰影。

當一個人不了解中共控制邊區的鬥爭歷史，或者不了解中華帝國流傳下來的逐步吸納和同化邊境民族的傳統，便難以完全明白北京對香港的長期策略是什麼。我在第五章勾畫出「一國兩制」這個概念一開始的出現和發展，其實比應用在香港身上還要更早。然後我會分析自1950年代開始中共對邊區民族，例如西藏，所採取的吸納和同化政策。北京領導人早在1980年代便已明確提及他們在構思和推銷一國兩制模式時，是參考了1951到1959年那段時期中共在西藏的歷史。

第六章將會研究香港版一國兩制的設計和實施，如何用法理條文加以鞏固及重現本來已經存在的社會政治分裂，並透過1984年中英聯合聲明和1990年的基本法製造新的矛盾。基本法承諾保障香港居民的一些基本自由與人權，亦承諾最終一定會達致行政長官和所有立法會議席的全面普選，但北京和本地香港商界精英聯手窒礙了普選的具體時間表和落實。值得留意的是，基本法還包含了一條條文，指出需要立法防止顛覆國家罪行發生並保護中國國家安全。這條條文對於香港在英治下向來受保障的權利和自由產生了前所未有的威脅。基本法當中的衝突和含糊之處種下了1997年後一連串政治衝突的種子。這些衝突本身，再加上中國資本逐漸在香港取得壟斷地位的事實，鼓勵了北京積極地廢除間接管治模式，改而追求更加激進的同化政策及直接管治。北京這個慾望，受到一群官方學者系統性地支持及吹捧。他們提倡復興中華帝國，將對香港的管治視為往海外投射權力的演習，用這些想法去支持北京加緊對香港的直接控制。然而，北京在2019年通過修訂逃犯條例對香港的自治實行鎮壓，卻引發了香港史無前例、不斷升級的反抗運動。

第七章探討主權移交前後，香港反對運動追求民主和自治權的演化過程。過去的主流民主陣營人士，其成長及參與社運的背景是在1970和1980年代，當時香港正值反殖民和中華民族主義運動的高峰，他們溫和、非對抗性地爭取民主，在中國統治的前十五年取得了些許進展。在此同時，由於中國資本的大量湧入，使得香港社會出現嚴重的兩極化，加上北京對香港自治和自由的侵蝕，激化出越來越多高度對抗性的社會抗爭。

　　第八章研究民主運動激進陣營的興起如何衍生出本土派，甚至在年輕人當中出現了分離主義。曾經有一段很長的時間，香港人的本地認同相當含糊和混雜，充其量也只是一種文化認同。許多時候香港的民主運動帶有大中華情意結的論述，亦將香港民主運動視為中國民主運動的一部份。但當中國資本逐漸控制香港社會，使得跨階級和跨世代的不平等急速惡化，加上北京對香港越來越緊迫的直接控制，大眾開始尋求另一種新思維以回應新時代。大眾開始產生了認為香港應該成為與中國區別開來的政治群體這樣的新意識。這種想法在2010年後更加在年輕的政治參與者之間成為主流。與這種政治化的香港身份認同相對應的，是要求香港獨立和香港自決權的討論開始在民主運動內部萌芽。本土派人士放棄過去傳統泛民的政治訴求，改而採用對抗性的、激進的策略去進行抗爭。從2012年反對國民教育運動，到2014年雨傘革命，再到2019年起義這短短數年間，可以明顯看出政治訴求的本土轉向以及示威者的戰術越趨對抗性。

　　本書的最終章會探討，北京有鑒於香港情況的複雜性和各種發展上的斷層，所採取的回應及其後果。例如2020年北京政府如何透過《國家安全法》在港的強制實施，來回應2019年香港運動的爆發，以及美國宣佈拒絕承認香港是有別於中國大陸的自治體。不少人都認為香港已經走上末路，未來會走上一國一制的道路，完全被中共同化和吸收，就像1950年後的西藏。無論如何，對很多人來說，香港將會加快在2047年「一國兩制」正式完結之前就走上絕路。

　　或許香港的死亡會是其中一個可能性，但現在斷言它的死亡卻是太早。因為2019年香港社會運動所呈現的巨大潛能和動能，可以隨時由一種形態轉換成另一種形態而得以延續下去，北京距離可以完全接管這個懂得自我動員的自由不羈社會，還有一段很長的時間。難以否認的是，國安法的存在正在恐嚇逼使香港人陷入更嚇人的自我噤聲和審查，但是香港和國際金融市場持續的連結會使得國安法難以完整全面地執行。加上，中國在面對自身財政困難及被美國不斷制裁之後，只會越來越倚靠香港作為它唯一一個離岸金融中心。國安法在香港執行，很難不會損害中國的自身利益。諸多國家，例如美國、英國、台灣和澳洲，都提供了救生艇措施幫助香港人，這些政策都可以幫助香港的反抗運動有生命力而在海外持續下去。國安法的實施變相團結了民主國家在不同議題之下對抗中國，增加了中國和美國及其盟友之間的張力和敵意。在這大格局下，香港的未來其實只會更加不確定。正因如此，香港的未來遠遠未到蓋棺定論的一天。

2 在帝國的邊緣，1197-1997

At Empires' Edge, 1197–1997

陳腔濫調的說法一直視香港是從被英國殖民前的「小漁村」轉型為二十世紀主權移交予中國後的現代大都市。[1]如此教科書式、有關建設現代香港的論述，只針對香港的經濟而忽略了過程中所涉及的政治與社會過程及其中的參與者。其實在殖民時代之前，香港就已經有著悠久而多彩的歷史。

現今的香港佔清朝新安縣的五分之三。[2]根據1842年的南京條約，清廷將香港島割讓給英國。1860年，英國領土擴大至九龍半島。清政府在1894至1895年的甲午戰爭中戰敗，英國則乘機向清廷施壓，於1898年向其租用原來香港殖民地以北的大範圍區域及沿岸離島，並歸英國統治九十九年。這些地區成為今天的新界。

前殖民時期的新安縣跟中華帝國晚期的其他農業社區一樣由官僚紳士階級統治。士紳的權力建基於對耕地、市場和在地團練

1　對這種佔主導地位的史學提出批判的評論，請參見 Wong 2000, Tsui 2017。
2　清之前稱寶安縣。

組織的控制，壟斷土地稅徵收以及與當地政府官員之間的家族連帶和其他社會關係。該縣處與珠江口，海洋資源豐富，沿海地區的漁民社區也蓬勃發展。

從七至十世紀的唐朝開始，新界西部的屯門已經是一個海關檢查站，由帝國駐軍守衛，供來自東南亞、印度和阿拉伯的商人在前往珠江進入廣州之前暫留。屯門是中國歷史文獻上第一個出現在香港的地方。[3]十至十三世紀的宋朝時期，九龍發展了許多重要的商業和非農業活動的精巧城鎮。[4]宋廷在末代皇帝趙昺1279年跳海自殺前亦為逃離蒙古入侵暫遷香港。在今天的香港，許多地方廟宇的神明都起源於相傳陪伴末代宋皇帝到香港的將軍和貴族。[5]

英國殖民統治建立在香港原有社群的基礎上。不少中國大陸新移民被英國帶來的新經濟活動吸引而搬到這座城市。他們所建立的新社群數量遠超過原居民。這些轉變帶來外來者之間以及新舊社群之間的新衝突。這種定居模式和衝突在香港歷史上反覆出現，而香港則被呈現為處於帝國邊緣——首先是中華帝國，然後是大英帝國，最近則是復興中並將其操控投射到海外的中國民族——經濟活躍但政治上充滿衝突的空間。

詹姆斯・斯科特（James Scott）將東南亞內陸山區少數民族聚居的佐米域（Zomia）描述為國家空間的邊陲。該地區成為一個避

3　Siu 1985a; Chan 1993.

4　饒 1959。

5　例如西貢和沙田的車公廟和該地區的幾座楊侯古廟。

難和抵抗的空間，人們在這裡逃離低地的帝國、殖民和民族國家的合併和從屬。[6]香港位於中國大陸的邊緣，與中國的政治和經濟中心隔絕，亦成為各個時代的人民逃離中國大陸壓迫和動亂的避難和反抗空間。

從十九世紀中葉開始，香港處於中華帝國和以倫敦為中心的大英帝國的邊緣。殖民地香港在大英帝國和中華帝國——這裡指的既是1911年消失的舊中華帝國，也是二十一世紀初期正在形成的新中華帝國——之間的雙重邊界上蓬勃發展。杜贊奇（Prasenjit Duara）恰當地將香港描述為中國與西方之間以及亞洲海域內的「閾限空間」（liminal space）和「接觸區」（contact zone）。[7]新舊社群反覆在香港地區定居、蓬勃發展及反抗強權，貫穿了香港悠久的歷史。

漁民與帝國

蜑家漁民是香港最早的定居者之一。他們的社群在英國人抵達之前已經散佈在香港沿岸。「蜑家」並非單一的族群，而是指住在漁船上、以捕魚為生的人。相比種族類別，它更貼近職業類別。不同地方的蜑家有著相似的語言（蜑家話）、民間宗教（崇拜天后和洪聖）以及風俗習慣和生活方式。新安縣的蜑家人是最

6　Scott 2009.

7　Duara 2016.

早的「定居者」，但從未像後來的農耕者般真正移居岸上。他們的起源不明，坊間有著不同說法，包括來自東南亞的海盜、被國家放逐的漢人，以及被來自北方的農耕漢族邊緣化的南島土著。[8]

在帝制中國時期，蜑家被列為最低等的階級之一。他們甚至在中國歷史著作中被稱為非人類。[9]長久以來，朝廷禁止蜑族人上岸、與漢族通婚、擁有土地或參加科舉考試。與陸居人口相比，他們一切政治權利皆被剝奪。另一邊廂，他們須為朝廷勞碌奔波。很多時候，漁民被迫在官營的鹽田裡勞作，或被徵召入伍，亦有義務納稅。以海洋資源為基礎的他們，生計不像大多數農業社區般能實現自給自足。他們不得不在不利的貿易條件下與漢族商家交易農產品。[10]

1120年代，宋朝在北部邊界與女真人交戰。陷入困境的帝國加倍徵兵，並從現今香港大嶼山招募了大量漁民入伍。政府則放寬製鹽壟斷，允許漁民私下生產和交易食鹽以作為補償。貧困的漁民抓住了這個難得的機會從鹽業中獲利。但在1190年代，南宋經濟崩潰，國家財政危機惡化，朝廷重新壟斷鹽業以鞏固收入。大嶼山的鹽業者奮力抵制，與當地駐軍的士兵聯手抗衡朝廷代理人，並搶劫通過珠江三角洲的貿易船隻。1197年，禁軍被派往大嶼山，沒收私人生產的食鹽。這次干預引發了一場大型起義。[11]

8　Meacham 1984; Solheim 2006; Hung 1998; Anderson 1972; 張壽祺 1991.

9　Hung 1998.

10　Hung 1998, 亦見 Siu and Liu 2006; He and Faure (eds.) 2016。

11　Lin 1985.

　　漁民用木樁守住海岸線，阻止禁軍奪取他們的鹽田。他們又將漁船改裝為軍艦，沿珠江北上攻打廣州。這場起義為廣州帶來恐慌和混亂，也引致朝廷屠殺起事的漁民和製鹽商，事後派兵駐紮大嶼山。[12]

　　明清時期，蜑家漁民與其他華南沿海地區的社群並存並繼續在香港發展。1729 年，雍正皇帝頒佈詔書，解放奴僕等一切低等社群，確保他們享有與其他臣民相同的土地所有權和其他權利。蜑家人雖然被納入了這項解放法令，卻繼續面臨經濟困境和來自陸居人口的歧視。由於負擔不起高昂的土地費用，許多蜑家人都在沿岸建造棚屋定居。[13]

　　1842 年，英國人在香港建立殖民港口，許多蜑家人為外國商人運輸貨物。英國商行積極招募蜑家人作為嚮導和中間人。一名香港早期買辦的研究者將被選上的蜑家人視為殖民統治和新興殖民地迅速發展的重要基礎之一，直指他們「為英國海軍和商船提供燃料和其他補給」，而英國人則「用香港新市鎮的土地獎勵了蜑家人」。[14]

　　不少蜑家人透過與英國人經商致富。舉例說，蜑家出身的買辦盧阿貴和郭阿祥成為早期香港最富有的華人居民。前者是鴉片販和黑社會的首領，後來成為殖民地最富有的中國地主。後者擁有一支輪船隊，是當時殖民地第三大納稅人。[15] 二十世紀時，許

---

12 Lin 1985; Chan 1993.

13 Hung 1998; Siu and Liu 2006; Rowe 2002.

14 Carroll 1997:16-18, 2005: 第一章。

多源自蜑家漁民的水上運輸企業發展蓬勃。最著名的例子之一是霍英東。他繼承了家族的運輸業務，並在韓戰時期（1950-1953年）打破國際禁運，為中華人民共和國走私戰略物資。冷戰期間，他在英國人的注視下成為一名房地產開發商和親北京的大亨。他是香港過渡時期最重要的權力掮客之一，自1997年以來，他的繼承人一直是香港政治精英圈子中的關鍵人物。[16]

雖然不少蜑家人在早期殖民時期透過變身買辦致富，大多數蜑家民仍然捉襟見肘。二戰後的香港工業起飛，政府開始規範漁業，最終令漁業社區消亡。多個世紀以來，漁民一直保持著珠江三角洲的生態平衡和穩定的魚類供應。1950年代，政府決心為快速擴張的工業勞動力提供廉價的海產品。政府通過技術諮詢和低息貸款促進和資助漁業機械化，並為漁民組織合作社，匯集財政資源以改善漁船裝備。機械化使得蜑家人可以用更低的成本提高產量，但亦因此導致過度捕魚。[17]

捕魚機械化保證了1950年代香港市區的海產品供應，在工業起飛期間，本地魚產佔本地消費的比例從50%上升到90%。然而，自1950年代後期起，香港近岸的海洋資源急速枯竭。[18]有財力的漁民利用較好的漁船和在公海捕魚得以生存，但大多數貧窮

---

15 Carroll 2005:23, 31-2.

16 Yen 2013: 448–54; "Once Eschewed, Henry Fok Secures Place in Hong Kong," *Wall Street Journal*, June 26, 1997, at wsj.com/articles/SB867265427339421500.

17 Cheung 1984.

18 Cheung 1984: 42-4.

的漁民只能宣告破產。他們部份留在船上為富裕的蜑家人打工，其他則在城市地區落腳打工。自1960年代以來，香港所有蜑家社區人口都有所下降。[19]直到1970年代，蜑家社區的大多數家庭已經停止捕魚。許多依賴城市工業工作的蜑家家庭仍然住在衛生條件惡劣、停泊在避風塘的船上和岸邊的棚屋。在社會運動領袖和大學生的支持下，一些蜑家社區開始動員起來爭取住屋權，並在1970年代後期要求搬遷到公共房屋。這場住房權運動成為當時最重要的社會運動之一，吸引了理想主義的學生支持和廣泛的媒體關注。

許多參與這場住屋權運動的大學生都是受毛主義影響的激進份子。林鄭月娥便是其中之一。林鄭還積極與中國官員合作，組織學生到中國大陸學習「社會主義祖國發展」。[20]畢業後，她加入英國殖民政府擔任行政官員，並在主權移交後逐步爬上政府官僚階梯。她最終在2017年成為北京精心挑選的香港特別行政區行政長官，亦正是她提出了引渡條例修正案，引發了2019年的運動。住房權運動中的不少其他學生則投身政治活動，並在1980年代至2010年代成為學者或反對派政治人物。香港最持久的原住民社區的衰落和新香港的崛起——包括1997年後的統治集團及其挑戰者——便是這樣，在1970年代的社會運動交匯重疊。

---

19 Hung 1998, 2001.

20 何良懋；吳志森 2017;〈艇戶抗爭40年　非法集結罪的前世今生〉,《大學線》,2018年3月6日,http://ubeat.com.cuhk.edu.hk/134_hk_history/4。

從滿族到英殖統治的土地衝突

　　新安縣大部份內陸地區向來貧瘠，直到公元973年左右宋朝時期，鄧氏先民在西北地區（今錦田地區）定居。[21] 十二世紀來自南宋的侯氏和彭氏，十四世紀元末的廖氏和十四世紀明初的文氏陸續遷入，他們是廣東原有宗族的分支，講粵語，亦被稱為「五大宗族」。約在十九世紀，來自更北邊的客家人湧入縣中並建立自己的村莊。「五大宗族」，尤其是鄧氏，在該地區擁有大權，通常被稱為新安的本地人。[22]

　　十七世紀，這些從宋明年代已經在西北地區定居的五大宗族為表對朝廷之志，紛紛參與抵抗滿族入侵的起義。他們與其他沿海華南宗族一樣，在1660到1680年間與位於台灣的最後一個明朝政權秘密營商。清政府為了切斷台灣政權的補給線，強行將這些大氏族遷往內陸以減少沿海地區的人口。由於新安縣靠近大海，人口皆被疏散。1683年台灣淪陷後，清政府批准宗族遷回新安，他們亦成為清朝的忠實臣民。[23]

　　鄧氏佔據了今天香港西北平原最肥沃的土地。侯氏和廖氏在北部地區定居，土地亦相對肥沃。在經常被洪水淹沒的上水邊緣地區耕作的彭氏則算是最清貧。[24] 氏族不僅擁有他們村莊周圍的

21　見 Faure 1986。

22　Watson 1975,1983; Baker 1966.

23　Siu 1985b.

24　Grant 1962.

土地，像新界東部、香港島、甚至連離島等可耕地，都是在鄧氏定居香港時以敕令授予。

相比之下，其他氏族擁有的土地通常離他們的核心聚居地較近。[25] 繼五大氏族之後的客家人只能在水源不足的山丘和貧瘠土地上建立村莊，而他們的農田往往由大氏族，尤其是鄧氏所有，客家人則以部份收成作為地租。[26]

由鄧氏組織的武裝收租隊在豐收的月份周遊全縣。到達佃戶的村莊後，他們通常停留幾個星期，逐家逐戶收地租，而村民則有義務在他們逗留期間提供豐盛的飯菜。久而久之，許多客家村民組織了地方聯盟或「約」，以對抗收租隊的欺凌。為驅逐收租隊的血腥抗租運動不時爆發。在林村等一些客家村落的廟宇中至今仍供奉著這些烈士。[27] 鄧氏和其他大宗族也在他們所控制的集鎮裡壓榨農民，要求較弱的宗族提交部份土地稅，又勒索保護費。由鄧氏和其他大宗族成員擔任官員的地方官府，對大宗族的霸權視若無睹。[28]

1842年，隨著英國人的到來，不少客家人被香港的新機遇吸引而移居城市，他們從事苦力和石匠的工作，當中亦有人透過創業致富。香港的城市發展吸引了更多來自逐漸衰落的滿清帝國之下的客家人在新安建立村莊。1819年至1899年間，香港建立

---

25 見 Kamm 1977。

26 Hong Kong Government 1948:47.

27 Faure 1985

28 Topley 1964; Palmer 1987; Lockhart 1899.

了三百多個客家村落。1850年至1864年間，內陸的太平天國起義使客家人大量湧入香港地區。隨著他們的財富和人口不斷增加，客家人鞏固了他們對抗鄧氏地主的聯盟，抵抗租金運動亦漸增。[29]

1842年英國佔領香港後，英方視本地大族為敵，客家和蜑家則為盟友；正如總督軒尼詩的秘書在1882年寫道，客家人是「外國人的朋友、供應商、糧食和運輸苦力」，而蜑家人則「為外貿提供船夫和飛行員」。[30]在第二次世界大戰之前，皇家殖民政府真正依賴的是貿易，而非農業或初級資源開採。1898年時，新界的農村對英國人而言不過是與中國大陸的緩衝區，並沒有直接經濟意義。然而，英國人仍在新界設立殖民政府，並重組了土地關係，以制衡大宗族的權力。[31]

1899年，英國第一次奪取新界的控制權時，鄧氏率領的大氏族擔心英國人會沒收他們的土地而發動武裝起義。[32]英國政府在成功鎮壓後，開始改革土地所有權和稅收制度以遏制鄧氏的勢力。1900年6月至1903年6月期間，殖民政府在新界進行了廣泛的土地調查，召集村民向殖民官員提交土地契約，並發出皇家官契。任何未登記的土地都被轉換為皇家土地。為了瓦解大氏族對客家人的統治，英國將大部份客家人耕種的農地授予客家佃戶。

---

29 Faure 1986.

30 Eitel 1882:132.

31 Chun 1987.

32 Groves 1969; Lockhart 1899.

如此，英國剝奪了大氏族的大部份土地。土地改革為客家佃農解除鄧氏地主的束縛，客家人終於可以在自己的土地上耕作。[33]

英國政府還廢除了鄧氏在新界的徵稅中介人角色，其設立的貨幣土地稅直接向個人土地所有者徵收。由於殖民政府的主要收入源於出售皇家土地，它對整個殖民地的農村和城市地區的財產皆保持低稅率。這種由政府出售土地驅動的收入模式在主權移交之後一直持續存在。殖民政府亦在新界設立了四個民政事務處，負責仲裁村民之間的糾紛、收集村民生活資訊、向村民通報政府政策和徵稅等。[34]英國透過重塑農業香港的權力結構，以取代原有的氏族霸權。

由於失去霸權，鄧氏和其他大宗族只能卑微地向殖民政府遞交請願書以表訴求。他們甚至嘗試將自己組織成殖民政府願意接受的非營利協會。1926 年，各大宗族的領袖聚首一堂組成了鄉議局。新界居民只要捐出一定數額便可以加入鄉議局。從此，鄉議局成為富裕村民的協會，並由大氏族主導，尤其是仍然從操控市集獲利的鄧氏。[35]鄉議局將自己建構為一個專注本地慈善工作和調解原居民之間糾紛的組織。[36]

1950 年代，香港從港口轉型為以勞動人口為主的製造業集中地。政府為擴大城市工業人口，開始滲入農業社區。政府不但

---

33 Chun 1987.

34 Freedman 1966: 5-6; Lockhart 1899:57.

35 Grove 1964.

36 Chiu and Hung 1999.

徵用村民的土地以建設水庫、新工業城、高速公路和其他項目，[37]
更開始規範農業生產，以確保供應和價格穩定。[38]殖民政府亦擴
大和重組位於新界的行政機構，例如鄉議局，以及建立本地合作
社和蔬菜銷售組織。[39]

　　從二戰結束到1950年代後期，鄧氏等大族繼續控制鄉議局，
此時鄉議局已演變成全港的農村組織，代表農村原居民利益。客
家鄉紳作為殖民政府的盟友，一直積極歡迎能帶來資金和土地徵
用補償的開發項目，然而鄧氏和其他大氏族的精英往往抵制進一
步削弱其影響力的這些項目。由大氏族控制的鄉議局成為動員村
民示威以反對政府的土地徵用和開發項目的平台。英國情報部門
亦發現中共滲透鄉議局。[40]

　　1958年，政府通過鄉議局法案重組當局人事，改為由政府
委任精英和民選鄉村代表，以防止鄉議局演變為反對殖民政府的
基地。每個地區的代表人數與當地人口成正比。重組後，大氏族
失勢給客家人，鄉議局亦落入後者所控，因為客家人居住地區隨
著急速城市化而人口大幅增長。1950年代以後，反對開發項目
的聲音在鄉議局逐漸消散，該局甚至成為開發項目的調解機構，
代表村民與政府協商賠償問題。[41]

---

37 Bristow 1984.
38 Schiffer 1991.
39 Chiu and Hung 1999.
40 CO 1030/1033; Chiu and Hung 1999.
41 Chiu and Hung 1999.

從1950年代開始，政府鼓勵新界從稻米（改為從東南亞地區進口）轉向蔬菜種植，以壓低食品價格和應對不斷擴大的城市人口。1946年後，殖民政府透過蔬菜銷售組織壟斷蔬菜批發。政府在每個村落資助合作社以促進農牧產品生產和銷售。這些合作社積極向農民提供信貸和技術諮詢，更協調村莊的公共建設。[42]

雖然大部份中國大陸移民在1950至1960年代定居城市並成為工業工人，但仍有一部份人定居在新界，向客家或本地地主租用土地。由此，香港農村被劃分成了兩個世界：一方面，本地和客家地主遠離了農業經濟，積極出租或出售土地牟利，他們亦可以透過鄉議局與殖民政府談判；另一方面，新移民佃農被排除在鄉議局架構外，不被任何正式機構代表。每當政府徵收土地用於開發時，只有原居民能獲得補償，新移民農民則被迫接受微薄的補償，甚至面臨無償驅逐。[43]

主權移交後，新界迅速發展，尤其是與快速擴張的深圳接壤以及被高鐵項目覆蓋的地區，令土地徵用更加頻繁。仍然在原居民的土地上工作的非原居民農民及其後代逐漸積極參與示威。這些抗爭活動與城市的年輕抗爭者結合，形成了新一波激進的社區和反對運動，最終在2010年爆發，抗議高鐵撥款。不少經歷過這些運動的抗爭者成為後來本土主義運動的基礎，這些本土運動逐步通向2019年的起義。另一方面，被英國殖民政府馴服和拉

---

42 Aijmer 1980, 1986.

43 見Chiu and Hung, 1999。

攏，成為土地開發運作一環的本地和客家地主，在主權移交前夕與許多資本家一樣投誠了北京。2019年起義時，部份繼承了祖先團練組織的原居民參與了地方的流氓組織，成為親建制暴徒，襲擊年輕示威者，令衝突升級。[44]

城市工業階級的形成

　　香港在英治下搖身一變成為連接中國、亞洲和歐洲等多個地區的貿易轉口港，以取代傳統港口城市廣州的地位。英國建造的維多利亞港更是大型船隻停泊和裝卸的港口，成功吸引了歐洲和中國商人到此營商，亦帶來原本為農民的工人們在不斷擴大的建築和運輸業工作。1910年，沿著珠江東岸廣闊的農業腹地連接維多利亞港和廣州的九廣鐵路建成後，轉運業務的發展更為蓬勃。

　　歐洲人主要住在香港島太平山山頂和中部，來自中國的新移民則定居在山腳，卻漸漸發展成受傳染病、賭博和大量孤兒人口困擾，因而萎靡不振的貧民窟地區。中國商界精英遵循儒家兼愛的傳統，聯合成立東華醫院，為廣大華人社區提供公共衛生和其他社會服務。很快地，東華醫院的領導人成為英國人眼中華人社區的代表。殖民政府開始吸納這些華人領袖成為間接統治的代理人，以管治華人社區。[45]

---

44 "Hong Kong's 'Indigenous' Villages Mirror Tensions of an Increasingly Divided City," *NPR*, October 17, 2019, at npr.org/2019/10/17/76922 8499/hong-kongs-indigenous-villages-mirror-tensions-of-an-increasingly- divided-city.

香港的轉口業取代了1839至1842年鴉片戰爭之前中國唯一對外貿易開放的港口廣州。1925至1926年間，新冒起的中國共產黨和國民黨藉由蘇聯的支持在廣州建立統一戰線的國民革命政府，並在香港發起反英罷工，以癱瘓港口城市。這次罷工是為了抗議英國當局於1925年5月30日在上海公共租界殺害中國反帝國主義的抗議者。國共政府視香港的崛起和廣州的沒落為中國從屬於帝國主義的象徵，因此希望通過罷工摧毀香港作為全球貿易中心的地位，重振廣州。[46]

為捍衛香港的商業利益和打擊罷工運動，位於香港的中國商界領袖在英國的支持下制定顛覆廣州政府的計畫，甚至籌集資金招募工人來代替罷工者。1926年秋天，由於財力不足，廣州政府和隸屬國民黨的工會又擔心英國的軍事干預，只好結束了罷工，中共亦緊隨其後。全面恢復商業活動後，香港蛻變成亞洲內部和亞歐美洲貿易的樞紐。[47]

除了佔主導地位的商業，香港在二十世紀之交見證了工業的興起，包括由英國公司經營的煉油廠和造船廠。1930年代起，世界經濟被劃分為由關稅區分的帝國勢力範圍，香港落入英國關稅陣營。這吸引了許多中國製造商遷往香港，以便其產品在大英帝國地區自由銷售。由此，從事紡織品、醃製食品、機械、工具和其他產品的中國商家在香港興起。然而，這些商家並沒有與東

---

45 Sinn 2003; Chan 1991.

46 Carroll 2006; Chan 1975; Tsai 1993; Tsang 2007: 第七章。

47 Hamashita 2008: 第八章；Kuo 2014。

華圈內以粵語為主的華商融為一體。他們發現自己處於殖民合作的權力結構之外。[48]

以上的發展在1941年12月至1945年8月二戰期間因日本侵佔香港而被打斷。這段時間，大多數英國和歐洲的精英逃離香港或被監禁。一些中國精英與日本人合作，另一些則逃到抗戰運動基地——中國的西南地區。1945年日本投降後，英國恢復殖民統治，許多戰前精英和中國來的定居者又遷回香港。[49]

雖然英國在英中商業精英之間的間接統治和合作基礎上重建戰前的殖民制度，但是1945至1949年的國共內戰以及1949年共產中國的成立，為香港帶來大量逃避共產黨的中國難民，包括勞工和上海或廣東的商家。1950年代開始，香港的工業因為急增的內地資本和勞動力而開始騰飛。

一些移居香港的中國商界精英在航運業立足（例如董氏家族，其繼承人董建華成為香港主權移交後的第一任行政長官），其他則繼續工業生意，例如唐氏家族（其繼承人唐英年在香港回歸後成為北京的盟友，並一度有望成為行政長官）。另一個例子是廣東潮州的李嘉誠，他於1950年創辦了自己的塑膠廠，後來涉足房地產開發、公用事業、能源、零售等多個行業，創立了亞洲甚至全球最鼎盛的商業帝國之一。中國企業家在來自中國的貧困難民自發形成的寮屋區附近建造了他們的工廠。1950年韓

---

48 Ngo 1999; Kuo 2014.
49 Snow 2004: 第六章; Tsang 2007: 第九至十章。

戰爆發後，國際社會對共產中國實施禁運，扼殺了香港的轉口貿易，香港開始轉變為以出口為主的工業經濟。[50]

戰後初期，殖民政府延續戰前的吸納政策。英國商界精英，包括金融家和著名商人代表參加行政局（由殖民總督、高級官僚與總督任命的精英所組成的決策機構）和立法局，後者包括政府官員和被委任的精英。少數來自東華圈子的華商精英受總督任命參加立法局。剛從中國大陸遷出的新興實業家從一開始便被排除在殖民權力結構之外。商業和金融業精英反對殖民政府資助工業發展，以防政府支出和稅收增加。[51] 由於被殖民權力結構排擠，來自中國的製造商成立協會以支持同業。部份協會建立於方言群體的基礎上，例如李嘉誠等潮州實業家組成的潮州商會，部份則與共產黨接管中國大陸後逃往台灣的國民黨政府有關聯。以中華總商會為代表的「紅色資本家」則是香港中共地下統一戰線的一部份。前面提到的蜑家企業家霍英東便是這些紅色資本家的代表。他的生意因韓戰期間幫助中國打破禁運而節節上升。[52]

英國與北京剛成立的共產黨政府有默契，中國不會收回香港，英國政府則須容忍中共地下黨活動。在英國的監視下，中共暗中維持銀行、學校、電影院、粵劇團、出版商、報紙、商業協會和工會等體制。新華社則擔任中華人民共和國政府在英國殖民

---

50 Tsang 2007: 第十一至十二章; Chiu 1996。

51 Chiu 1996.

52 "Once Eschewed, Henry Fok Secures Place in Hong Kong," *Wall Street Journal*, June 26, 1997, at wsj.com/articles/SB867265427339421500.

地的代表。53

　　除了與知識份子和一部份中國企業家組成統一戰線外，中共還通過工會和基層社區組織不斷擴大工人階級。這些中共組織為不斷擴大和擁擠的寮屋區居民提供殖民政府漠視的社會服務。1950年代和1960年代初期，不少香港基層社區和知識份子開始支持中共。親中的電影製片人製作了不少受歡迎的電影。「紅色資本家」霍英東擁有殖民地最熱門的足球會。中共工會成功發起了幾次罷工，令香港陷入停頓，逼使僱主在工資和福利方面讓步。54

　　英國政府深明中共的擴張將對其管治構成威脅，它在1956年有關香港狀況的報告中坦承，「以移民為主的定居點」中「仍留有怨聲載道的種子」，而且「中國共產黨政府正迅速鞏固其地位，致力爭取〔在香港〕海外華人的支持……並取得了一些成功。」55英國政府意識到必須為不斷擴大的工人階級人口提供基本社會服務，方能抵消共產黨的影響力。然而，在香港政治佔主導地位的金融和商界精英擔心額外的稅收負擔，於是極力阻止任何增加公共支出的方案。如此，共產主義組織在香港深耕細作，將城市中的貧困工人變成了殖民現狀的挑戰者。56

　　美國對香港可能成為共產主義的溫床而警覺，於是利用各種槓桿向英國施壓，要求英方更積極地滿足基層居民的需求。美方

---

53 Loh 2010; 江關生 2012.

54 周奕 2002, 2009; 參見本書第七章。

55 Hong Kong Government 1957.

56 Scott 1989: 第三至四章。

施壓在1950和1960年代開始見成效。美國威脅將在聯合國提出中國難民在香港的悲慘生活條件，作為人道主義問題。香港政府擔心在聯合國丟臉，主動啟動公屋計畫，改善移民的生活條件，又將寮屋區的居民安置到衛生和設施更好的公屋。清空寮屋區同時亦破壞了中共在這些社區建立的組織網絡。[57]

除了公共房屋計畫，政府提供的教育和其他社會服務及援助在1960年代仍然不足，導致上述的階級分化和異化得以延續。日益尖銳的社會對抗在1966和1967年引爆激烈的衝突。1966年因渡輪票價上漲所引發的暴動屬於自發性。1967年的抗爭始於一家塑料廠工人和管理層之間的普通糾紛。當警察介入驅散抗議的工人時，勞資糾紛愈演愈烈。1967年春天正值中國文化大革命，中共在香港的工會接到北京激進份子的命令煽動起義，試圖將爭端變成全面、持久的反英叛亂。[58]

起義當中發生的事件包括群眾包圍殖民地總督官邸、發動總罷工、路邊炸彈、暗殺反共知識份子以及中國民兵在中港邊境附近與香港警察槍戰。大多數香港人深恐文化大革命蔓延到香港，因而反對各個中共組織。1967年夏，周恩來總理保證中國無意入侵香港並與英國停戰，港府在華人社會輿論的支持下採取攻勢，圍捕共產黨組織者並剷除一切反政府活動。到1968年春天，動亂已完全平息。[59]

---

57 Mark 2004, 2007; Smart 1992.
58 Scott 1989: 第三章；參見本書第七章。
59 Scott 1989: 第三章；參見本書第七章。

　　共黨份子的叛亂雖被鎮壓，但不少年輕人在叛亂初期自發支持運動，加上1966年沒有共產黨參與的自發暴動，令殖民當局知道必須要安撫民眾，解決深層社會問題。暴動之後，殖民政府開始多項社會改革，例如通過公共援助計畫建立社會安全網。事實上，計畫在暴動之前已經開始醞釀，但被當權的金融商業精英否決。騷亂凸顯貧困和社會兩極分化問題的緊迫性之後，政府才能克服商界精英的抵制。有工黨背景的英國外交官麥理浩於1971年開始擔任總督，將殖民政府的積極介入提升到一個新的水平，並在1970年代將各項廣泛的改革予以深化。這些改革包括擴大免費教育、公共住房、政府醫療保健、基礎設施建設項目，強大而獨立的廉政公署更成功地在警察和公務員隊伍中清除貪污腐敗。[60]

　　殖民地改革的同時，香港的經濟亦經歷轉型。雖然香港在1970年代初期已經確立其作為出口導向型工業經濟的地位，但隨著1972年尼克森的訪華，中國與美國及其冷戰盟友關係正常化，中國與資本主義陣營的貿易亦重新啟動，而大部份貿易都途經香港。在港的美國企業與香港商界精英合作，開始參加一年一度的廣州交易會，尋求對華投資和貿易機會。香港再次成為中國貿易的轉口港。轉口業務的復甦促進了1970年代香港商業和金融服務的興起。[61]

60　Lui 2017; Scott 1989: 第四章；Chan 2011: 第九至十章。
61　Hamilton 2018; Chiu and Lui 2009.

香港經濟的改革和轉型深刻地重組了香港社會。社會改革推動公共部門的擴張，包括教育、醫療保健和社會服務，帶來新專業人士的崛起，例如教師、醫護工作者和社會工作者。商業和金融服務的蓬勃發展令管理階層擴張。這些在私營和公共部門受過高等教育的專業人士，以及不斷擴大、準備進入高技能勞動力的高等教育學生，構成香港方興未艾的新中產階級。[62]

新形成的中產階級，尤其是公共部門的中產階級，在1970年代推動了社會運動的多個浪潮，包括由專業社會工作者組織的基層住房權利運動、教師和獨立工會組織的擴大、以及尋求社會和政治改革的學生運動。儘管受到中國文化大革命的激進意識形態和1960年代全球青年起義的影響，這些運動與中共在香港的地下黨多沒有直接關聯。許多學生的確被中共的統戰工作吸引，甚至被秘密招募入黨，但大部份的學生既批評中國的共產黨專制統治，也批評殖民政府。[63] 1980年代當香港主權問題開始引發廣泛討論時，這些社運人士聚首一堂，形成1997年之後尋求香港自治和民主的運動核心。[64]

長時段中的香港

縱觀香港一千多年的悠久歷史，大批來自大陸的移民在港定

---

62 Chiu and Lui 2009: 第三章; Lui and Wong 1998。
63 Law 2009: 第七章; 梁慕嫻 2012; Loh 2010。
64 So 1999.

居，以逃避中國的動盪、苦難或鎮壓。香港遠離中國大陸的政治和經濟核心，又直接通往海上的商業世界，一直是中國政治和軍事力量難以全面控制的地區。然而，由1197年的漁民起義，十七世紀後期廣東仕紳支持台灣反清政權，以及十九世紀客家對廣東仕紳精英的血腥反抗可見，香港不僅是躲避中國政府的空間，更是反抗、挑戰中華帝國統治及其地方代表的溫床。

這種逃避和抵抗的模式一直延續到英治時代。當時來自中國大陸的實業家和工人在香港定居，首先是為了逃離大陸的內戰，然後是逃離共產黨的統治。這些新的城市工業社區夾在共產黨與大英帝國之間。一些企業家因難以融入英國殖民政權，於是與共產黨政權建立了密切的關係。其他人與台灣國民黨政權保持聯繫，並繼續他們的反共傾向。在戰後的香港，工人階級社區首先被隸屬中共的草根組織所吸引，但之後又排斥1967年反英起義所展現的激進主義。

在香港的早期歷史中，邊陲地區的社群與帝國中心的關係是地理的結果。在交通和通訊技術先進的時代，國家空間擴大，政治中心自然能加強對遙遠地方的控制。然而在整個殖民歷史中，香港遠離大英帝國和中國的中心，以及因為距離遙遠所造成的自治，最後被法律化和制度化成政治現狀以及香港與政治中心的正式關係。舉例說，香港的英國殖民政府，享有憲法所保障的相對於倫敦的自治權。[65] 另一個例子是1984年的中英聯合聲明和後來

---

65 見 Yep (ed.) 2013.

的基本法，授權香港的主權於1997年根據「一國兩制」和「高度自治」的原則從倫敦移交給北京。這些文件保證香港的自治以及和北京的政治距離，可以在主權移交後維持五十年直到2047年。在政治中心的國家空間及其地理極限已經不復存在之後，香港卻仍然作為閾限空間與政治邊陲而繼續存在。

1970年代新中產階級的壯大為80年代香港的民主運動鋪路。這場反抗運動穿梭於衰敗的大英帝國和崛起的中國之間，力求在1997年主權移交後開拓和維護香港的自治社會和政治空間。這些反對運動在移交後不斷轉變，但仍然繼承了香港悠久歷史中早期社區的許多抵抗運動所具有的精神。這些運動亦因為香港在二十一世紀之交成為中國離岸金融市場和國際資本進入中國的契機而壯大。長期的政治邊緣和香港近期的金融中心地位兩者的矛盾結合，創造了一個不安不穩的空間，使得一波又一波的浪潮，從2014年的雨傘運動到2019年的起義，成為可能。

PART
1

資本
CAPITAL

3 中國離岸金融中心的形成
The Making of China's Offshore Financial Center

　　1997年香港主權交接之際，恰逢亞洲金融危機，導致香港經濟陷入漫長的衰退。2003年嚴重急性呼吸道症候群（SARS）大流行，更將香港自1997年至2003年的經濟停滯推至最低谷。SARS之後，在中國大陸已經加入世界貿易組織（WTO）、香港被整合成中國的離岸金融中心這樣的背景下，香港金融市場和經濟整體方才復甦。北京推出了一系列政策，包括在2003年簽署的《香港和內地更緊密經貿關係安排》（CEPA）來促成這一整合；CEPA降低了香港和大陸之間的關稅和其他壁壘，使兩地的商品和資本能更方便地往來。

　　中國官員和官方媒體竭盡全力利用香港自2003年開始的經濟復甦，大肆宣揚香港經濟繁榮完全仰賴中國大陸的鼻息。鑒於2008年金融危機後中國經濟強勁復甦且達到成長巔峰，這一說辭看似說得通。還有許多論述以香港GDP佔全中國GDP的份額下降，來論證1997年後香港對於中國經濟的重要性逐漸下降。[1]

　　但這些關於香港經濟對中國來說逐漸無足輕重、香港經濟極度依賴中國經濟的論調，並未抓住要害。正如圖3.1所示，中國

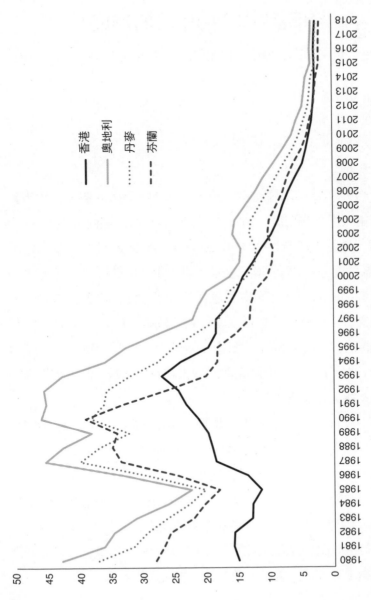

圖3.1｜香港GDP佔中國GDP之比率與其他已開發經濟體之比較。來源：World Development Indicator

本來是低收入國家，而當中國GDP高速增長時，所有小型的已開發經濟體GDP相對於中國GDP的比率都會下降。這不過是說明了中國這一發展中國家的經濟成長迅猛，而無法揭示香港對於中國在經濟上的重要性。

這一章將考察香港如何扮演中國離岸市場的角色；這一角色起源於英治時期，對毛澤東時代的中國經濟發展及1980年代開始的早期市場改革貢獻良多。在主權交接後，香港的地位對於中國的經濟繁榮來說仍舊不可或缺。本章接著將考察各種全球性的力量及北京的政策如何使香港的離岸市場角色得以持續和擴展——中國至今仍堅拒金融體系的全面自由化；而作為中國家門口的自由金融市場，香港是中資企業在國際經濟體系中集資和進行必要的金融操作所必須的獨特窗口或曰跳板。最後兩節則審視1997年後中國資金如何成為香港的主導性經濟力量。

從毛時代閉關到中國繁榮時期的香港門戶

對於中國來說，從毛澤東時代的經濟閉關，到鄧小平推動的市場化改革，香港都是重要的貿易和投資門戶。1949年，中共已取得中國大陸絕大部份領土控制權，解放軍推進到香港以北，

1　例如，香港特區政府前特首董建華極其熱衷於提醒香港市民，香港日益依賴中國經濟，因此香港在各種事務上與北京討價還價的空間也越來越小。〈經濟依賴中國　貢獻比例大減　香港有幾多牙力？〉，《明報》，2015年5月10日，mingpaocanada.com/tor/htm/News/20150510/thb_r.htm。

英國政府為防萬一已準備撤離。但中共決定採取「長期打算、充分利用」的香港政策，允許英國繼續治理香港。這一政策使毛時代的中國獲益甚多，並延續到1970年代末期中國政府開始表態有意在1997年收回香港主權之時。[2]

從1950年代到1970年代，在香港的中國國企（最突出者包括中國銀行和華潤集團）均是中華人民共和國通過貿易和匯款攫取外匯的重要管道。中國在香港設立的貿易公司使中國得以運用有限的外匯儲備進口外國商品。[3] 1960年代，隨著北京與莫斯科決裂，蘇聯停止對中國的援助，香港的角色變得愈發緊要。

1972年，尼克森訪問中華人民共和國，美國及其冷戰盟友恢復與中國貿易，原本在聯合國禁運中處於非法狀態的香港地下轉口貿易轉為公開，且蒸蒸日上。儘管1970年代中國總體上仍處於經濟閉關狀態，但毗鄰香港的廣東省政府已體會到粵港貿易的繁盛。在香港的華人企業家和美國公司開始參與在廣州舉行的中國進出口商品交易會（又稱「廣交會」）。香港那些與美國聯繫緊密的精英華人家族，如董浩雲家族和唐翔千家族，與香港美國商會合作，遊說美國給予中國貿易最惠國（MFN）待遇。[4]這一待遇能讓中國商品以低關稅進入美國。1979年，美國與中華人民共和國正式建交，貿易最惠國待遇也不再遙遙無期。

對於閉關鎖國的毛時代中國來說，香港是唯一的對外通路；

2　Louis 1997.

3　參見 Schenk 2001, 2011; Lui and Chiu 2009: Chapters 2, 3; 郭國燦 2009。

4　Hamilton 2018.

但在中國市場化改革的不同階段，香港作為進出中國的通道角色也愈發突出。市場化改革的第一階段是農業方面的去集體化，並以鄉鎮企業的形式重振以市場為導向的農民經濟和農村工業。這一階段的主要經濟動力來自於國內市場。位於香港北面的深圳經濟特區成為最早的加工出口區之一。香港的製造業資本開始在經濟特區投資，其他領域如飯店業和零售業的資金也開始進入中國大陸（主要是在廣東省）。不過，在 1980 年代外商直接投資（FDI）還不是中國經濟的重要組成部份，大部份剩餘勞動力均投身於農村的鄉鎮企業和快速發展的農業。

到 1990 年代，在天安門鎮壓和蘇聯崩潰的背景下，北京開始將經濟轉向出口導向的成長，並推動城市國有經濟的激進私有化。1994 年，人民幣兌美元匯率一次貶值超過 30%，刺激了中國的出口製造業。1994 年後，北京抑制鄉鎮企業和農業發展，釋放大量剩餘勞動力投身於沿海地區的出口導向製造業。美國柯林頓政府無視中國的人權狀況，允許中國產品以低關稅進入美國市場，且在 1999 年歷史性地與中國簽訂自由貿易協定，為 2001 年中國加入世貿鋪平了道路。2001 年後，中國真正成為「世界工廠」。[5]

中國沿海地區的地方政府缺乏資本、技術以及同國外消費市場的聯繫，為保證各地出口製造業的成長而不得不互相競爭。因此，對於東亞正在尋找低成本勞工的勞動密集和出口導向製造業

5　Hung 2015, 2020a.

資本來說，中國是理想的投資目的地。1990年到2005年，在投入中國的FDI中，香港、台灣、韓國、日本和新加坡的投資佔了71%，其中香港資本更佔了過半份額。[6]

香港在1990年代的國企改革中也扮演了關鍵角色。正如本章稍後所述，許多中國國企通過海外上市，從國有企業搖身一變成為國家扶持的跨國企業。香港交易所（HKEX）擁有先進的金融體系和對外融資通道，成為中國企業海外融資的首選。以往中國國企以社會化形式提供的住房，也在1990年代私有化並形成私人商品房市場，香港的地產商也是其中的關鍵推手。[7]

自1990年代開始，中國經濟中以債務和國家指令驅動的固定資產投資逐漸吃重。乍看之下香港似與其無涉，其實不然。首先，地方政府和國有企業推動的建設專案，多數仰賴國有銀行放貸。而中國國有銀行體系中的流動性，很大一部份源於「外匯佔款」，即出口企業和外國投資者向中國國有銀行上交外匯，按匯率獲取中國的央行——中國人民銀行發行的人民幣。因此，中國銀行體系的流動性中有頗大的份額源自外匯儲備，而外匯儲備又源於FDI和出口收入；香港正是產出FDI和出口收入的重要樞紐。

其次，國有企業通過接受國有銀行的低成本貸款，成為基建和資本密集項目建設的重要推手。而當國企資本過剩，便開始向海外尋找投資機會。香港便是中國企業尋求海外上市的天然平

6　Hung 2015.

7　Han 1998.

台。這是自1990年代末以來的新發展。2008年金融危機以後，中國在2009至2010年增發巨量貨幣刺激經濟，使中國資本更迫切尋求出海。在刺激經濟計畫中，中共要求國有銀行大開水閘，向國企和有國家背景的企業放款增加產能。這導致產能迅速過剩、利潤下降，營建業尤其如此。

故此，自2010年以來，中國企業更熱切在海外尋找投資和商貿機會，而香港便是它們的第一站。下一章將詳細論述這一點。總而言之，香港在中國經濟奇蹟的每個階段，都扮演了重要且不可或缺的角色。香港有如一個離岸樞紐，促進中國商品和資本進出口的發展，在中國經濟尚未完全開放的狀態下，充當了中國與世界經濟體系的黏合劑。

以往很長一段時間，許多中國觀察家、自由派經濟學者和中國國內的決策者都認定，中國將無可避免地蛻變成以私營部門為主導的完全開放經濟體。中國在2001年加入世貿時，承諾最終將放開所有資本領域限制；允許外國銀行進入本國金融體系；以及允許私營與國有、國內與外國企業公平競爭。若中國能完成這一轉型，香港作為商品和資本轉口港的角色亦將終結。然而，中共顯然無意取消資本控制和對國企的優惠待遇。[8]中共認定，通過國有銀行控制信貸流和通過壟斷國企操控經濟，是維持政權的基礎。中國加入世貿後二十年，中共在中國經濟所扮演的戲份不僅沒有消散，反而更為吃重。中國的金融體系仍然處於半封閉狀

8　García-Herrero 2011.

態，國企在中國式國家資本主義中仍為主導，而香港同中國一側的經濟邊界既有嚴格管控、也有許多開放通路，但香港又對世界經濟完全開放，這使得香港成為連結中國國家資本主義與世界自由貿易體系的樞紐。[9]請注意，1997年後允許香港繼續扮演這一角色的條件，並不是恆定不變的。

1997年後香港金融中心地位的國際基礎

主權交接後，香港仍繼續發揮中國離岸金融中心的作用，這不僅有賴於英治時期的制度基礎和中國政府的政策，更奠基於1997年後國際社會對香港所採取的態度。英治香港曾幫助中國連結外國資本和全球市場。與此同時，1950至1990年代的中國繼續維持經濟上的閉關或半閉關狀態，既享受通過香港融入全球經濟的好處，又免受經濟開放帶來的風險衝擊。在英國治理下，香港在政治上與中國大陸切割，能輕鬆地擔當中國的離岸貿易和金融仲介角色。但1997年主權交接後形勢丕變。中共提出香港在主權交接後實行「一國兩制」的安排，初衷便是要安撫香港商業精英和本土中產階級的信心危機。北京也試圖通過「一國兩制」延續香港在主權交接後繼續作為離岸市場運營的政策。[10]

若世界各國政府和外國公司不認可香港的自治，北京將無法

9　Lady 2019; Cheung et al. 2017.

10　Pauly 2011.

延續香港作為中國離岸金融中心的地位，因此國際社會是否承認香港相對於北京擁有高度自治，至關重要。1992年，美國國會通過《美國—香港政策法案》，以規管1997年後美國與香港的關係。法案規定，美國政府應定期檢討1997年後的香港是否能保留中英聯合聲明中相對於中國大陸的高度自治、法治及原本擁有的各項自由。若能通過檢討，美國「將繼續在經濟和諸如進口配額和產地來源證明等貿易事項上，將香港視為獨立地區」。法案的公開目的是支持英國及香港人民在主權交接後仍保有香港的自治。這一法案成為各國處理香港作為獨立關稅區地位相關政策的標竿。各方意見均認為，在1989年的天安門鎮壓後，確有必要以類似政策保證香港的自由。[11]

在捍衛香港自由這一公開目的背後，法案其實也有利於北京。法案主張在貿易、投資和移民配額上視香港為獨立於中國大陸的地區，這使中國在1997年後仍能在經濟上將香港作為離岸平台利用。例如，法案規定「美國應基於香港在關貿總協定（GATT）的成員地位，繼續給予香港出產的產品非歧視貿易待遇（即通常所謂「最惠國待遇」）」。[12]這一規定在中國加入世貿前相當重要，且在中國加入世貿後依然如此。由於美國將香港和中國認定為兩個獨立的關稅區，世界各國也紛紛仿效，中國和香港便能在世貿框架中以不同條件擁有兩個獨立成員地位，而香港與世界

---

11 US–HK Policy Act 1992.

12 US–HK Policy Act 1992, Title I, Section 103(4).

經濟的貿易和資本聯繫比中國更為緊密。

自1986年開始，香港便是世貿前身——關貿總協定的獨立成員，且在1995年參與了促成世貿組織的烏拉圭回合關貿談判。因此，香港具有世貿組織創始成員的地位。在主權交接前夕，英治香港政府向世貿總部發送備忘錄，強調香港在中英聯合聲明保障下具有獨立於北京的自治。[13] 在2001年中國加入世貿的協定中，納入了這一備忘錄的部份段落，以確認香港在組織中的獨立成員地位能與中國並存：

> 1986年4月23日，時為大英帝國殖民地之香港，已為關貿總協定之締約方。1997年7月1日，中華人民共和國恢復於香港行使主權；自此，香港成為中國之特別行政區。有鑒於此，應特別指明，在保留其獨立關稅區地位，且能自主決定經濟與貿易政策之前提下……香港得以「中國香港」之名義延續其世貿組織成員資格。[14]

香港對全球市場的邊界保持完全開放，但中國在加入世貿後仍維持其半開放加嚴厲管控的經濟體。至於香港與中國（大陸）

---

13 "Communication from Hong Kong," World Trade Organization document, June 3, 1997, WTO WT/L/218, at https://docs.wto.org/dol2fe/Pages/SS/directdoc.aspx?filename=Q:/WT/L/218.pdf.

14 "WTO Successfully Concludes Negotiations on China's Entry," World Trade Organization, September 17, 2001, at wto.org/english/news_e/pres01_e/pr243_e.htm.

的經濟邊界，儘管也已開放，但仍受2003年CEPA協定的規管。

香港與中國在世貿中的雙重成員安排，有利於中國維持其半封閉的經濟政策。儘管處於半封閉狀態，中國仍能通過香港，在其選擇的領域全面而自由地連接全球市場、獲取全球資本。對於中國來說，這可謂一箭雙雕。例如，中國加入世貿已久，卻仍然禁止外國銀行全資擁有其中國業務，且嚴格監管資本流動，這使中共能以鐵腕掌控中國的金融體系。但中國個人和企業仍能通過香港使用外國銀行服務，並自由轉移財富。另一個例子是，中國對諸如熱帶水果和冷凍肉品之類進口農產品徵收高關稅。但中國也可以通過香港以低關稅選擇性進口農產品（實際上也確有大量農產品輸入香港），再將大部份轉出口到中國大陸。[15]

對北京來說，國際社會認可香港自治地位的另一個好處是：註冊地為香港的投資，在世界各地（尤其是西方國家）所享受的資本自由遠大於源自中國的資本。許多國家，包括美國、英國、澳洲等，對香港資本的國家安全審查遠比對中國資本（尤其是國企資本）來得寬鬆。這也使得中國大陸的企業頗熱衷於註冊為香港公司（如聯想集團）或通過香港分公司對外投資。中國輸出到香港的資本，絕大部份是先包裝成香港資本，再轉投海外。[16]

國際社會認可香港自治還有另一重意義，就是假定香港將繼續實行普通法（common law）且不受中共控制，故而把香港的司

---

15 ChinaAg 2015.
16 Huang 2019.

法體系視為獨立於中國大陸。通過普通法原則或司法互惠協定，香港法庭的判決能夠在許多其他國家的司法體系中獲得認可並具有執行力。香港與其他司法體系的互惠狀態在1997年後仍然延續，而中國的司法判決在許多其他司法體系則不具有執行力。2011年，香港特區政府在亞洲國家和地區中頭一個修改了仲裁制度，以遵守2006年版的《聯合國國際貿易法委員會國際商業仲裁示範法》規定。香港也是《紐約公約》（《承認及執行外國仲裁裁決公約》）的獨立成員之一。在這一公約下，任何成員國的商業仲裁在其他成員國均有效力。香港既長期參與這些國際仲裁體系，又在1999年與中國大陸簽訂了《香港與內地仲裁相互承認及執行協定》，這使香港成了國際仲裁中心。另一方面，中國的仲裁和司法體系並未完全跟隨國際準則，且與大部份主要經濟體不能相互承認和執行。因此，有意投資海外的中國公司和在中國國內投資的外國公司，需要依賴香港的司法和仲裁地位，來克服中國市場所受的法律限制。[17]

　　香港賴以鞏固中國離岸市場之角色的另一項重要制度，是其獨立的貨幣和金融體系。香港金融市場對世界經濟完全開放，港元能在全球自由兌換，貨幣當局和金融監管體系獨立於中國大陸且至少表面上自主，故香港能繼續擔當中國與世界經濟之間的金融仲介。本章稍後將論述香港金融體系對於中國國有經濟體系的重要性。

17　Murphy et al. 2017; Mayer Brown 2008; Grimmer 2019.

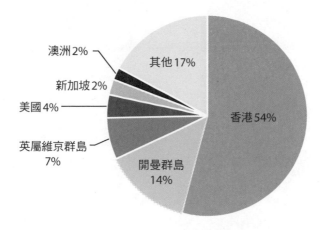

圖 3.2a │ 以總額計算的中國對外直接投資目的地（2017）
來源：香港貿易發展局（Hong Kong Trade and Development Council）

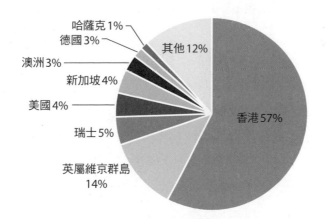

圖 3.2b │ 以當年年額計算的中國對外直接投資目的地（2017）
來源：香港貿易發展局（Hong Kong Trade and Development Council）

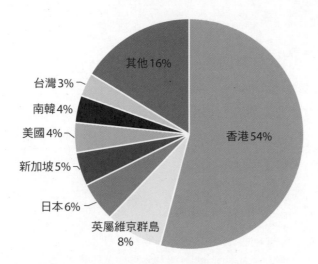

圖 3.3a ｜以總額計算的流入中國外商直接投資來源地（2018）
來源：香港貿易發展局（Hong Kong Trade and Development Council）

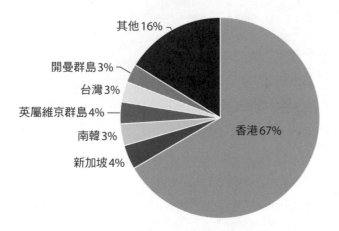

圖 3.3b ｜以當年年額計算的流入中國外商直接投資來源地（2018）
來源：香港貿易發展局（Hong Kong Trade and Development Council）

　　香港在主權交接後仍保有其經濟中心地位，使中國的國家發展獲益良多。圖3.2和圖3.3說明了，直到今天，進入中國的外資大部份源於香港，中國的對外直接投資也以香港為首要目的地。許多從香港輸入中國的資本並非香港本地資本，不過是第三方資本改頭換面而已。同樣地，許多從中國輸出到香港的資本也不在香港久留，而是以香港資本名義投向世界各地。因此，香港仍然是國際資本進軍中國和中國資本進軍海外的關鍵門戶。

　　自中國2001年加入世貿以來，北京通過優惠政策和國家補貼，悉心扶植一部份國有企業，以國家扶持的巨頭姿態出海。國有資本擴張的代價是私營部門的萎縮。2008年金融危機後，北京增發巨量貨幣刺激經濟，國有資本擴張愈發加速。[18]貨幣增發促使國有銀行向國企和地方政府大量貸出低成本貸款，資助其投資專案。這使中國經濟快速復甦，但也使國內產能過剩，人民幣面臨貶值壓力。當負債累累的中國企業無法再在國內覓得合適投資機會，便掀起了資本輸出和資本外逃的高潮。進入2010年代，中國經濟增長持續放緩，且私有財產依舊得不到全面保障，資本外流則更加瘋狂。[19]作為中國的離岸市場，香港成為中國剩餘資本輸出海外尋找回報和安身之所的絕佳管道。

　　另外，香港也是中國企業取得以外幣（主要是美元）計價的貸款和融資的主要平台。1997年後，中國企業的大部份外幣貸

---

18 Hung 2015; Lardy 2019; Liu 2020.
19 Hung 2020b.

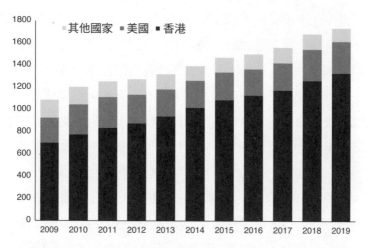

圖3.4 ｜ 在海外上市的中國企業數目。來源：Ryan Capital

款都是在香港獲取。[20]中國企業的海外首次公開上市（IPO）也多在香港進行。如圖3.4所示，香港是中國企業進行海外集資活動的首要管道。

香港更是中國權貴精英向海外轉移家人和財富所不可或缺的跳板。中國政府官員通過「香港投資」和香港居民身份恣意向西方國家轉移資產甚至讓家人移民，已是公開的秘密。許多中國政府高級領導人的家庭成員，如薄熙來（2012年落馬前為中共中央政治局委員）的妻子谷開來，李鵬（1988至1998年任中國國務院總理）的女兒李小琳，均是先取得香港居民身份，再移民國

20 "All About the Money: Why Hong Kong Matters So Much to China," *Wall Street Journal*, October 22, 2019, at wsj.com/articles/all-about-themoney-why-hong-kong-matters-so-much-to-china-11571736607.

外。[21]有報導稱，習近平、栗戰書、汪洋等中共中央政治局常委的子女，均在香港擁有數以百億港元計的資產。[22]香港的藝術品交易和頂級紅酒市場也是這些中國權貴精英藏匿和轉移財富的重要管道。[23]有別於中國大陸的資產，權貴精英們在香港持有的財富可以隨時兌換成其他外幣，並在任何時候自由地轉移到別處。

　　一直有人揣測，中國政府在深圳和上海設立的自由貿易區，如2013年成立的深圳前海自由貿易區和上海自貿區，將取代香港的離岸金融中心地位。但這兩個自貿區的經濟地位與香港相去甚遠。鑒於這些自貿區缺乏司法獨立、資訊流通的自由、單獨的央行和貨幣體系，以及最重要的，國際認可的獨立關稅區地位，外國資本並不願意將其香港業務搬遷過去。[24]這一現狀也證明，對於中國經濟來說，香港作為離岸金融中心的角色，絕非僅僅源於中國政府的政策，而是相當大的程度上仰賴於香港的歷史制度遺產（如司法體系中的普通法傳統）和國際社會認可香港經濟獨

---

21 "China's Elite—Including Xi Jinping—Are Linked to Offshore Deals That Hid Millions of Dollars," *Quartz*, April 4, 2016, at https://qz.com/653836/chinas-elite-including-xi-jinping-are-linked-to-offshore-deals-that-hid-millions-of-dollars; "Scandal Ensnares Relatives of Fallen Chinese Leader," *Wall Street Journal*, April 26, 2012, at wsj.com/articles/SB10001424052702304723304577365603131112294.

22 "Luxury Homes Tie Chinese Communist Elite to Hong Kong's Fate," *New York Times*, August 12, 2020, at nytimes.com/2020/08/12/business/china-hong-kong-elite.html.

23 "Niche Auction Houses Thrive in Hong Kong," *New York Times*, October 4, 2013, at nytimes.com/2013/10/04/arts/international/nicheauction-houses-thrive-in-hong-kong.html.

立於中國大陸經濟。

中國大陸資本的崛起

　　早在中國進行市場化改革之前，香港便有中國國企的身影。如本章第一節所述，中國銀行、中國華潤集團等國企，早就在英治香港政府的默許下，在香港處理中華人民共和國與香港的金融和貿易活動，它們也是冷戰高峰期中國經濟僅有的與外界互動的管道。自1980年代中國開啟市場化改革以來，國企也變得更注重利潤。即將到來的主權交接，使香港中國國企的地位愈發重要。許多國企在香港設立了「窗口公司」。[25] 更多的中國公司，如聯想集團，開始在香港註冊。

　　在香港或其他國家註冊的大型中國國企，有許多在香港交易所上市，並被金融業統一稱為「紅籌股」（Red Chips）。除了長期扎根於香港經濟的紅籌股，港交所更於1993年開始接受以中華人民共和國為註冊地的企業上市，使得越來越多中國企業（主要是中國國內成立的國企）湧入港交所上市成為「H股」。H股公

---

24 "Bankers' Exits and Zombie Accounts: China's Shanghai Free Trade Zone Sputters," *Reuters*, September 1, 2019, at reuters.com/article/uschina-shanghai-ftz/banker-exits-zombie-accounts-chinas-shanghaifree-trade-zone-sputters-idUSKCN1VN01V; "China's Economic Zone Fails to Draw HK Property Tycoons," *Reuters*, August 16, 2013, at https://uk.reuters.com/article/us-property-china/chinas-new-economic-zone-fails-to-draw-hk-property-tycoons-idUKBRE97F07520130816.

25 郭國燦 2009: 第二章。

司未必在香港有多少業務，但可以利用香港在國際市場上集資。香港既毗鄰中國大陸，又在司法上獨立於中國，對這些公司有獨特吸引力。進入二十一世紀，在外國註冊、由中國大陸人士控制的龍頭私營企業也看上了港交所。諸如阿里巴巴、騰訊等巨頭企業，風頭已然蓋過紅籌國企股和H股企業。表3.1顯示，這類企業的數量直線上升，並在香港的證券市場逐漸取得主導地位。私企涵蓋的業務範圍包羅萬有，從金融到能源到公用事業皆有。

紅籌、H股和中國私企在香港金融市場的主導地位，也反映在市值佔比上（如表3.2所示）。截至2019年，這三類企業佔了港交所總市值的73%。

中國移動（前身是中國電信集團一部份）在香港交易所的崛起，揭示了中國國內公司如何與西方金融巨頭共謀，獲取在香港註冊或上市的地位。作為國家扶持的少數巨頭之一、《財富》全球500強上榜公司，中移動的成立是1990年代國企改革的範例。在國企改革之前，中國的電信服務由分散在各省政府轄下的通訊設施提供。1990年代早期，美國投資銀行高盛「極力慫恿」並成功說服北京成立全國性的電信運營公司。[26] 在國際銀行家、會計師和企業律師的助力下，中國移動通訊集團成立，作為一家新公司整合各地政府的通訊資源。在美國銀行業經年不輟營造的國際形象加持下，中移動於1997年成功在香港和紐約兩地上市，在亞洲金融危機的背景下仍成功集資45億美元。

---

26 Walter and Howie 2012: 159.

表3.1│港交所市值前50大企業中的H股、紅籌和中國私營企業清單。

年份	企業名	類別	市值（百萬港元）	佔上市企業總市值比率（%）
2000	中石油	H股	22857.14	0.48
	中國移動	紅籌	792,586.3	16.53
	中國聯通（香港）	紅籌	150,008.3	3.13
	招商局集團（國際）	紅籌	11,582.63	0.24
	上海實業控股	紅籌	12,749.56	0.27
	中國光大	紅籌	12,419.3	0.26
	聯想控股	私企	36,625.01	0.76
		總計		21.67
2014	中國建設銀行	H股	1,531,458.33	6.15
	中國工商銀行	H股	491,254.29	1.97
	中國銀行	H股	365,429.35	1.47
	平安保險（集團）	H股	294,551.67	1.18
	交通銀行	H股	253,485.89	1.02
	中國人壽保險	H股	226,583.78	0.91
	中石油	H股	181,450.54	0.73
	中石化	H股	159,458.99	0.64
	中國農業銀行	H股	120,496.19	0.48
	中國太平洋保險（集團）	H股	109,346.82	0.44
	中國移動	紅籌	1,845,762.61	7.41
	中國海洋石油	紅籌	466,119.44	1.87
	中信集團	紅籌	329,221.94	1.32
	中銀控股（香港）	紅籌	274,363.65	1.10
	中國聯通（香港）	紅籌	248,904.58	1.00
	中國海外發展（中海外）	紅籌	188,410.14	0.76
	華潤置地	紅籌	119,248.42	0.48
	騰訊	私企	1,053,930.94	4.23
	漢能薄膜	私企	116,949.88	0.47
	聯想集團（原聯想控股）	私企	113,522.22	0.46
	恆安集團	私企	99,236.38	0.40
		總計		34.95

2019	中國建設銀行	H股	1,618,008.56	4.25
	平安保險（集團）	H股	685,921.83	1.80
	中國工商銀行	H股	520,764.27	1.37
	中國銀行	H股	278,462.18	0.73
	中國交通銀行	H股	193,965.72	0.51
	中國招商銀行	H股	183,865.59	0.48
	中國人壽保險	H股	161,101.44	0.42
	中國移動	紅籌	1,341,144.13	3.52
	中國海洋石油	紅籌	578,631.03	1.52
	中海外	紅籌	332,520.72	0.87
	中信集團	紅籌	303,120.54	0.80
	中銀控股（香港）	紅籌	285,993.71	0.75
	華潤置地	紅籌	276,680.46	0.73
	中國聯通（香港）	紅籌	224,590.23	0.59
	華潤啤酒（控股）	紅籌	139,824.02	0.37
	阿里巴巴	私企	4,446,881.70	11.68
	騰訊	私企	3,587,872.92	9.43
	美團點評	私企	591,768.25	1.55
	中國恆大	私企	284,657.13	0.75
	碧桂園	私企	272,621.38	0.72
	小米	私企	258,962.59	0.68
	龍湖地產	私企	218,178.77	0.57
	融創中國	私企	206,828.89	0.54
	安踏體育	私企	188,456.62	0.50
	深圳國際控股	私企	171,217.03	0.45
	海底撈控股	私企	165,890.00	0.44
	翰森製藥集團	私企	149,925.03	0.39
	舜宇光學技術	私企	147,965.02	0.39
	吉利汽車控股	私企	139,705.04	0.37
		總計		47.17

來源：香港交易所（HKEX）

表3.2 | 中國大陸企業歷年市值總額及佔港交所市值總額比率（百萬港元，%）。

	2014	2015	2018	2019
H股	5,723,993.53	5,157,109.86	5,937,289.44	6,423,518.74
紅籌	5,214,967.56	5,137,712.98	5,374,871.03	5,443,942.64
私企	4,078,538.74	4,931,492.39	8,838,322.09	16,062,221.74
總計	15,017,499.84	15,226,315.23	20,150,482.55	27,929,683.12
總計佔市值（%）	60.33	62.34	67.79	73.39

來源：香港交易所（HKEX）

公用事業、能源和金融一直是港交所紅籌和H股的主要行業，而中國金融企業的發展尤其迅猛。表3.1顯示，直到2000年，金融企業仍未佔據H股和紅籌公司的龍頭地位。但到2014年，龍頭H股和紅籌公司的市值中，已有過半來自銀行和保險公司。到2019年，中國金融機構仍然舉足輕重，但與兩大網路巨頭阿里巴巴和騰訊相比則已相形失色。

人民幣國際化的樞紐

中國資本在香港金融市場逐漸上升為主導者的同時，北京也在推進人民幣國際化的進程中，將香港指定為全球人民幣業務的批發中心。隨著人民幣逐步國際化，越來越多外國企業通過香港金融市場買入和持有人民幣。儘管香港本地銀行也垂涎人民幣業務，但在香港的中國金融機構因其與大陸的緊密聯繫而享有得天獨厚的優勢。典型例子如中國銀行，這家在港交所上市的紅籌公司於2003年被中國人民銀行指定為官方人民幣清算機構。

2008年，美國金融海嘯引發全球金融危機，中國政府對其外匯儲備中大量美元計價的資產（美國國債）開始產生擔憂。在金融危機達到高峰之際，坊間開始猜測美元是否會崩潰，以致危及中國的外匯儲備價值。為減少在貿易清算中對美元的依賴並削減積存美元資產的需要，北京開始尋求增加以人民幣計價的貿易量，以逐步取代美元在中國對外貿易中的主要地位，進而降低美元和高風險的美國國債在中國龐大的外匯儲備中的佔比。增加人民幣國際流通也可以促使外國增持人民幣，增強中國的海外影響力。[27]

人民幣國際化計畫其中一個極大的障礙是，國際市場並不青睞難以兌換的貨幣，因此北京必須最終將人民幣推至全面自由兌換。如此，則北京將被迫放棄對資本帳戶（Capital Account）的控制，但這也意味著中共要拱手交出對銀行業的控制、對信貸創生（credit creation）的壟斷。這正中中共政權的要害，因其將信貸控制視為它控制社會和經濟領域的權力支柱。香港的離岸金融市場，正提供了方便之門，讓北京得以在不放開資本帳戶控制的前提下將人民幣國際化。中國大陸和香港的金融體系之間有管控的互通，使北京既可以向香港注入自由兌換的離岸人民幣來推進人民幣國際化，又保持大陸在岸人民幣無法自由兌換。

2015年末，中國成功將人民幣納入國際貨幣基金組織（IMF）

---

27 Eichengreen and Xia 2019; Bénassy-Quéréa and Capelleb 2014.

特別提款權（SDR）的一籃子貨幣組合中，這一過程正揭示了香港在人民幣國際化進程中的核心作用。總括而言，SDR相當於IMF創造的會計單位，代替美元等硬貨幣，由各國央行持有作為外匯儲備。SDR的價值由IMF指定構成SDR的一籃子貨幣組合及各種貨幣的比重決定。IMF經常在帳面上創生新的SDR單位，並根據成員國的經濟地位向它們的央行進行分配。央行可以利用分配到的SDR向其他央行購買硬貨幣，或者用硬貨幣向其他央行買入SDR。一種貨幣能被納入SDR一籃子組合，證明IMF認可其地位和穩定性。

　　1969年全球經濟擴張之際，IMF發明SDR，以應付美元和黃金作為主要儲備貨幣在全球供不應求的狀況。但SDR發明後不久，美國尼克森政府放棄了美元金本位制。美國貨幣當局隨即開足馬力印鈔，美元在全球水漫金山。各國央行對SDR代替稀缺硬貨幣、充實外匯儲備的需求也不再迫切。[28] 2009年，長期被束之高閣的SDR重新引起各國興趣。從美國開始蔓延到全球的金融崩潰，引起外匯儲備中持有大量美元資產的各國擔憂美元幣值崩潰，中國尤其寢食難安。2009年3月，中國人民銀行行長周小川發表聲明，呼籲增加使用SDR，取代美元成為全球首要儲備貨幣。周小川更主張擴展SDR的一籃子貨幣組合，使其穩定性不會過度仰賴單一國家或地區的金融健康情況。2011年11月，時任中國國家主席的胡錦濤在他的G20峰會演說中，把這兩項建

28　Boughton 2001: Chapter 18.

議作為全球金融體制改革的核心，進一步呼籲各國注意SDR。[29]

在推動SDR取代全球美元本位的同時，北京也持續推進將人民幣納入SDR一籃子貨幣中。一種貨幣被納入SDR組合，相當於一支股票被納入主要交易指數，將引發全球渴望持有此貨幣。中國領導人認定，將人民幣納入SDR組合，相當於IMF官方為人民幣背書，表示其可靠性和流動性堪比當時一籃子組合中的主要貨幣——美元、歐元、英鎊、日元——且可安心作為儲備貨幣。如此一來，全球對人民幣的需求自然增加。對中共來說，將人民幣推升到與美元和歐元的同等地位，亦是一種象徵性的榮耀，能增強政權在人民心目中的合法性。

而在IMF官方看來，將人民幣納入SDR一籃子，能鼓勵北京方面繼續推動金融市場和資本帳戶開放。但在2010年的五年期SDR組合檢討中，IMF認定人民幣並未符合SDR組合貨幣的「可自由使用」（freely usable）標準，拒絕納入人民幣。根據IMF定義，「自由可用」的貨幣必須「在國際交易中廣泛作為支付手段」，且「在主要外匯市場中大量交易」。[30]

IMF的這一舉措在情理之中。當時中國的金融體系並未對全球金融體系開放，北京仍然通過控制信貸和存款來牢牢掌握外匯，以抵禦金融資本流動的風險，並維持中共對經濟的指導地位。2010年後，北京加快步伐，務求讓人民幣在技術上符合納

---

29 Zhou 2009; Murphy and Yuan 2009.

30 IMF, "Special Drawing Right (SDR)," at imf.org/en/About/Factsheets/Sheets/2016/08/01/14/51/Special-Drawing-Right-SDR.

入SDR的要求，但難就難在中共要如何在不放棄對中國金融管控的前提下達成此點。於是香港再次成了中共的利器。

到2015年初，IMF開始暗示即將把人民幣納入SDR組合。2015年11月，IMF正式把人民幣納入SDR一籃子貨幣組合。為了證明人民幣已「可自由使用」，最常用的數據證明是人民幣佔國際交易支付總額的排名，從2011年的第十五名開外，大幅竄升到2015年9月的第五名，僅次於美元、歐元、英鎊和日元。然而，仔細考察這一數據可見，這第五大國際交易貨幣僅佔國際支付總額的2.45%，遠遠落後於美元所佔的43.3%和歐元的28.6%。如圖3.5所示，自2015年以來這一份額也未發生多大變化。

尤其值得注意的是，如圖3.6所示，在這2.45%使用人民幣的國際交易支付中，超過70%發生在香港。換句話說，人民幣之所以能快速國際化，滿足IMF的技術要求，主要原因便是在香港的巨量流通。人民幣在香港流通的手段，包括人民幣存款在香港銀行體系中的增加（主要由看漲人民幣的香港外匯交易散戶持有），發售以人民幣計價的「點心債」，及香港與上海交易所的「滬港通」交易安排。[31]北京精心控制著人民幣在香港流通的額度。換句話說，人民幣在全球的「可自由使用」，主要是在香港的「可自由使用」。中國並未進一步向全球開放資本帳戶。人民幣之所以能滿足IMF的要求，全賴於中國大陸對香港的有限度開放。

因此，香港的人民幣離岸市場是人民幣國際化的核心推手。

---

31 Fung et al. 2014.

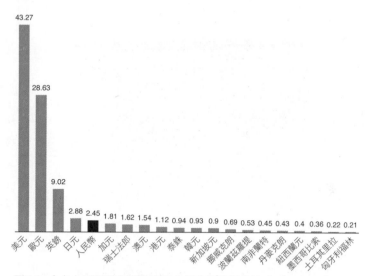

圖 3.5a | 各主要貨幣在國際交易支付中的份額佔比（%），2015年9月。
來源：SWIFT

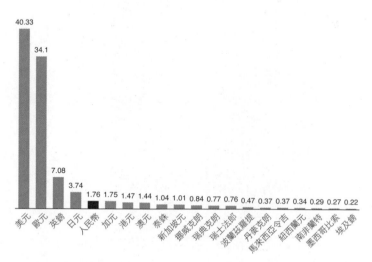

圖 3.5b | 各主要貨幣在國際交易支付中的份額佔比（%），2020年6月。
來源：SWIFT

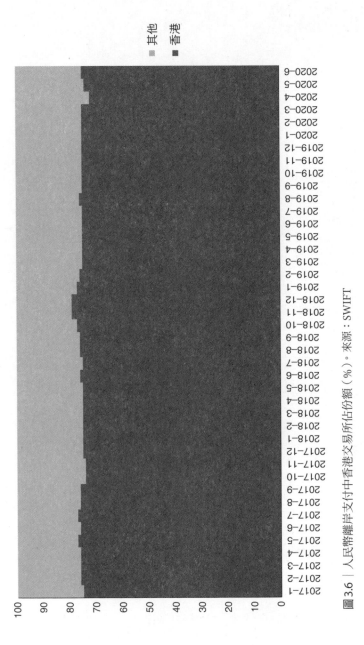

圖 3.6｜人民幣離岸支付中香港交易所佔份額（%）。來源：SWIFT

這一離岸市場使北京得以在不放棄對中國金融體系的管控前提下，推動人民幣自由化。中國國內的智庫和金融學者一直大力呼籲鞏固香港的離岸金融中心角色，持續提升人民幣的國際貨幣地位。他們一致認為，要在不進行資本帳戶全面開放的前提下將人民幣打造成國際貨幣，唯一方法是將香港當成人民幣的離岸批發中心，而其他離岸金融中心（如倫敦和新加坡）可作為人民幣的零售業務中心。要達成這一點，便迫切需要深化香港交易所與大陸金融市場的互通，在香港建設人民幣債券市場，並在香港發展中國國有銀行管理的人民幣計價理財產品。[32]

IMF和國際金融體系認為，北京在香港和大陸金融市場之間予以有限度開放，不過是一個過渡階段，人民幣終將像SDR貨幣組合中的其他貨幣一樣，成為真正可自由兌換的貨幣。在這一前提下，香港在推進人民幣國際化進程中的離岸中心這一重要地位也是過渡性的，隨著人民幣蛻變成如同SDR組合裡其他貨幣一樣可自由兌換，香港的獨特性也將消失。但這並非北京的目標。北京從未真心實意地推動金融系統和資本帳戶開放。與IMF的一廂情願相反，通過香港離岸市場將人民幣國際化是一項更遠期的規畫。[33] 2015年夏天，在人民幣即將納入SDR一籃子之際，中國A股一場股災、人民幣突然貶值，引發資本外流，及市場動盪與貨幣貶值的惡性循環，使北京更加警惕金融開放的後果。北

---

32 馬駿、徐儉剛 2012.

33 Eichengreen and Kawai 2014; Cohen 2012; Frankel 2012; Minkis and Lau 2012.

京迅速以高壓行政手段遏止資本外流，並加強了對金融市場的管控。

2015年後，人民幣國際化進程陷入停滯，中國國內對金融自由化的呼籲偃旗息鼓。中國的金融體系自由化改革遙遙無期，中國企業對外幣計價的融資和借貸需求又與日俱增，對中國企業和精英來說，香港這一對接全球的自由金融通路愈發不可或缺。儘管北京繼續加強監控資本外流，中國資本仍持續通過香港向外輸出，香港作為中國離岸金融中心的地位也更加鞏固。[34]

---

34 Hung 2020a; Hung 2018.

[4] 商業壟斷精英的大陸化
The Mainlandization of Business Monopolies

在香港特別行政區成立之初，北京的管治依賴於和香港本地商業精英結成的統一戰線。在1980至1990年代，隨著主權交接臨近，英治政府的傳統華人商業盟友開始轉投北京陣營，期望北京能保護其利益，並分享中國經濟繁榮的成果，統一戰線遂告形成。[1]華人商業精英群體仍在美國和其他西方國家有大量投資，且與這些國家的資本密切合作。而香港經濟的大陸化，使中國大陸資本、香港本地華人資本和外國資本開始出現競爭，進而使治理陣營中不同勢力間的權力平衡發生變化，對美國和其他主要強國的香港政策有深遠影響。

中共與本地商業精英的管治聯盟

本書第二章已探討了英國殖民地政府如何依靠英國和香港華人商業精英的結盟統治香港。聯盟中的華人商業精英，是殖民地

1　Fong 2014.

政府和本地華人社會間的紐帶。商業巨頭家族的代表們獲殖民政府任命擔任行政局和立法局職位。殖民政府還將這些代表招攬進各種諮詢機構，允許他們接觸對本家商業利益有好處的資訊和決策過程。整個二十世紀間，這一精英結盟一直運行不輟。

在很長一段時期內，英國的銀行（以滙豐為首）和洋行（如怡和洋行）佔據香港經濟的主導地位。這些勢力的政治代表也掌控著殖民地政府。英國大公司之間互相委派董事會成員，展示了英國商業精英以滙豐銀行為核心結成的緊密人際網絡。英國在香港的資產階級是組織嚴密、自我意識強烈的階級力量，對殖民政府施加深厚的影響。[2]

隨著 1997 年主權交接臨近，許多擔憂香港前途問題的英國公司開始向海外發展業務，並出售在香港的資產。與此同時，香港本地華人商業精英開始大肆擴張，控制了香港的商業命脈。到主權交接之際，本地華人精英已成功取代英國同行，控制了香港經濟。例如，李嘉誠於 1979 年成功收購了控制重要基建、通訊和地產資產的和記黃埔。1985 年，李氏又收購了向香港行政和金融中心——香港島——提供電力的香港電燈。

1980 年代，香港管治權逐步向中國政府轉移之際，英國開始在香港推行直接選舉。與此同時，北京則竭力阻止英國政府在交接之前將殖民地的民主化進程推得太遠（見本書第七章）。1985 年，原本實行全委任制的立法局，開始允許 57 個議席的其

2　Lui and Chiu 2009; Chan 1991.

中12個以功能界別（1997年前稱功能組別）的形式實行直選。功能界別的選民多數是公司或專業協會的代表，而功能界別制度的意圖是在殖民統治行將落幕之際，鞏固政府與商業和專業精英之間的結盟。[3] 1991年，立法局議席增加到60個，其中21個是功能界別議席，18個是直選議席。

1998年，主權交接後的第一屆立法會選舉，60個議席中有30個是功能界別選舉，20個是直選。30個功能界別議席全部由金融、商業、工業和各類專業界別的華人精英佔據，且除少數議席（如勞工界、教育界、社會福利界）外，全部為親北京人士。

為透過商業和專業精英有效控制香港特區，北京在主權交接後保留了功能界別制度作為立法會的制度基礎。2008年以前，立法會議席一直被限制在60個。直選議席從1998年的20個增加到2000年的24個，2004年增加到30個，2008年則保持不變；而其餘議席則全為功能界別議席（見表4.1，2008年的立法會議席分配）。作為北京盟友的壟斷商業精英霸佔著功能界別議席，而民主派往往奪得大部份直選議席。2012年，立法會議席增加到70個，其中一半即35個為直選議席，另一半35個為功能界別議席。[4]這一結構使選舉威權政權和社會關鍵界別的利益結合在一起。[5]

3 Lui and Chiu 2009; Chan 1991.

4 Hung 2010; 另見本書第七章。

5 Ma 2015; Fong 2016. "Pan-Democrat Voter Share Slips in Hong Kong Elections since 1997," *South China Morning Post*, July 3, 2017, at scmp.com/news/hong-kong/politics/article/2100963/pan-democrat-voter-share-slips-in-hong-kongelections-1997.

　　由中共領導的基層組織如工聯會，和以民建聯為首的親中共政黨積極參與直選。由於有親共的商界撐腰，在無限的銀彈支持下，親北京勢力在每次立法會選舉中都能獲得直選議席的40%左右選票。[6]親共候選人勝選的功能界別和直選議席加起來，一直在立法會佔大多數。親共候選人也能在選區較小——小到候選人哪怕只獲得一千票也能輕鬆勝選——的街區層次的區議會選舉中獲得佳績。[7]在這些小規模選舉中，有資源優勢的親共候選人以慷慨的社區服務和其他甜頭（例如海鮮優惠券和老人免費健檢），熟練地建立和選民間的恩庇侍從（patron-client）關係。[8]

　　香港基本法規定，立法會議員提出的動議必須同時在直選議席和功能界別議席中獲得多數通過，方能成為法律。相反，政府提出的議案只需全體立法會簡單多數通過。這一規定確保了功能界別議員對民主派提出的促進社會福利或推進民主化的議案有否決權。有許多民主派議案，例如扭轉公營房屋私營化、增加失業救濟、引入限制大公司市場份額的反壟斷措施等，在全體立法會有足夠的簡單多數贊成票，卻因功能界別票數不足而被否決。這一規定也使政商同盟提出的議案總能以全體立法會簡單多數的形式獲得通過。

6　"Pan-Democrat Voter Share Slips in Hong Kong Elections since 1997," *South China Morning Post*, July 3, 2017, at scmp.com/news/hong-kong/politics/article/2100963/pan-democrat-voter-share-slips-hong-kongelections-1997.

7　目前香港共有十八個區議會，每區議會由區內大約17,000名居民選出。2007年區議會選舉共選出534名區議員，其中405名為直選，其餘主要由特區政府委任。

8　Kwong 2010: Chapter 6; Cheng 2004; Wong 2014.

表4.1 ｜ 2008年香港立法會議席構成

功能界別（30席）		地區直選（30席）
會計界*	資訊科技界*	
漁農界+	保險業界+	民主派（19席）
建築測量及都市規畫界*	勞工界（3席）+	
餐飲業界+	法律界*	親北京建制派（11席）
商界（第一）+	體育、演藝、文化及出版界+	
商界（第二）+	地產及建造界+	
區議會*	社會福利界*	
工程界*	紡織及制衣業界+	
金融界+	航運交通界+	
金融服務界+	批發及零售界+	
衛生服務界*	醫學界*	
鄉議局*	旅遊界+	
進出口界+		
教育界*		
工業界（第一）+		
工業界（第二）+		

+：以法人團體或其東主／主席為選民
*：以個人（通常是註冊專業人士）為選民
來源：香港選舉事務處

　　由於負責提名和選舉行政長官的選舉委員會也以類似於立法
會功能界別的形式運作，因此行政長官的提名和選舉也由中共和
商界的聯盟掌控。2012年以前，選委會800個席位的四分之三是
由38個界別的法人選民選出，每個界別可選數以十計的選委。
選委會界別的劃分，和立法會中功能界別的劃分類似。而其餘選
委則在北京背書下從區議會、立法會、港區全國人大代表和全國
政協港區代表中挑選。2012年，選委會擴大到1200人，而如表4.2

所示，商界和專業法人選民繼續佔據主導地位。

隨著商界和專業界別精英陸續進軍中國市場，他們作為北京管治香港之盟友的可靠性也日益提高。1997至98年的亞洲金融危機造成香港本地經濟長期衰退，香港商業精英對北京的依賴也與日俱增。2003年CEPA實施，香港的商業和專業服務加速轉移到中國大陸。

如早前所述，主權交接前掌控香港的英國精英，以滙豐銀行為核心結成關係網。但主權交接後的華人精英則沒有這樣緊密的網路。華人公司之間互相委派董事的狀況顯示，龍頭華人公司各自為政，沒有明顯的盟主。華人公司互相競爭、缺乏領軍者，使華人精英比起英國精英缺乏政治行動力。華人勢力的競爭也經常延伸到政府決策過程中，造成特區政府決策延宕低效。[9]

大陸資本取代本地資本

香港本地華人商業巨頭的分化導致其政治影響力不足，使得香港商業精英面對日益崛起的大陸精英在政治經濟方面的挑戰。香港金融市場大陸化，人民幣業務在香港的蓬勃發展，使中國大陸企業和精英在香港的影響力與日俱增。除了主導香港資本市場（如第三章所述），中國大陸企業也在香港大舉收購其他商業領域的資產。其中一個例子是證券行：2015年前，香港絕大多數證

9　Lui and Chiu 2009; see also Wong 2015.

表4.2 ｜ 2012年選舉委員會選委構成

界別	選委人數
I 餐飲業界	17
I 商業界（第一）	18
I 商業界（第二）	18
I 香港僱主聯合會	16
I 金融界	17
I 金融服務界	18
I 香港中國企業協會	16
I 酒店業界	17
I 進出口界	18
I 工業界（第一）	18
I 工業界（第二）	18
I 保險業界	18
I 地產及建造業界	18
I 紡織及制衣業界	18
I 旅遊業界	18
I 航運交通界	18
I 批發與零售業界	18
第一界別總計	**300**
II 會計界	30
II 建築、測量及都市規畫界	30
II 中藥界	30
II 教育界	30
II 工程業界	30
II 衛生服務界	30
II 高等教育界	30
II 資訊科技界	30
II 法律界	30
II 醫學界	30
第二界別總計	**300**

III 漁農界	60
III 勞工界	60
III 宗教界	60
III 社會福利界	60
III 體育、演藝、文化及出版界	60
第三界別總計	300
IV 全國人大	36
IV 香港特區立法會	70
IV 全國政協	51
IV 鄉議局	26
IV 港九區議會	57
IV 新界區議會	60
第四界別總計	300
全部總計	1,200

來源：香港選舉事務處

券行是由本地華人創辦和管理。而到 2019 年，中資已經牢牢掌握了券商行業。[10]

　　中資公司大舉收購港資證券行的背景，是北京推出「直通車」政策，透過直接連接香港和上海的證券交易所，打開了香港投資者參與中國大陸股市的管道。這一政策也是北京在不實行資本帳戶開放的前提下引進更多國際資本的大戰略之一部份。中資券商可以獲得國有銀行的低成本貸款，在大陸有龐大的客戶群，

10〈中資湧港全方位佈局　10 年後參與度超華資〉，《香港商報》，2016 年 01 月 11 日；〈詹培忠擬參選立會 「港金融中心只係吹噓」 淪中資玩意〉，《蘋果日報》（香港），2019 年 7 月 30 日；〈香港中資證券業協會十二周年暨第七屆董事會就職典禮〉，《文匯報》，2019 年 5 月 2 日。v

又和大陸金融市場的經紀人或相關人士關係良好，在競爭中佔了上風，而港資券商只做本地市場、只有本地客戶群。中資券商主導券商行業的其中一個後果是，中資券商偏好聘請有大陸背景的從業人員，導致本地出身的從業員和分析師逐漸被取代。[11] 2000年，大陸出身的從業人員約佔香港投資銀行業總僱員的15%，其餘絕大部份都是香港本地人。到2020年，大陸人已佔該行業的60%，本地人則下降到30%（其餘10%為外國人）。[12]

中資企業在香港頻頻進行上市（IPO），使香港成為過去十年間全球最大的IPO市場。香港金融市場規模最大、利潤最豐厚的生意之一，便是充當大陸企業的IPO承銷商。承銷商不僅能從想要上市的公司處收取諮詢費，還能在IPO之前以折扣價大量認購這些公司的股票。公司IPO之後的股價往往飆升，使承銷商斬獲暴利。2010年前，香港的絕大部份IPO是由外國券商承銷，包括華爾街投行（如高盛）和歐洲銀行（如瑞信和德意志銀行）。隨著中資滲透香港證券界，中資券商也逐步成為承銷主力軍。[13]

今天，華爾街大行已不再是香港IPO市場最大的巨頭。香港IPO的龍頭企業已是中資的天下，如中金國際（承銷了阿里巴巴在2019年規模龐大的赴港二次上市）、工銀國際和光大證券

---

11 〈中環人·香港人〉，《明報》，2019年12月11日。

12 "Hong Kong Bankers Are Losing Their Jobs to China Rivals," *Bloomberg*, October 12, 2020, at bloombergquint.com/china/hongkong-bankers-are-losing-their-jobs-to-mainland-china-rivals.

13 〈中資投行實力升市佔勁　近年積極來港發展　搶亞洲六成諮詢費〉，《文匯報》，2016年10月11日。

（2015年進軍香港市場，收購了本地歷史最久、規模最大的證券行之一新鴻基證券行）。如圖4.1所示，到2019年，中資公司已然是香港IPO市場的霸主。圖4.2顯示，大部份香港IPO活動的承銷商都是中資券商。參與中資公司IPO的港資券商，多數是近年才成立而且有大陸背景的新公司。

中資滲透香港經濟的另一個標誌是，大陸地產商不惜重金競購香港特區政府公開拍賣的土地。長久以來，香港本地地產商都是港府土地拍賣最活躍、最成功的買家。自香港開埠以來，賣地收入就是港府最主要的財政收入來源，故港府向來以控制土地供應的方式推高地價。由於地產業在香港經濟中的支柱地位，且土地供應有限，多年來只有少數港資地產商能成功囤積大量土地，並成為他們壟斷香港經濟的基礎。

2011年是中資公司蜂擁進軍香港土地拍賣之年。在這之前，沒有任何中資公司在香港政府土地拍賣中出價。2008年金融危機後，中國政府實施貨幣寬鬆政策刺激經濟，中資地產商手握充裕的低息貸款，遂開始在香港土地市場大肆舉牌，出價壓過香港本地地產商。隨著中國經濟放緩（因2008年後的天量貨幣寬鬆在2011年開始收緊），中資地產商更熱衷於在香港買地。2015年夏天人民幣貶值導致金融市場波動，進一步刺激中資地產商胃口。中資地產商的買地實際上是資本外逃：許多中國公司急於把人民幣資產轉移到國外，而投資香港資產是最方便的途徑。

從2011年到2017年，中資公司在港府住宅用地拍賣購得的土地，按賣價總值計算從2011年的1%暴增到2017年上半年的

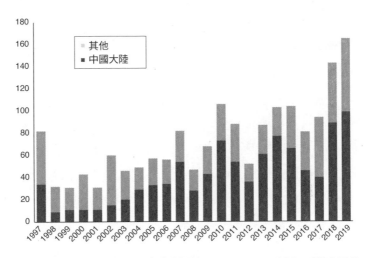

圖4.1 │ 香港交易所歷年新上市企業來源地，1997-2019。來源：香港交易所

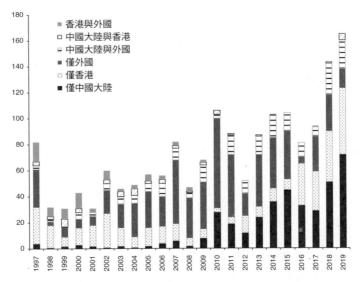

圖4.2 │ 香港交易所歷年IPO活動承銷商來源地，1997-2019。來源：香港交易所

頂峰：100%。[14]中資地產商把最終成交價推升到比底價高出30%-40%，這意味著最終建屋專案的利潤空間很小。港資地產商不願意冒風險出高價購買最終專案利潤空間很小的專案，故無法與志在搶奪土地資源而非獲取售屋利潤的中資公司競爭。因此，本地地產商逐漸被擠出土地拍賣市場。[15]中資地產商競購土地的典型案例如2017年海航集團以天價投得多幅住宅用地地皮。[16]

除了競投住宅用地，中資公司還大量購入商業地產。兩件最引人注目的收購案，是2015年中國恆大地產集團購入美國萬通大廈（後改名為恆大中心），及2016年中國光大集團購入大新金融中心（後改名為光大中心）。香港核心商業地段許多知名商廈，現在已由中資公司全資擁有。[17]正如1980至90年代香港華資地產商取代英資公司一樣，中資地產商已在地產市場取代港資地產商。

2015年後，北京強力打擊資本外逃，使中資公司無法再在香港大肆買地。2017年高峰期過後，香港地產商重新在土地拍賣市場佔得上風。[18]然而，買地盛況雖不再，中資地產商已然購入了香港部份最精華的地段，並建立起龐大的土地儲備。中資地產商面對港資的優勢已不可逆轉。

14〈中資盡攬住宅地　港資包攬商業地〉，《文匯報》，2017年6月26日。

15〈高價瘋搶　港地買少見少　中資「挾爆」大孖沙〉，《東周刊》，2017年3月8日。

16 "China's HNA Pays \$960 mln for 4th Land Purchase in Hong Kong," *Reuters*, March 16, 2017.

17〈買起香港—收購 (2)：中資偏愛大型高價商廈，已包辦最貴商廈第一二名〉，《852郵報》，2017年7月26日。

18〈中資搶地不再　港資重奪主導權〉，《香港經濟日報》，2018年8月10日。

　　香港營建業也發生了大陸公司取代港資公司的現象。香港營建業曾是港資和外國公司的天下，但現在已被中國巨頭公司如中海外（中國海外發展）統治。從2008到2018年，香港路政署的建設專案中有35%由大陸公司承建。2018年在建專案中，62.1%由大陸公司承建（如果計入有大陸資金參與的財團專案，則高達80%）。截至2018年，土木工程拓展署所有建成和在建專案中，有接近70%由大陸公司承建。[19]

　　香港商界一些最敢言最活躍的政治代表，如田北俊和田北辰兄弟，曾公開對中資巨頭取代港資公司表示憂慮。田氏兄弟的父親田元灝是上海工業家，於1949年後到香港定居。田北俊於1993年創立自由黨並一直是其領導者。自由黨代表香港華人商業精英的利益，也是北京管治香港聯盟的核心成員。田北俊擔心，隨著中資公司大量購入香港資產，香港人的日常生活將逐漸被大陸資本掌控。他認為，這將最終威脅「一國兩制」安排的可行性。[20]田北俊的弟弟田北辰也是親北京人士，卻也表達了類似的擔憂，認為中資公司完全取代港資將嚴重危害香港的營商環境。[21]顯然，香港的傳統商業精英對於中國資本滲透本地取代港資的政治意涵非常清楚，這是香港由誰統治的決定性因素。

---

19 彭嘉林 2018。

20〈田北俊：倘中資控制民生　不用理一國兩制〉，《明報》，2014年6月16日。

21〈香港營商環境嚴峻　田北辰：恐中資取代華資〉，《經濟一週》，2019年10月19日。

大陸商業精英的政治起飛

　　與中資公司在香港的崛起同步，大陸精英在社會和政治的影響力也與日俱增。大陸商業和專業精英向來與中資和外資公司關係良好。外資金融企業渴望分享中國大陸市場，故熱衷於聘請在西方接受教育、有大陸背景的金融從業人士，以充分利用其大陸人脈。最矚目的案例便是摩根大通在2001年聘請方方。方方在中國大陸出生長大、接受教育，在美國獲得MBA學位。他在2007年成為摩根大通中國區總裁，並在2008年當選為全國政協委員。摩根大通的舉動受到美國政府注意，最終引發聯邦政府介入調查。調查旨在針對華爾街大公司聘請太子黨是否違反《海外反腐敗法》。為配合美國方面的調查，香港反貪部門於2014年逮捕了方方。[22] 但這類調查並沒有阻止大陸金融精英逐步滲透香港金融業。大陸投行從業員人數早已超越香港人，且正逐步超越外國人人數。[23]

　　在被捕之前，方方一直熱衷於把香港的大陸金融精英組織起來。2011年，方方與其他大陸精英一同創立了華菁會。該會宗旨稱其目的在於連結大陸專業精英，促進香港和大陸交流。華菁

22 "Former Chief of JPMorgan's China Unit Is Arrested," *New York Times*, May 21, 2014, at https://dealbook.nytimes.com/2014/05/21/former-top-china-jpmorgan-banker-said-to-be-arrested-in-hong-kong.

23 "Chinese Banks' Hong Kong Ranks on Track to Outnumber Global Rivals," *Financial Times*, August 15, 2020, at ft.com/content/abbbfcec-736c-47ba-b106-b1bdafebd099.

會在各種社會、教育和慈善事務上非常活躍，許多香港和大陸政府官員都有參與這些活動。2012年，華菁會的部份高層是梁振英成功當選特首的核心支持者。

　　梁振英當選特首後，任命許多華菁會成員進入政府部門。例如，該會永遠名譽主席陳晴曾進入特區政府中央政策組、大型體育活動事務委員會和公民教育委員會。方方也曾是港府策略發展委員會成員之一。策發會主席為特首本人，成員包括所有政府高官。梁振英和林鄭月娥目前都是華菁會的名譽贊助人。如表4.3所示，華菁會高層成員名單幾乎囊括所有在香港社會經濟領域（尤其是金融領域）佔據要職的大陸精英。

　　梁振英領導下的特區政府還在2013年成立了金融發展局。該局宣稱其目標是「在內地和海外推廣香港金融服務業和香港作為國際金融中心的優勢」。[24] 一些香港和大陸最引人注目的金融精英入局擔任董事會成員，其中就包括當時的華菁會主席陳爽。

　　華菁會也致力於推進中央政府關於香港的重大決策。例如，當梁振英宣佈他將領導特區政府把香港建設成中國一帶一路的重要樞紐後，一帶一路便成為該會許多活動的主題之一。2016年立法會選舉前後，中央政府宣佈要大力打擊「港獨」勢力，華菁會便組織遊行和簽名收集活動，要求剝奪「支持港獨」的立法會議員之議席。華菁會還動員成員，和其他建制派團體一起舉辦了多次大型反港獨集會。在香港和大陸舉辦的港府官員和建制派政

---

24 Financial Services Development Council, at fsdc.org.hk/en/about/mission.

表4.3 ｜ 華菁會領導層成員背景（截至2020年8月）

職位	姓名	背景
名譽贊助人	梁振英	前任香港特區行政長官
	林鄭月娥	時任香港特區行政長官
名譽顧問	韓淑霞	中聯辦青年工作部前主任
	陳林	時任中聯辦青年工作部主任
創會主席	方方	摩根大通中國區投資銀行前主管；中華全國青年聯會常務委員會成員，全國政協常委
永遠榮譽主席	陳晴	曾任美林亞太區財富管理部門主管；聯合國兒童基金會香港區主席；國務院港澳辦前主任陳佐洱之女；丈夫為李嘉誠侄子
榮譽主席	張毅	金杜律師事務所合夥人；上海政協委員；中華全國青年聯合會常務委員
	饒桂珠	信達國際控股（某國有資產管理公司的分公司）總經理；全國婦聯委員
榮譽副主席	秦靖	世福資本管理有限公司／中國—中東歐基金首席投資官，曾任德意志銀行中國大陸投行業務執行董事、總經理
	黃海波	鳳凰衛視副總經理、中文頻道總編
	黃錚	音樂家，後加入香港交響樂團
	熊敏	香港皇冠國際有限公司董事會董事會主席、執行長
	倪木	深圳中科納能科技公司董事長
	董喆	漢彩控股集團有限公司董事總經理；香港選委會成員陳崇輝之妻；（原國民黨、後投誠）中共解放軍將領董其武之孫女
主席	陳爽	交通銀行總部法律部副主管；中國光大集團執行董事、執行長；董建華「團結香港基金會」成員
副主席	張玥	德意志銀行亞洲區投資銀行部執行董事、總經理；曾任職於花旗銀行

	孟明毅	野村證券投資銀行部分析師；其父為孟曉蘇，中國房地產開發集團主席，曾任全國人大前委員長萬里的秘書
	任珊珊	中國建行國際資產管理董事、副總經理
	田斌	暫無詳細資訊
	陳蔚	音樂劇和歌劇導演.
	詹勝	曾在新華社和大公報任職；中華全國青年聯合工會常委；著名親中共漫畫家張樂平（「三毛」系列漫畫作者）之孫
	刁潼	暫無詳細資訊
	劉賓	新前途集團有限公司董事會主席；曾在中國人民銀行和中國建設銀行任職
	曾曉松	景林資產管理有限公司董事總經理兼香港主管，曾任摩根大通集團投資銀行部副總裁
	趙佳音	國泰全球投資管理有限公司執行長；中華全國青年聯合會委員
	吳柯萱	曾在高盛和瑞銀集團擔任投資銀行分析師，後加入鳳凰衛視
	周遠志	新意資本基金管理（深圳）有限公司總裁
	郭齊飛	海航實業控股副總裁，匯友科技控股有限公司非執行董事
	劉洋	高級外國註冊律師（中國），禮德齊伯禮律師行（專責商事與航運訴訟和仲裁）
	趙暘	吉利汽車集團副總裁
秘書長	蘇曉鵬	中國光大集團首席策略官
司庫	濮澤飛	河岱資產管理（上海）有限公司合夥創辦人；香港江蘇青年聯會理事會成員

資料來源：華菁社及網上資料

客的聚會中，也有華菁會的活躍身影。

像華菁會這樣的正式組織活動，僅僅是大陸精英在香港政治活動和影響力與日俱增的冰山一角。如本書序章所述，一小群有香港居民身份的大陸富豪曾在一個晚餐聚會上遊說特首林鄭月娥推進或擱置某些關鍵政策。這表明大陸精英一直有非正式渠道接觸港府高層，而以往這些管道為香港本地富豪把持。

2012年香港特首選舉，揭示了香港本地商業精英逐步分化，整個香港精英群體分裂為兩大陣營。該次選舉的兩名候選人唐英年和梁振英均屬建制派。唐英年是祖籍上海的香港實業家唐翔千之子。唐家自殖民時代末期到特區時期，一直都是北京的鐵桿盟友。梁振英則是專業測量師出身，也是北京的長期盟友。儘管梁本人極力否認，一直有傳言稱梁振英早已是中共地下黨員。[25]

2012年選舉期間，選委會中的本地精英多數支持唐英年。這些本地商業精英的支持一直是北京管治聯盟的核心，也是董建華和曾蔭權政府的管治基礎。選委會裡的香港商業精英、中國大陸公司代表和其他親共組織代表一致投票給建制派候選人，才讓董氏和曾氏得以當選。2012年選舉期間，許多意見認為投票不過是走過場，唐英年作為唯一建制派候選人將毫無懸念地當選。然而，當梁振英宣佈參選，選舉突增變數，令許多建制派人士措手不及。

---

25 梁慕嫻 2012; see also "CY Leung: The troubles of Hong Kong's unloved leader," *BBC*, July 6, 2013, at https://www.bbc.com/news/world-asia-23193421.

　　儘管唐梁二人都是建制派，但北京直到最後一刻才點名支持其中一人。許多本地巨頭，包括李嘉誠，在北京亮出支持梁振英的訊號後，仍然繼續支持唐英年。梁振英獲得了在香港的中國國企支持：代表國企的香港中國企業協會，在選舉中一直表態支持梁振英。[26] 選舉逐漸演變成香港本地精英和大陸精英的對決。最終，北京站在了梁振英一邊，梁振英獲得了選委會中由北京直接控制的選票支持，包括一向唯中共馬首是瞻的工聯會和民建聯。港區全國人大代表也投票支持梁振英。然而，如表4.4所示，梁振英的勝選是主權交接後歷次選舉中差距最小的。

　　當選特首後，梁振英對本地巨頭不冷不熱，卻對大陸公司大開方便之門。這迥異於前任曾蔭權與本地巨頭的親密關係。[27] 梁振英創立了前文所述的金融發展局。如表4.5所示，其董事會成員除了華菁會的年輕精英，還包括了太子黨的重要成員，包括中國國務院前總理朱鎔基之子，和光大、中信等中國國有企業的高層。將大陸商業精英招攬進港府重要諮詢部門的做法，和以往只讓本地華人精英和英資銀行（如滙豐）代表入局的做法大相逕庭。

　　林鄭月娥政府延續了梁振英的親大陸商業精英政策。林鄭月娥在2017年特首選舉中，僅以略優於梁振英的差距，擊敗另一建制派重量級候選人曾俊華。曾俊華曾在曾蔭權和梁振英政府中擔

26〈梁振英是怎樣當上行政長官的〉，《香港經濟日報》，2013年2月1日，https://bit.ly/3mWC6Y8; Lian 2017;〈宋林支持梁振英參選特首〉，《東方日報》，2017年6月2日，https://orientaldaily.on.cc/cnt/news/20170602/00176_002.html。

27 Lian 2017.

表 4.4 │ 歷屆特首選舉中最終當選者得票百分比

1996：80%
2002：無競選（僅董建華一人獲足夠提名、自動當選）
2007：84%
2012：66%
2017：67%

來源：香港特區政府選舉事務處

任財政司司長，且在選舉中一度獲得許多本地商業精英的支持。[28]

　　有消息指出，自梁振英當選以來，中資公司在香港地方選舉中更加活躍。2016年立法會選舉中，一直負責協調建制派選舉活動的中聯辦放棄了幾名盟友，而他們在本地鄉村和地方商業精英中都有人脈、且主權交接以來長期支持北京。這些老一輩精英候選人被迫讓位給中聯辦直接培植的年輕候選人，其中至少一人有中國國企背景（其父亦為某中資國企的高管）。在選舉中，中資公司動員大量僱員為建制派候選人助選和投票。[29]

　　回首舊日，曾蔭權時代是香港本地精英政治影響力和經濟壟斷力的高峰。另一方面，梁振英時代則是中國資本在經濟上狂飆突進、政治上日益活躍、取代本地精英的轉捩點。本地大佬們有感於在建制派勢力中日益邊緣化，對特區政府政策的批評也愈發尖銳。代表本地商業精英的自由黨在立法會中數度對政府議案投

---

28 〈【選委戰】泛民商界若聯手　曾俊華潛在票源直逼601票〉，《香港01》，2016年12月12日，https://bit.ly/3wr8PYn。

29 Wang-Kaeding and Kaeding 2019.

表4.5 ｜ 金融發展局創立之際的董事會成員，2013年1月

職位	姓名	背景
董事會主席	查史美倫	香港交易所主席；滙豐控股非執行董事；長期擔任香港證監會要職；2001-2004年擔任中國證監會副主席；2004年以來為港府行政會議成員；2017年林鄭月娥競選顧問
董事	朱雲來	中國國務院前總理朱鎔基之子；曾在芝加哥安達信會計師事務所和瑞信第一波士頓工作；曾在中國國際金融公司的香港分公司擔任執行長
董事	陳爽	1992-2001年在中國交通銀行任職，2001年加入中國光大集團，2007年升任光大控股執行董事和執行長
董事	馮愉敏	2001-2015年在摩根大通任職，曾任摩根大通亞洲投行董事會主席；南灣投資顧問有限公司主席、合夥人
董事	洪丕正	長期擔任渣打銀行高管；曾任香港銀行業公會副主席
董事	關百忠	曾任滙豐金融服務（亞洲）前行政總裁
董事	林添福	香港貿易發展局執行董事；曾任香港機場管理局執行長
董事	李細燕	香港證券學會會長
董事	李君豪	香港同泰集團有限公司主席，港交所獨立非執行董事
董事	李律仁	曾任香港證監會企業融資部總監
董事	劉廷安	中國人壽（海外）有限公司董事會副主席、總裁
董事	Marck McCombe	曾任黑岩亞洲區主席、黑岩高級董事總經理、首席客戶關係長；此前為滙豐香港執行長
董事	Alasdair Morrison	曾任花旗亞太區高級顧問，英國怡和集團董事總經理
董事	倪以理	麥肯錫大中華區（香港）高級合夥人、合伙人經理；董建華「團結香港基金會」顧問

董事	秦曉	曾任博源基金會主席；中共革命元老秦力生之子，曾任另一元老宋任窮的秘書；曾在中信集團和招商局集團擔任高管；曾任亞太經合組織經濟顧問委員會主席
董事	Mark G. Shipman	知名國際法律所高偉紳合夥人，基金與投資管理部全球主管
董事	William Strong	曾任摩根士丹利亞太區聯席執行長
董事	謝湧海	中銀保誠資產管理公司董事會主席
董事	黃鋼城	曾任楓樹大中華商業信託管理有限公司主席、非執行董事；中國移動通訊集團非執行董事；曾任星展銀行、花旗集團、摩根大通、國民西敏寺銀行高管；曾任香港期貨交易所主席
董事	葉招桂芳	普華永道香港合夥人、中國金融稅務部稅務主管
董事	Douglas W. Arner	香港大學法律系教授；墨爾本法學院高級研究員；知臨集團非執行董事
非官守成員	陳家強	曾任港府財經事務及庫務局局長；曾任九廣鐵路公司董事會主席

來源：香港特區政府

反對票，對其他一些議案也不再熱心支持。自由黨越來越不緊跟政府路線，直接導致特區政府多項政策受挫，如在 2015 年，特區政府試圖收緊對網際網路的管制，然而在自由黨多名議員（包括主席田北俊）的公開反對下，議案泡湯。[30] 而在 2014 年雨傘運動中，田北俊甚至公開要求梁振英下台以解決危機。[31]

---

30 〈【網絡 23 條】5 自由黨議員　田北俊個人反對草案〉，《明報》，2015 年 12 月 7 日，https://bit.ly/3sagqK7。

正如本書序章所述，本地商業精英和特區政府離心離德，直接導致了本次逃犯條例修法危機。許多本地巨頭認為，逃犯條例修訂將危及其人身和財產安全。許多本地商界精英公開對修訂議案表達反對或保留。然而，多年來這些本地精英先是依賴與英國結盟，後又仰賴北京來保護其經濟利益，他們是否能成為一支獨立的政治力量，只能拭目以待。

2019年逃犯條例修訂引巨大衝突後，一些有西方教育背景和香港居民身份的大陸商業精英，在2020年成立了一個新的建制派政黨：紫荊黨。創黨成員包括主席李山、黃秋智和陳健文。[32] 李山是全國政協委員，也是瑞信董事會成員之一。李山在1980年代是朱鎔基（後於1990年代任國務院總理）的學生。他在高盛工作時，曾於1997年陪同執行長保爾森（Henry Paulson）會見朱鎔基。及後，他更在朱鎔基邀請下離開高盛，加入中國國家開發銀行。[33] 黃秋智在大陸出生成長，畢業於哈佛大學，是香港上市公司中播控股的董事會主席和執行長，曾在高盛、花旗和法國巴黎銀行任職，還曾擔任私募基金智資本董事。陳健文為香港上市

---

31 〈田北俊：梁振英應考慮辭職〉，《明報》，2014年10月24日，https://bit.ly/3LKVWPN。

32 "Pro-mainland Chinese financiers based in Hong Kong Launch New Bauhinia Party Aimed at Reforming Legco, Restraining 'Extremist Forces'," *South China Morning Post*, December 6, 2020, at scmp.com/news/hong-kong/politics/article/3112771/mainland-born-hong-kongbased-financiers-launch-new.

33 〈棄高薪回國創業　夥辦搜房網譜佳話〉，《大公報》，2020年9月16日，takungpao.com.hk/finance/236131/2020/0916/498134.html。

的化妝品公司卓悅控股有限公司主席，並為海富國際金融控股公司董事，在大陸的投資涵蓋地產、國有資源和製造業等。

在中聯辦官方背景刊物的採訪中，李山勾勒了政黨的行動綱領，並表明創黨目標是爭取「一國兩制」在2047年後再實行五十年。行動綱領還包括：

> 支持行政長官和特區政府全面有效施政；為特區政府長期推薦和輸送高端人才，協調主導政府部門和法定機構；支持和贊助黨員成為香港各大社團、慈善機構等非政府組織的核心人員；參與行政長官選舉委員會委員以及行政長官選舉，支持、贊助和推選代表紫荊黨理念的候選人。[34]

紫荊黨的創立馬上激起了本地傳統商業精英的反應。例如，田北俊認為紫荊黨缺乏和本地社會的聯繫，在選舉中戰績不會太好。因此，「新政黨在（建制派）陣營中成為要角的機會很低」。[35]無論如何，紫荊黨的創立代表了大陸精英和專業人士不再隱藏自己的政治影響力，轉入了公開政治參與的新年代。儘管許多人相信紫荊黨必然是親共政黨，目前還不確定中聯辦到底有無參與紫

---

34 〈紫荊黨主席李山：香港治理路徑的現實向度〉，《紫荊》，2020年12月9日，ttp://hk.zijing.org/2020/1209/837691.shtml。

35 "Pro-mainland Chinese Financiers Based in Hong Kong Launch New Bauhinia Party Aimed at Reforming Legco, Restraining 'Extremist Forces'," *South China Morning Post*, December 6, 2020. scmp.com/news/hong-kong/politics/article/3112771/mainland-born-hong-kongbased-financiers-launch-new.

荊黨的創立，及北京是否信任這班有西方教育背景的中國大陸精英。他們是否能成為在香港的一股政治力量，尚待時間考驗。無論如何，有大陸背景的精英將越來越積極參政，已經成為肯定的趨勢。

美中對峙下的香港

大陸資本在香港經濟和政治中份量日重，威脅本地資本和精英，不僅危及北京與本地精英的統戰和管治聯盟，也損害了美國在香港的經濟利益。自二十一世紀初以來，北京頻頻利用香港在世界貿易體系中的特殊地位，挑戰美國的地緣政治霸權。上一章已論述美國的《香港政策法》如何為中國大陸和香港所用，推進經濟利益。美國和其他西方國家也從這一現狀得益。法案允許這些國家的公司在中國金融系統依然封閉的狀況下，和中國大陸公司與富豪精英開展業務。例如，中國禁止西方投資銀行在中國直接接觸客戶，但在香港則不受限制。西方公司也不信任中國大陸的司法體系，因此依靠香港的獨立司法和仲裁體系來處理和中國業務夥伴的爭端。

然而，北京持續利用香港作為繞過西方制裁的後門，這對美國來說是一個地緣政治挑戰。眾所周知，主權交接後，北京一直利用香港的特殊狀態和身份繞過西方國家注意，進行敏感交易。如1998年，在香港註冊的旅遊公司創律集團和烏克蘭政府達成協議，購買兩艘前蘇聯時期的航空母艦瓦良格號和明斯克號。創律集團的創辦人徐增平是中國人民解放軍退伍軍人。表面上,這項收購是要把老舊的航母改建成水上主題公園供休閒娛樂,實際上是代表解放軍收購和改裝前蘇聯航母。最後,明斯克號確實被改造成位於深圳的主題樂園,但瓦良格號則被創律集團轉手賣給解放軍,改裝後成為解放軍海軍第一艘航母──遼寧號。遼寧號於2012年正式服役,成為中國有野心有能力向太平洋投射國力、威脅美國地位的標誌。[36]

　　另一個案例中,2013年尼加拉瓜政府向香港註冊的公司「尼加拉瓜運河開發投資公司」批出五十年專營權合約,以開鑿尼加拉瓜運河。這條運河意在搶奪途經巴拿馬運河的船運,而巴拿馬運河是美國長期控制的貿易和地緣政治咽喉。中國富翁王靖在與尼加拉瓜政府達成協定之前成立了這家公司。許多觀點認為,公司必定有中國政府在背後支持,目的是推進北京的地緣政治野心,擴展中國在南美洲的影響力。儘管運河工程因尼加拉瓜內部的政治阻力和香港公司缺乏資金,於2015年胎死腹中,華盛頓已然心生警惕。[37]

　　中國也利用香港繞過國際制裁和出口管制。自冷戰以來,美國和盟友一直嚴格管控軍民兩用技術出口到部份國家,包括中國。受管制的物品清單涵蓋範圍極廣,包括熱感測器、使用高速

---

36 "The Inside Story of the Liaoning: How Xu Zengping Sealed Deal for China's First Aircraft Carrier," *SCMP*, January 19, 2015, at scmp.com/news/china/article/1681755/how-xu-zengping-became-middlemanchinas-deal-buy-liaoning.

37 Muller 2019.v

運算晶片的電玩主機、高速電腦、人工智慧硬體等等。1989年天安門屠殺事件後，對中國的出口管制更加嚴格。任何中國實體必須獲取美國政府許可證方能進口這些物品。哪怕美國政府發出許可證，也會密切監控這些物品的最終目的地和用途。

然而，1992年的《香港政策法案》規定，香港在主權交接後不受出口管制影響。法案規定「若美國認為在『輸出管制統籌委員會（即巴黎統籌委員會，COCOM）』協定中受監管的敏感技術不會被濫用或再出口，美國應保障香港在主權交接後繼續獲得此類技術。」[38]《香港政策法案》允許香港作為獨立關稅區進口這些技術，等於給中國大開方便後門。

中國科技公司在香港設立分公司和實驗室，可以用在中國大陸無法取得的技術和設備以發展本公司產品。還有報導指出，中國有人透過從香港轉口的方式逃避美國制裁。其中一個例子是中國透過香港進口軍用級無人機。[39]由於缺乏公開報導，這類走私活動的規模實難估計。中國公司還利用香港幫助中國的地緣政治盟友和美國的敵對方逃避國際制裁。例如，中國曾在香港設立公司進口管制物品，再轉口到朝鮮和伊朗。[40]美國出口管制機構發現此類香港公司並將其列入出口目的地黑名單後，公司只需要關

---

38 US–HK Policy Act 1992, Section 103(8).

39 Gettinger 2016.

40 "U.S. Export Controls Update: Why Hong Kong Dominates the New Unverified List," *Corporate Compliance Insights*, July 30, 2014, at corporatecomplianceinsights.com/us-export-controls-update-why-hong-kong-dominates-the-new-unverified-list.

門註銷、換個名字，就能重新開張大吉。[41]

　　自從習近平為推進中國在其他發展中國家的投資和貿易聯繫、推出一帶一路項目以來，華盛頓便將此視為有意挑戰美國在歐亞大陸的影響力。華盛頓也擔憂中國會藉助一帶一路幫助受美國制裁的國家，如敘利亞和伊朗。有兩個美國逮捕檢控中國人的案件，最能體現香港在中國一帶一路擴張中的核心地位。其一是2017年何志平在美國被捕。何志平曾在董建華政府中擔任民政事務局局長，後來成為全國政協委員。他生於香港，求學美國，在擔任公職前的二十多年是眼科醫生。卸任局長後，他擔任了位於上海的能源公司中國華信能源成立的智庫中華能源基金委員會（CEFC）領導人。作為一家私人公司，華信能源在一帶一路相關國家收購油田和能源公司，再轉售給中國國企。而智庫CEFC則註冊為香港實體，且在美國華盛頓特區有辦公室。CEFC曾組織許多論壇和研討會，主題涵蓋中美關係以至永續農業，且為聯合國經濟及社會理事會的特別顧問組織。[42]

　　何志平利用CEFC的香港註冊地位和聯合國經社理事會特別顧問資格，接觸到聯合國資源和人脈，透過一家香港銀行向非洲政客行賄，以確保華信能源在非洲的油田競投當中得標。由於何

41　Song 2014.

42　"Patrick Ho, Former Head of Organization Backed by Chinese Energy Conglomerate, Sentenced to 3 Years in Prison for International Bribery and Money Laundering Offenses," US Department of Justice, March 25, 2019, justice.gov/usao-sdny/pr/patrick-ho-former-head-organization-backed-chinese-energy-con glomerate-sentenced-3

志平和非洲政客的許多交易是在美國領土進行，美國當局便逮捕了何志平，並在2017年以行賄罪起訴。法庭判何志平罪成，罰款40萬美元，且要在紐約市入獄三年。何志平一案暴露了中國如何利用香港的國際金融網絡和註冊實體的地位，來進行見不得光的國際交易，以推進其國際影響力。[43]

另一宗最矚目的案件便是華為首席財務長及創辦人之女孟晚舟的被捕。作為和中國軍方有千絲萬縷聯繫的中國科技巨頭，華為一直受到美國政府的嚴密監控。美國認定華為是中國意圖顛覆美國在全球電信網路霸權地位的核心棋子。在美方要求下，加拿大當局於2018年在溫哥華逮捕孟晚舟，並開始了引渡孟晚舟到美國受審的司法進程。孟晚舟被控透過兩家香港衛星公司Skycom與Canicula Holdings和伊朗合作逃避國際制裁。據起訴書指，兩家香港公司從美國進口受管制的電腦零件，再轉口到伊朗，違反了國際制裁。[44]

在眾多類似案例中，這兩件最令美國和西方國家警醒，北

---

43 "Patrick Ho, Former Head of Organization Backed by Chinese Energy Conglomerate, Sentenced to 3 Years in Prison for International Bribery and Money Laundering Offenses," US Department of Justice, March 25, 2019, at justice.gov/usao-sdny/pr/patrick-ho-former-head-organization-backed-chinese-energy-conglomerate-sentenced-3

44 "Chinese Telecommunications Conglomerate Huawei and Huawei CFO Wanzhou Meng Charged with Financial Fraud," US Department of Justice, January 28, 2019, at justice.gov/opa/pr/chinesetelecommunications-conglomerate-huawei-and-huawei-cfo-wanzhoumeng-charged-financial.

京正在利用西方對香港特殊地位的認可，來進口敏感技術，暗助美國對頭，推進海外影響力。[45] 有鑑於此，美國及其盟友開始檢討香港政策。這一檢討似乎最早開始於 2013 年。當時美國國家安全局前僱員愛德華・史諾登（Edward Snowden）揭露了美國的全球監聽計畫，並從夏威夷途經香港出逃到莫斯科。史諾登藏身香港時，美國政府引用美國和香港的引渡條約（獨立於美國與中國大陸的引渡條約），要求香港特區政府引渡史諾登到美國。然而特區政府拒絕了美國要求，讓史諾登得以出逃。美國政府表示抗議，但已認定特區政府的故意鬆懈必定是基於北京的指令。[46]

　　2015 年後，西方國家開始把部份應用於中國的制裁擴展到香港。2018 年，美國白宮對中國鋁材實施新的進口關稅，並直接表明香港出口的鋁材不能豁免。由於香港並不生產鋁材，把香港包括到進口關稅中，明顯是試圖堵塞中國鋁材透過香港轉口的漏洞。另一個例子是，2018 年荷蘭為遏止中國建設龐大的、《1984》老大哥式的「天網」系統監控國民，禁止向中國出口監

---

45 "Chinese Telecommunications Conglomerate Huawei and Huawei CFO Wanzhou Meng Charged with Financial Fraud," US Department of Justice, January 28, 2019, at justice.gov/opa/pr/chinesetelecommunications-conglomerate-huawei-and-huawei-cfo-wanzhoumeng-charged-financial.

46 "Justice Department Statement on the Request to Hong Kong for Edward Snowden's Provisional Arrest," US Department of Justice, June 26, 2013, at justice.gov/opa/pr/justice-department-statementrequest-hong-kong-edward-snowden-s-provisional-arrest; "Hong Kong Hurt 'Trust' with U.S. by Letting Snowden Go, W.H. Says," *CBS News*, June 24, 2013, cbsnews.com/news/hong-kong-hurt-trust-with-us-byletting-snowden-go-wh-says.

視器材。這一制裁同樣涵蓋香港，以確保中國公司無法透過香港
進口此類器材。[47]

　　與此同時，香港在西方國家的投資也受到愈加嚴厲的審查。
2017年，美國國家安全部門認定，加州長灘貨櫃碼頭的香港東
主公司違反國安規定，逼迫其出售貨櫃碼頭。這一東主公司正是
董建華家族創立、後被中國國有航運公司中國遠洋海運收購的東
方海外。儘管東方海外是香港註冊公司，但美國國安官員認為由
它擁有美國貨櫃碼頭，已構成無法忍受的國安風險。經過與美國
國安部門的漫長談判，東方海外最終在2019年將貨櫃碼頭出售
給美國資產管理公司麥格理基礎設施合夥企業。[48]

　　對香港投資日益嚴厲的審查，並不限於美國。2018年，澳
洲政府阻止李嘉誠家族的公司香港長江基建收購本國最大的天然
氣管道公司APA集團。澳洲政府的外國投資審核委員會和核心
基建中心認定，由於無法區分香港公司和中國大陸公司，將關鍵
的基礎設施出售給香港公司，不符合澳洲國家利益。[49]

　　美國及其盟友開始檢討香港政策後，不再對北京滲透香港睜

---

47 "How Tensions with the West Are Putting the Future of China's Skynet Mass Surveillance System at Stake," *South China Morning Post*, September 23, 2018, at scmp.com/news/china/science/article/2165372/how-tensions-west-are-putting-future-chinas-skynet-mass.

48 "US Security Concerns Force Cosco-Owned Orient Overseas to Sell Long Beach Port in California," *South China Morning Post*, April 30, 2019, at scmp.com/business/companies/article/3008324/us-securityconcerns-force-cosco-owned-orient-overseas-sell-long.

一隻眼、閉一隻眼，而是公開表達對香港喪失自主性的擔憂。上一章談及，香港經濟、尤其金融市場，已逐漸被大陸化，外資受排擠。這一趨勢如圖4.3所示。長期以來，美資和日資公司是外來公司中在香港營運規模最大的。但近年來，中資公司已經取代美資和日資地位，成為香港經濟中最重要的外來資本。

外資利益在香港金融市場和整體經濟中的邊緣化，也使得美國和其他國家在香港事務上對中國採取更強硬態度時，無須太顧慮連帶損害。

在新的地緣政治和經濟考量下，2019年，白宮和國會毫不猶豫地支持香港的抗議活動。自歐巴馬總統第二個任期以來，中美關係已趨向惡化。由於中國對香港的利用仰賴於美國對香港自主性地位的認可，香港無可避免地會夾在美中之間兩面不討好。2020年，北京在香港實施國家安全法，更促使美國停止承認香港是獨立於中國大陸的實體，進而將香港拖入美中敵對風暴的中心。本書結語將再次回顧最新的發展。

---

49 "UPDATE 1 – Australia Set to Block Hong Kong-Based CK Group's $9.4bln Bid for APA," *Reuters*, November 7, 2018, at reuters.com/article/apama-ck-infra/update-1-set-to-block-hong-kong-based-ck-groups-9-4-blnbid-for-apa-idUSL-4N1XI2TK.

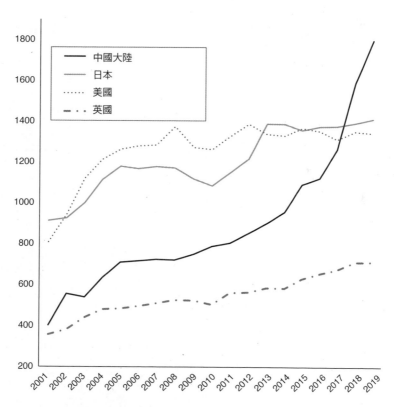

圖4.3 │香港非本地公司的數目與來源分佈。
來源：香港政府統計處。

PART
2

帝國
EMPIRE

[5] 香港之前的「一國兩制」

"One Country, Two Systems" before Hong Kong

　　北京視香港在經歷一百五十年殖民統治後回歸，乃是中國國力復興、走出「百年恥辱」（即十九世紀以來清帝國被各個西方帝國主義勢力瓜分）的標誌。不過，用「一國兩制」吸收香港進入中華人民共和國的方案，並不新鮮，而是1950年代北京將西藏納入版圖之策略的再現。1970年代末到1980年代初，鄧小平首先提出「一國兩制」處理香港問題的設想。當時鄧本人及多名中國高層領導人，都將1997年之後的香港和1950年代達賴喇嘛仍在北京主權下擁有自治權的西藏予以比較。1981年，鄧小平對英國外相表示，

　　〔要理解我對香港提出的「一國兩制」方針，〕可以研究我們和平解決西藏問題的經驗，在解決西藏問題的時候，我們和達賴喇嘛達成協定，在一段長時間內都不會對西藏進行改革。[1]

1　1981年鄧小平與英國外相談話，引自齊鵬飛 2004: 216。

鄧小平經常把1950年代的西藏作為解決香港問題的藍圖掛在嘴邊，其實並不意外。鄧本人曾任中共西南局第一書記，負責與達賴喇嘛政權談判將西藏納入中華人民共和國。1980年代初，鄧氏主政的中共甚至曾與達賴喇嘛的流亡政權溝通，試圖勸其返回西藏。[2] 因此，若要充分理解北京對香港前途問題的構想和策略，必須先重新考察1950年代中國在西藏試驗「一國兩制」失敗的曲折歷史。

值得注意的是，1984年的《中英聯合聲明》及1990年的《香港特別行政區基本法》，在修辭上和1951年北京政府與達賴喇嘛達成、允許西藏自治的《十七條協議》頗有異曲同工之處。知名法律學者、資深大律師夏博義（Paul Harris）在對比兩份文件後認為，

> 1951年，中國和達賴喇嘛的代表簽署了《關於和平解放西藏的協定》。這份協定的文句可謂是香港基本法的藍圖。協議規定「在中央人民政府的統一領導之下，西藏人民有實行民族區域自治的權利」（第3條），「對於西藏現行的政治制度，中央不予變更」（第4條），及「達賴喇嘛的固有地位及職權，中央亦不予變更」（第4條）。[3]

1959年拉薩發生起義，解放軍進藏鎮壓，達賴喇嘛出走印

2　Norbu 1991.

3　Harris 2008.

度，宣告西藏「一國兩制」的破產。然而，北京的官方口徑至今仍將1950年代的西藏視為「一國兩制」的首次試驗，也是北京解決香港問題方案的基礎。[4]基本法起草委員會秘書長李後曾承認，1940年代中共對西藏政策的文件，正是1982年中共一份對香港政策關鍵文件的藍本。[5]有些異見者曾警告，西藏在1959年被強行納入「一國一制」的下場，正是北京對香港的一貫規畫。[6]某些意見甚至認為北京正試圖用1959年後控制西藏人的方法來對付香港人，即引入大量大陸新移民來沖淡本地人口。香港的「西藏化」已然發生。[7]

在將西藏和香港納入中華人民共和國版圖的過程中，北京的試驗屢屢受挫，這反映了中共接手多民族的清帝國版圖、並試圖在各種文化並存的國土上建立一個民族國家（nation-state）的努力，面臨了巨大的挑戰。帝國的民族和文化極其複雜，而建立現代民族國家的大一統規畫則要求文化上完全同質化，這一內在張力正是導致北京與新納入其管治的疆土（包括1997年後的香港）齟齬頻頻的根源所在。[8]

中華人民共和國的教科書及官方文章都宣稱，北京對少數民族地區、尤其是在納入共和國版圖前已有本地政權的地區（如新

4　齊鵬飛 2004; 杜玉芳 2011。

5　李後 1997: 68。

6　蔡子強 2017。

7　Lee 2012.

8　Hung 2016.

疆和西藏），在政策上很大程度是繼承自明清兩代對少數民族地區的管治模式。另一重要經驗來源則是中共在革命年代穿越這些少數民族地區的經驗。這些文本也經常涉及香港和台灣問題。這表明北京確實是將少數民族地區和港台問題置於同一個邊疆族群管理的框架下思考。[9]

從清帝國到民族國家年代的中國邊疆問題

1644年至1911年間統治中國的清帝國，是由人口佔少數的滿族所統治的多民族帝國。從清帝國到中華人民共和國的版圖變遷，與二十世紀絕大多數現代民族國家的軌跡迥異。許多世界性的多民族帝國，如鄂圖曼帝國，在被納入以主權國家為基礎的西伐利亞國際體系時，都解體成為民族成份相對單一的民族國家。相反，中國民族國家的構建者們無視廣袤土地上的文化和民族多元性，將幾乎整個清帝國版圖——包括香港等被西方國家佔據的地區——納入版圖，或宣稱對其擁有主權。[10]

從清帝國到民族國家的轉型之路，可以說遠未結束或圓滿解決。[11]原屬清帝國邊疆的地區，對新成立的民族國家政權所表現的忠誠並不穩定。從1911年辛亥革命到1949年中華人民共和國成立，民族國家的構建者們嘗試用各種策略去定義和形塑中國

9　例如，陳國新等 2003。

10　See Duara 2011.

11　Duara 1997; Chow 2001; Zhao 2004.

的民族認同，確保版圖邊疆及宣稱擁有主權但實未有效管治的地區會忠於中央政府。這其中的許多策略和制度，繼承了清帝國管治邊疆、及前蘇聯民族政策的構想和實踐。[12]這在今天仍然持續形塑著相關地區的權力結構、身份認同及反抗活動。[13]儘管中共黨國一直宣稱是在建立現代民族國家，但要納入並有效管治清帝國廣袤而多元的地理空間，逼迫其必須採用與清代相通的管治手段。因此，中華人民共和國其實是偽裝成民族國家的帝國。[14]

清廷之所以能維持帝國統一，且自十七、十八世紀以來將台灣和中亞大片土地併入、使其版圖面積翻倍，是基於其儒家價值觀之上的天下觀。統治者對非漢地區的當地習俗和社會政治秩序採取文化多元的態度，透過尊重當地特殊情況和自治，換取當地管治精英的忠誠，實有助於帝國一統。但同時，對本地文化的容忍不是一成不變的。本地管治精英最終還是要融入帝國正統的儒家文化。由於帝國有意鼓勵漢族移居當地，本地人口終究也會被邊緣化。一段時間後，帝國政權官僚和教化體系的直接統治，仍會取代透過被稱為「土司」的本地統治者所施加的間接統治。這一過程稱為「改土歸流」。[15]要說明的是，改土歸流和文化同化在各處邊陲的進展不是均質的。在諸如雲南和貴州等少數民族地

---

12 例如，Crossley 1999; Crossley et al., eds., 2006; Perdue 2001, 2005; Shepherd 1993。

13 例如，Bovingdon 2010; Barnett, ed., 1994; Goldstein: 1997, 2007; Smith1996。

14 See Blumenthal 2020.

15 Herman 1997.

區，改造進行得更加徹底，但在西南邊陲的許多藏區，直到清帝國崩潰，改造仍未能完成。[16]

清帝國在1911年終結，民族主義精英建立了中華民國，其領土訴求是基於十八世紀末清帝國極盛之時的最大版圖。1927年後控制民國政府的國民黨始終無法對諸如新疆、西藏、台灣、香港等邊陲地區實施有效的直接統治。在1911至1949年的中華民國大陸年代，這些地區的統治勢力是英國、日本及蘇聯等國家。同一時期，蘇聯支持的中國共產黨崛起，與國民黨爭奪中國領導權，並提出要基於蘇聯的共和國聯邦體制建立一個新中國。

中共追隨列寧及第三國際關於少數民族自決權的路線，承認了1924年在蘇聯支持下脫離中華民國宣佈獨立的蒙古人民共和國。但國民黨政府後來一直不承認其獨立，並宣稱蒙古是中華民國的一部份。[17] 1931年中共在江西革命根據地建立的中華蘇維埃共和國，其憲法宣稱「承認中國境內少數民族的民族自決權，一直承認到各弱小民族有同中國脫離、自己成立獨立國家的權利」。[18]

中共在革命年代對少數民族自決權的支持，並非一紙空文。1936年，中共紅軍正處於長征途中，試圖跳出國民黨軍的包圍圈，並在西北地區靠近蘇聯的地域建立新的紅色根據地，當時就和四川地區的藏人勢力結成了統一戰線。中共紅軍幫助當地藏人

---

16 Di Cosmo 1998.

17 直到2000年國民黨政權被反對派民進黨輪替，台灣的中華民國政權才於2002年正式承認蒙古獨立。

18《中華蘇維埃共和國憲法》，1931，引自 Schein 2000: 58；另見 Liu 2003。

建立了波巴人民共和國（波巴在藏語中是「藏人」之意）。波巴人民共和國第一屆全國人民代表大會宣言稱，「要想永遠解除這些痛苦，只有全體波巴人民依靠自己的力量起來獨立，只有永遠脫離蔣介石漢官、軍閥及一切侵略者的統治而自由而獨立。我們的旗幟是『波巴獨立』，我們當前的任務是『興番滅蔣』！」[19] 這個波巴人民共和國本應是蘇維埃式政權，且是未來中華蘇維埃聯邦的一部份。但1937年抗日戰爭全面爆發，中共與國民黨結成同一陣線，這一設想也化為泡影。

　　中共除了在中國內地邊陲向少數民族承諾自決建國、爭取其支持，也積極向海外邊疆、包括向日本殖民統治下的台灣及英治香港的華人爭取支持。台灣和香港的華人在1911年的辛亥革命中扮演了重要的支援角色，且深度捲入了1920年代的第一次國共內戰。在中共和國民黨相互競爭的國家建構進程中，這些華人的身份認同一直處於激烈的爭議和流動。[20] 中共甚至一度宣稱台灣有權獨立。1936年，毛澤東對美國記者埃德加・斯諾（Edgar Snow）稱：「如果高麗人想要擺脫日本殖民統治的枷鎖，我們會熱情地支持他們爭取獨立的鬥爭。同樣的道理也適用於福爾摩沙〔台灣〕。」[21] 直到1949年建政後，一段長時間內中共仍然試圖以承諾海外華人社群自治和自由的方式，來換取他們融入構想中的中華民族。如後文所述，這在中共的對港和對台政策中也有所體現。

19 中共中央統戰部 1991: 495–6。
20 Kuo 2014.
21 Snow 1968: 100.

中共從國民黨手中奪得政權時，早已放棄了聯邦制構想，轉而支持中央集權制度。在這一制度下，1950年代中共殫精竭力地進行民族識別工作，被識別出來的少數民族所居住的地區則被劃為「少數民族自治區」。這些地區名義上擁有自治權，實質由北京透過共產黨系統的層級及大部份是漢族的幹部直接統治。從聯邦制到單一制的急劇轉變，是在1949年末發生的。由中共指導所起草的、作為共和國憲法初稿的《共同綱領》經歷了多個版本，直到1949年8月的稿本，仍然有條款直接規定少數民族「擁有自決權」且國家實行「自由聯邦制度」。[22] 但在1949年9月的最終定稿本中，這些條款消失了。1949年10月5日，中共中央委員會指示解放軍所有軍官：「〔因〕國民黨反動派統治已被推翻、情況從根本上發生變化……不應再強調關於少數民族自決的口號。」顯然，北京已無意給少數民族的邊陲提供真正的自治。[23]

擁有本地政權的邊陲地區中，中共最早在新疆成功地快速建立了中央集權的單一制。從1944年到1949年，新疆的部份地區是由蘇聯扶植的東突厥斯坦共和國所統治，其體制類似同樣是蘇聯扶植的蒙古人民共和國。但1949年8月末，東突共和國的領導層在飛往北京途中因飛機神秘失事全體遇難，共和國也隨之解散。[24] 自北京確立對新疆的直接管治以來，就透過大量移民的漢族人和鐵腕軍事鎮壓維持統治。在中國和蘇聯決裂之前，中國一

22 Mullaney 2011.

23 陳揚勇 2009。

24 見 Starr, ed., 2004。

度懷疑蘇聯透過臨近新疆的哈薩克影響維族人，鼓吹「地方民族主義」，煽動反北京情緒。[25]

　　與新疆相反，北京無法對西藏、台灣和香港實施直接管治。植根當地的政權和政治勢力——1959年前管治西藏、1959年後流亡的達賴喇嘛政權，1949年撤退到台灣的國民黨中華民國政府，以及與華人精英結盟的英治香港殖民地政府——是中共民族國家建構者在主權上的競爭對手。為了對這些地區確立直接管治，北京試驗或提出「一國兩制」作為將其併入中華人民共和國的條件。1951到1959年，「一國兩制」的試驗在西藏進行。1960年代初，北京第一次向台灣提出「一國兩制」，但在美國軍事保護下的國民黨政權對此毫無興趣。最後，北京向倫敦及香港人推銷「一國兩制」，作為香港在1997年後回歸中國的條件。

　　1980年代時，中國領導人強調，若不是達賴喇嘛及西藏上層精英「兩面三刀」、試圖反叛，「一國兩制」便能在西藏成功落地。但仔細考察1950年代北京與西藏的關係可以發現，北京與西藏在地方自治和中央集權上的拉鋸，恰如1997年後北京與香港的關係。有一部份中共領導人堅持認為，「一國兩制」不過是拖延時間的戰術，最終總歸要徹底消滅邊陲地區原有的統治精英和制度。重新考察1951年到1959年「一國兩制」在西藏的實踐和失敗，有助於理解主權交接後香港的危機，並預測香港的未來。

---

25 Brophy 2017.

1950年代的西藏：從自治到浴血

在被清帝國併吞之前，西藏在十七世紀經歷整合，本地的社會政治秩序已然穩定。在這一秩序下，藏傳佛教僧侶和貴族是統治階層。代表統治階層的西藏政教合一國家以達賴喇嘛為最高統治者，達賴喇嘛本人則是透過轉世而認定（多次轉世到普通民眾家庭）。社會底層則是世代侍奉貴族和莊園主的農民。[26] 到了清帝國時，滿人朝廷成為達賴喇嘛政權的保護人，清廷保留了西藏本地的政治和宗教制度，積極介入達賴喇嘛轉世靈童的篩選，進而成為西藏神權國家的合法性來源。[27]

到了十九世紀，隨著清朝國力衰退，英國透過印度對西藏施加影響力，清廷對西藏的管治開始動搖。英國極力將任何中國勢力排除在西藏以外。國民黨政府根本無法對西藏施加有效統治。因此，西藏成了一個實然獨立的國家。1920年代，一些受西方影響的藏族精英開始提倡建立理性化的官僚體系、職業軍隊和全民教育體系，以將西藏改造成現代民族國家。但抵抗西藏國家世俗化、憂慮國家現代化會增加本身稅賦的保守精英，壓制了這些西化精英。[28]

神權打壓無法遏止對現代化的渴望。1930年代，一群在中國

---

26 Petech 1973; Goldstein 1973.

27 Stein 1972, Chapter 2; Goldstein 1997: 1–29; Michael 1986; 王力雄 1998: 14–54.

28 Goldstein 1989: 186–212, 449–63; Stoddard 1986: 90–1.

接受教育的藏族知識份子成立了西藏共產黨。藏共的綱領提出，要建立獨立的、社會主義的西藏。這顯然是以蘇聯支持下的獨立社會主義國家──蒙古人民共和國為藍本。不過，藏共僅僅是一小群地下活動家，試圖以影響西藏統治精英中的同情者來實現自己的目標。藏共的某些成員更是統治精英的家族親戚或同學。[29]

1940年代末，中共在國共內戰中勝出，開始著手將西藏納入構想中的社會主義國家。由中共西南局第一書記鄧小平制定並執行的西藏政策是，向藏人統治精英承諾改革是漸進式的，現存的西藏生活方式會得到保留，達賴喇嘛政權繼續負責西藏的內政，且社會經濟改革要得到達賴喇嘛的首肯才會推行。[30]

藏共支持中共的西藏政策，並認為西藏融入社會主義中國正是西藏現代化的黃金機會。因此，藏共放棄了追求西藏獨立的綱領，並與中共合併。藏族共產主義者隨後向拉薩的統治精英推銷中共的「一國兩制」方案（儘管當時尚無此名）。到1950年代末，中共解放軍已控制了拉薩東面的昌都，英國也已退出南亞次大陸。在這種形勢下，西藏神權國家無奈接受了北京提出的條件。這一妥協促成了雙方於1951年在北京簽訂《十七條協議》。[31]

《十七條協議》承諾延續西藏的政治和宗教制度。最終進行的社會政治制度改革，需要經過達賴喇嘛政權的同意和主動發

---

29 Stoddard 1986: 88–93; Takla 1969; Wangye 2004: 41–128; Goldstein 1989: Chapter 8.
30 Wangye 2004: 129–63.
31 Goldstein 1989: Chapter 20; Wangye, 2004: 129–63; 王力雄 1998:148–99。

起。中共並試圖在新成立的共產主義國度中給藏傳佛教留出位置。1953年和1955年，毛澤東在與達賴喇嘛的對話中表示，

> 西藏的宗教⋯⋯是已經受到尊重和保護，並且還將繼續受到尊重和保護。只要人民還相信宗教，宗教就不應當也不可能人為地去加以取消或破壞⋯⋯佛教的創始人釋迦牟尼是代表當時的印度受壓迫的人講話，他當時主張普渡眾生，他為了免除眾生的痛苦，他不當王子，就創立了佛教，為眾生免除痛苦。因此，你們信佛教的人和我們共產黨人合作，在為眾生〔即人民群眾〕解除壓迫的痛苦這一點上是共同的。[32]

毛澤東對達賴喇嘛的溫言，恰如鄧小平為爭取香港商界精英的支持，對「香港生活方式」及香港資本主義制度給祖國帶來貢獻的溢美之詞。

儘管有《十七條協議》和毛澤東的好話，達賴喇嘛政權和北京中央政府仍有許多分歧。中共黨內一直有聲音認為應該撕毀協定，在西藏發動階級鬥爭和土地改革，確保中共對西藏的絕對控制。在1950年代早期，相對溫和務實的策略壓過激進的呼聲，務實派認為，應該依靠和西藏統治精英的「統一戰線」來維持西藏的穩定。以中共西南局為代表的務實路線之所以能佔上風，很大程度上是因為中共後勤能力貧弱，無法有效供養幹部和士兵駐

---

32 節選自：中共中央黨史和文獻研究院 2001。

紮在路途遙遠、空氣稀薄的西藏高原上。[33]

　　然而中共黨內的激進勢力堅決反對務實路線。1956年，農業集體化席捲全中國，激進派與務實派的分歧更趨嚴重。在當時狂熱政治氣氛的感染下，駐西藏的中共官員已迫不及待要在西藏發動土地改革（按官方口徑是「民主改革」）。1956年7月，中共西藏工作委員會開始討論即將到來的土地革命。[34]同年，激進派還迫使北京中央同意設立「西藏自治區籌備委員會」，以張經武為負責人。該會後來成為主張立刻推動西藏經濟社會改革的重要推手。但當時毛澤東和中共中央仍謹慎地表示西藏的「民主改革」不會很快發生。[35]

　　中共高層（包括國務院總理周恩來）向達賴喇嘛承諾，土地改革至少在未來六年都不會發生，且一定會請求達賴喇嘛的允准。周恩來甚至提出，如果達賴喇嘛認為延遲較好，改革也可以推遲到五十年後。[36]但西藏自治區籌委會很快成為了拉薩的第二個權力中心。儘管達賴喇嘛本人也是籌委會成員，但政府實權已被籌委會奪去。這一現象恰如中聯辦（也是事實上的中共香港黨支部）在香港崛起，成為特區政府以外的第二個權力中心。下一章將談及這一點。

　　達賴喇嘛政權內的精英陣營同樣出現了分裂。中共的藏族幹

33 Goldstein 2007: 23–5, 301–5, 422–53; 王力雄 1998: 267–89。

34 王力雄 1998: 168。

35 Goldstein 1997: 53; Goldstein 2014: Chapter 9.

36 Dalai Lama 1990: 119; 王力雄 1998: 166.

部——以往藏共的成員——主張走世俗化的現代化路線。而神權政權裡的一部份人，包括達賴喇嘛本人，也認為改革西藏的社會政治秩序已是大勢所趨，且有利於西藏。這些人認為，既然社會變革無可避免，與其讓北京強推，還不如自己趁早發動。[37] 達賴喇嘛甚至一度考慮申請成為中共黨員。[38]

與此同時，西藏精英和民眾當中的反北京勢力也在滋長。西藏被併入中華人民共和國後，有政治色彩的大眾政黨「西藏人民協會」崛起。協會的領導層屬於西藏的中層階級，主要是為貴族和藏傳佛教寺廟服務的行政和管理人員。在達賴喇嘛政權裡也有他們的同情者。協會不僅反對中共，而且反對達賴喇嘛的領導，指責他向北京出賣藏人利益。協會發起了簽名活動和公開集會，要求解放軍撤出西藏。[39]

直到1950年代中期，達賴喇嘛和大部份西藏精英與北京的關係尚屬友好。但當四川、甘肅、青海等省份的藏區爆發反對中共的游擊戰，雙方的關係便急轉直下。雙方關係緊張的根本原因是拉薩和北京對於《十七條協議》中的「西藏」概念完全不同。在北京看來，「西藏」只限於1950年為止達賴喇嘛政權有效控制的地區，即「衛藏」，其他中國內地省份的藏區仍必須進行農業集體化。但對拉薩來說，「西藏」等同於文化、民族和歷史意義上的藏區，即必須包括其他省份的藏人區。這些省份的莊園地主

---

37 Grunfeld 1987: 111–15; Goldstein 1997: 55–6.
38 Dalai Lama 1990: 90.
39 Goldstein 2007: 314–27.

和寺廟僧侶因土地被中共沒收，而拿起武器反抗中國統治。這些衝突使拉薩的反北京精英和活躍份子更有理由堅稱，衛藏本地終究也將發生這些集體化帶來的衝突。隨著武裝起義日漸蔓延，拉薩和北京的關係也愈加惡化。藏人區的起義軍遠不是解放軍的對手，被擊潰後紛紛逃到衛藏重整。這也壯大了以人民協會為首的反中國勢力。北京眼見拉薩庇護藏人叛軍，則相信達賴喇嘛政權、或至少是政權裡的某些勢力，定是叛軍的幕後黑手。[40]

儘管毛澤東曾在1957年保證，在可預見的未來不會對衛藏進行社會主義改革，但中共黨內要求徹底清算達賴喇嘛政權的呼聲日益高漲。1958年後，「民族問題的本質是階級問題」的看法逐漸在北京取得上風。[41] 這一理論要求對西藏實行徹底的文化同化和直接統治。在這一理論下，任何所謂地方自治和文化多元的訴求，不過是封建統治階級為了延續或重建其對人民的壓榨之藉口。雪上加霜的是，北京愈發不信任中共內部的藏人幹部。在1957年的反右運動中，中共逮捕或調走了許多藏人幹部。藏人幹部這一調解者群體曾獲得北京和拉薩雙方信任，而現在他們的落馬等於摧毀了北京和拉薩最重要的溝通管道。[42]

解放軍和藏人起義軍在拉薩附近爆發戰鬥後，形勢愈加緊

---

40 Norbu 1979; Grunfeld 1987: 120–2, 127–9; 王力雄 1998: 171–84; Goldstein 2019.

41 〈評所謂「民族問題的實質是階級問題」〉，《人民日報》，1980年4月7日。

42 Goldstein. 2007: 184–239; Grunfeld 1987: 127–46; Goldstein et al. 2004; 陳國新等 2003: 156–8.

張。1959年3月，北京和拉薩的決裂終於到來。當時有謠言在拉薩流傳，稱解放軍要綁架達賴喇嘛，導致拉薩爆發全面的反中暴動。解放軍鐵腕鎮壓，而時任十四世達賴喇嘛和一些核心高官在混亂中出走印度。數月後，中共終於全面平定了西藏各地的殘餘反抗勢力。[43]

在鎮壓藏人起義、達賴喇嘛出走後，北京派出一群漢人幹部，取代了被指推行「地方民族主義」而遭清洗的藏人幹部，對西藏實施了全面的直接管治。1959年後，在全國統一的階級鬥爭教條指導下，西藏透過土地改革、摧毀宗教制度和壓制宗教活動，被徹底同化進統一的中華民族國家裡。北京也開始鼓勵大量漢族移民在西藏定居，降低藏人佔人口的比例，並在就業和其他機會資源方面將藏人邊緣化。1960到1970年代，這些政策尚能維持表面上的平靜，但底下卻是暗流湧動。北京的對藏政策，埋下了1980年代爆發並延續至今的數波藏人抗爭的種子。[44]

本書下一章將論述，1980到1990年代，北京如何誘使香港的華人精英轉舵成為親中勢力，並接受中國的主權管治，北京和香港的親中商界精英的聯盟，如何在回歸後的頭十年束縛了香港的自治，以及香港本土社群的反中情緒如何日漸滋長和激進化，香港商界精英和北京之間為何鴻溝日深。這一幕幕都是1950年

---

43 Goldstein 2019: Chapters 12–15; Smith 1994: 57–68; Smith 1996: 387–450; Norbu 1979.

44 Goldstein 1997: 61–99; 王力雄 1998: 234; 404–11; 482–93; 529–34; Barnett, ed., 1994.

代西藏從有限自治到直接統治下被完全同化的重演。

毛時代的台灣和香港問題

1959年的西藏起義和「一國兩制」的失敗，並未阻止北京向台灣的國民黨政權推銷這一方案，以誘使後者加入中華人民共和國。1950年代，在西藏尚未失控時，北京早已透過中間人向國民黨提出，運用未有其名的「一國兩制」方案解決台灣問題。1958年，香港親共作家、蔣經國的老同學曹聚仁訪問北京，拜會毛澤東。毛澤東勾勒了北京對於兩岸統一的方案：

> 〔兩岸統一後〕……他〔蔣介石〕的軍隊可以保存，我不壓迫他裁兵，不要他簡政，讓他搞三民主義，反共在他那裡反，但不要派飛機、派特務來搗亂。他不來白色特務，我也不去紅色特務……〔台灣人民可以繼續〕照他們自己的生活方式。[45]

儘管1959年西藏局勢失控，北京還是在1960年代反覆提及這一方案。1960年，毛澤東將中共的對台政策總結為「一綱四目」。「一綱」即台灣必須與大陸的中華人民共和國統一。「四目」是指統一後，（1）蔣介石政權繼續負責台灣內政，對外事務則由

---

[45] 毛澤東與曹聚仁對話，1958年。引自〈新中國成立後毛澤東與蔣介石的關係〉，《中國共產黨新聞網》，2007年5月24日，http://cpc.people.com.cn/GB/64162/64172/64915/5775867.html；Xia 1997: 83–4; Hung and Kuo 2010.

北京掌控；（2）北京會在財政上支援台灣的防務和經濟發展；（3）社會經濟改革不會馬上推行，且必須得到蔣介石首肯；及（4）國共雙方不互派特務破壞對方的工作。1963年，周恩來透過中間人向蔣介石再次提出了這一方案。[46]

北京對台灣的提案，幾乎與對西藏的《十七條協議》完全一致。但國民黨政權從沒有公開回應。在動盪的文化大革命年代，北京也將這一提議束之高閣。1978年，鄧小平接掌中共，才再次對台灣提出「一國兩制」方案。1979年1月1日，中共發出《告台灣同胞書》，重申兩岸統一後台灣人民有權保留他們現存的生活方式。

與此同時，倫敦有感香港新界租約將在1997年到期，開始試探北京在香港前途問題上的立場。[47] 1979年春，時任港督麥理浩爵士訪華，拜會鄧小平。鄧表示，中國必須收回香港全境，但會尊重香港的特殊地位。[48]由於台灣對「一國兩制」置若罔聞，英國方面又急欲探知中方在香港前途問題上的方案，北京遂將精力轉移到解決香港問題上來，並開始暗示有意在1997年後在

---

46 閻麗，〈周恩來與解決台灣問題〉，《中國共產黨新聞網》，http://cpc.people.com.cn/BIG5/85037/8627785.html。

47 1842年，清政府與英國簽訂《南京條約》，將今日香港的核心地區割讓給英國。1898年，又透過《展拓香港界址專條》將今日的新界地區、亦即香港的近郊農村地區租給英國。中英談判之初，北京並未表明是要收回香港全境、還是只收回新界。

48 "Deng Kept His HK Options open in 1979," *South China Morning Post*, January 2, 2010, at scmp.com/article/702556/deng-kept-his-hkoptions-open-1979.

香港推行「一國兩制」方案。既然鄧小平本人是1940年代末到1950年代西藏「一國兩制」模式的構想者和實施者，那麼他躍躍欲試想在香港進行第二次試驗，也就毫不意外了。鄧小平美化了1950年代「一國兩制」在西藏試驗的狀況，將失敗的責任推給達賴喇嘛，領導中國政府和英國政府就香港前途問題進行談判。

儘管第二次世界大戰後，倫敦仍然維持對香港的殖民統治，但台灣的中華民國政權也從未放棄對香港的主權。然而，處於國共第二次內戰動盪中的國民黨政府從未清晰地向英方表明這一立場。1949年，中共人民解放軍席捲中國大陸，建立了中華人民共和國，進攻矛頭已直指香港。倫敦甚至就解放軍襲港制定了撤退方案。但倫敦很快得知，解放軍並無意奪取香港。[49]

從1940年代末到1950年代初，英國為應對全球的去殖民化浪潮，將一些殖民地改造為自治領。英國政府在當地推行選舉，並和當地政客建立友好關係，以便在這些自治領最終走向獨立的過程中，創造對英方有利的條件。地理上距離香港最近的例子，就是在1950年代先成為自治領、後來相繼獨立的馬來西亞和新加坡。與此同時，香港的殖民地政府也在考慮擴大本地選舉。1946年，時任港督楊慕琦起草了一份計畫，設想在香港成立有三分之二直選席位的市議會。這顯然是在為去殖民化做準備。但香港本地的殖民精英反對這一計畫，又存在中共透過選舉滲透香港的擔憂，最終促使英方在得到中國無意攻佔香港的保證後，放

---

49 Louis 1997.

棄了楊慕琦計畫。[50] 50整個1950年代，負責市政衛生、康樂文化和其他具體事務的香港市政局一直有小部份直選議席，且直選議席的比例不斷擴大，但直到1973年才達到全部議席的一半。[51]

儘管英國沒有明示會效仿馬來亞及其他殖民地，將香港轉變為自治領、進而邁向獨立，北京卻對此有擔憂。根據英國解密檔案揭露，1958年，周恩來指責英國「計畫或陰謀將香港變成像新加坡一樣的自治領」，他對此表示反對。他警告「任何將香港改造為自治領的行動均會被中國視為不友好的舉動。中國希望香港延續現存的殖民地狀態。」1960年，中方官員更直接警告倫敦，若英方允許香港「自治」，「我方〔北京〕將毫不猶豫主動採取措施，解放香港、九龍、新界全境」。[52]

北京之所以憂慮倫敦將香港改造為自治領、最終並允許其獨立，並不僅僅是由於英國在其他地區的去殖民化計畫。根據1960年由聯合國大會通過的《給予殖民地國家和人民獨立宣言》（即《非殖民化宣言》），殖民地人民有自決權，香港的前途也適用於這一宣言。根據《宣言》，殖民地人民有權以公投進行自決，以決定是成立獨立國家，加入其他國家，還是繼續留在殖民母國。《宣言》同時附有《聯合國非自治領土列表》，列明有權自決

---

50 Tsang 1988.

51 Miners 1986: 167.

52 "Beijing's Hong Kong Disinformation: Declassified Records Show China Always Opposed Democracy, Even When Hong Kong Was a Colony," *Wall Street Journal*, October 27, 2014, at wsj.com/articles/gordon-crovitz-beijings-hong-kong-disinformation-1414366413.

的殖民地。葡屬澳門和英治香港都在清單中。因此，根據國際法，香港是有權投票自決的。[53]

這正中北京的要害。因此，當 1972 年中華人民共和國取代台灣的中華民國、重返聯合國後，北京要求將香港和澳門從《非自治領土列表》中去除，而且也成功了。香港和澳門從此被剔除出《非自治領土列表》，喪失《非殖民化宣言》裡的自決權。也因此，中國官方口徑從未將 1997 年前的香港描述為「英國殖民地」，而是「英國殖民統治下的中國領土」。[54]

到 1982 年，中英雙方就香港前途問題開始談判之際，中方不惜一切恢復對香港全境行使主權的決心已昭然若揭。由於中方先發制人，將香港剔除出《非自治領土列表》，故在國際法上很難提出香港應該透過自決來去殖民化。[55] 北京面臨的最大挑戰是香港商界精英和普羅大眾對中國接管香港的恐懼。股市和港元幣值大跌，表明資本匆忙出逃。大量商界和專業精英開始移民海外。照此趨勢，到北京接管香港時，香港將變成一潭死水。為遏止這一趨勢，北京開始試圖引誘香港的商業和專業精英、有志改革的社會活動家和新貴反對派領導人。儘管「一國兩制」不到三十年前已在西藏失敗，北京一開始還是用這一方案來安撫香港民眾。

---

53 Amberg 1985; Head 1998.
54 〈為什麼說香港不是殖民地（香港基本法問答）〉，《人民日報》，1997 年 3 月 17 日。
55 關於 1980 年代初中英雙方就香港前途問題的談判詳情，見 Yahuda 1993。

6 從自治到強行同化

From Autonomy to Coercive Assimilation

　　儘管「一國兩制」在1959年的西藏成為死局，在1960年代的台海毫無波瀾，鄧小平仍在1979年試圖重啟這一方案，希望用「一國兩制」來與台灣談判統一問題。但方案旋即遭台灣的國民黨政權堅決拒絕。與此同時，由於香港新界和整個香港在1997年後的地位依舊模糊，香港前途問題逐漸浮現。北京開始以「一國兩制」方案和倫敦開展談判。

組織支持主權移交的統一戰線

　　北京和倫敦就香港前途問題開展談判、及北京堅決要求收回香港主權的新聞，在英治香港引起了普遍的焦慮。港人對中共「文化大革命」及煽動1967年六七暴動造成的破壞記憶猶新，故1982至1984年中英談判期間，香港出現了社會性恐慌，最鮮明的表現包括大量富人和專業階層移民海外，股市暴跌，甚至有市民懼怕出現騷亂以至戰爭而瘋狂囤積可長期保存的食品。[1]北京為

1　Ma 1997.

表6.1 │ 1982年各項香港前途問題方案的支持度*

方案	支持度	方案若實現是否會繼續留在香港
繼續維持英國殖民管治	95%	95%
中方主權、英方治權	64%	72%
香港獨立	37%	68%
香港成為中國的特別行政區	42%	50%
香港徹底被中國收回	26%	58%

*根據1000名分層抽樣選出的受訪者回答匯總而成；
受訪者可以接受多於一個方案。
來源：香港觀察社 1982, 70-81

了減輕港人對即將到來的共黨統治所產生的恐懼，開始提出將會允許港人治港，保留香港的自由，及允許香港在主權交接後五十年間保留資本主義制度。

如表6.1所示，根據當時少數可信度較高的民意調查之一，英治香港市民接受度最低的香港前途方案就是徹底回歸中國。在當時提出的諸般方案中，甚至那些最離奇最不切實際的方案——如「中國做股東、英國做經理」的公司治理模式（即將主權交予中國，治權保留給英國，當時被稱為「主權換治權」的方案）及「香港獨立」——都比徹底回歸中國獲得更多的支持。而最多人支持的方案是維持現存的殖民管治。[2]

在這樣的社會性恐慌背景下，香港各股有組織的政治力量

---

2 香港觀察社 1982。

努力提出各種關於香港前途的務實方案，力爭獲取大眾支持。根
正苗紅的左派組織自然無條件支持北京的政策，強調香港回歸中
國是中華民族復興之路的一部份，標誌著中國徹底洗刷帝國主義
入侵以來的國恥。英國和華人商業精英的傾向也在意料之中：他
們早已被納入殖民地管治架構中，在殖民政府的保護下其壟斷商
業利益得到保障，自然支持延續殖民管治。商界精英們擔憂，香
港一旦回歸共產中國，工人階級崛起，會終結香港低稅率、少管
制的營商環境，轉變為高賦稅、福利政權體制的社會主義經濟。
1983 年香港商界人士訪京團對北京官員坦陳心聲，鮮明地表現
了這種憂慮：

> 我們認為，如果北京堅持在 1997 年後直接管治香港，
> 公眾對香港的信心將一落千丈，香港的盛景會在短期內崩
> 潰⋯⋯自治方案也無法長期維持香港的繁榮穩定。例如，如
> 果 1997 年後低收入人群提出無理要求，導致現存〔資本主
> 義〕體制崩潰，中國政府的取態為何？而如果中國政府堅持
> 允許資本家保留財富，中國領導人又怎麼對國內的十億人民
> 交代？[3]

　　一些有革新志向的草根和中產階層政治組織則另闢蹊徑，既
不像殖民地精英那樣堅決反對中國收回香港主權、也不像左派組

3　Cited in Cheng 1984: 202.

織那樣誓死支持北京，而是提出各種將香港有條件地整合進中華人民共和國的方案。其中最引人注目、延續時間最長的組織，便是支持香港在地方自治和民主政治條件下回歸中國的「匯點」。

匯點的創始成員主要是各服務行業的專業人士（包括教師、社工、記者、大學教授等）以及在1970年代同情社會主義中國的左派學生運動人士。匯點的成員活躍於1970年代香港本地風起雲湧的社會和民主運動（詳情請見第七章）。1980至1990年代，匯點在香港前途問題的討論中頻頻發聲，並在1994年與其他政治活躍人士整合，成立香港民主黨，也成為1997年後香港民主運動的旗手。

然而事後跡象表明，匯點的成立是中共在香港的統戰工作成果。匯點的創會元老劉迺強在1997年後成為香港最堅定的親中派人士之一。劉迺強後來成為中共全國政協委員，在2012年還是梁振英競選特首的鐵桿支持者。1997年之前，匯點總部所在的樓房屬於葉國華，普遍認為，葉正是中共在港地下黨的頭目。葉不僅對匯點收取遠低於市價的租金，還安排匯點成員和北京官員聯絡。[4]

匯點成員支持一種觀點，即香港回歸是中國復興之路的一部份。匯點認為，香港回歸正是一黃金機會，可以改造英治香港的威權政治體制，革除種種社會經濟的不公。[5]匯點提出的香港前

4　〈匯點：原罪背後 1：前言——一場民主運動的誕生與落幕〉，《立場新聞》，2015年5月13日；〈概觀民主黨・滲透 2：「一齊鬥走匯點派！」〉，《立場新聞》2016年5月13日。

途問題方案宣稱，

「香港是中國不可分割的領土的一部份，香港的主權屬於中國是毋可置疑的事⋯⋯民族主義是我們的基本原則之一，也是我們考慮香港前途問題的出發點。⋯⋯從現在到中國正式收回香港主權的過渡時期裡，現行政制必須予以改革。政策改革的基本原則，是讓市民參與政治。我們必須尋求適當途徑和爭取各種機會，擴大香港市民參與管理本地事務的權利。⋯⋯積極發展各項社會福利服務⋯⋯改革現行的醫療制度⋯⋯。設立健全的社會保障制度⋯⋯建立合理和平等的勞工僱用法例，鼓勵工會的發展及勞工參與企業管理。」[6]

匯點和其他立場相似的人士，因主張透過回歸中國而實現民主化和社會改革，因而在 1980 年代被稱為「民主回歸派」。

為回應中英談判前後花樣百出的回歸方案，北京在香港主權問題上採用了基於民族主義的靈活話語，以爭取更多人支持北京接收主權。一方面，北京和民主回歸派一起批判殖民現狀，呼籲政治和社會改革。北京在香港前途問題上從未放棄其階級鬥爭基調。1982 年，《人民日報》的一篇社論討論香港（及台灣）回歸中國為何困難重重，並將其定調為階級敵人的阻撓：

5　So 1999: 58–72; Cheng 1984: 121–4.

6　January 1983, 引自 Cheng 1984: 123–4.

「剝削階級只是在中華人民共和國統治的範圍裡面消滅了。中華人民共和國的領土，還有一部份我們沒有收回（香港、澳門），還有一部份沒有統一（台灣）。在香港和台灣，當然還有資產階級。……那些地方的資產階級，其中絕大多數是愛國的，希望祖國早日統一，願意為祖國的四化做出貢獻；但是也有一些人，不僅用經濟的辦法，而且用非經濟的辦法，政治的辦法，以及其他烏七八糟的辦法，來影響和腐蝕一些不堅定的份子，不愛國的份子……破壞我們的制度，破壞我們的社會主義建設事業。……所以，這一方面的階級鬥爭是非常明顯地存在著的。」[7]

令民主回歸派振奮的是，北京承諾未來香港自治政府的領導層將以民主選舉的方式產生。1982年，香港大學和香港中文大學兩校的左傾學生組織去信時任中國國務院總理趙紫陽，表態支持香港回歸。因為信件中表達了對中國管治下香港前途的憂慮，趙紫陽在公開回應中承諾，「將來香港特別行政區實行民主化的政治制度，即你們所說的『民主治港』，是理所當然的。」[8]

1984年的《中英聯合聲明》是1997年後主權交接的國際法基礎。這份聲明曖昧地承諾，主權交接後，香港特首及立法機構「最終」將由民主選舉方式產生。[9] 1980到2000年代香港民主運動的

7　人民日報，〈正確地估量和處理現階段的階級鬥爭〉，1982年11月6日。
8　引自蔡子強 2007。

領軍人之一李柱銘回憶，當他獲悉《中英聯合聲明》的這一條款時，他「非常激動，因為條款承諾香港人可以選舉特首及立法會議員，以此實現民眾監督政府。對我來說，這就是民主。」[10]

　　另一方面，北京也開始向親英的商業精英承諾將保留資本主義制度及精英特權，誘使他們改換門庭。為了平衡火藥味極濃的階級鬥爭話語，北京提出了「馬馬虎虎的愛國主義」，也就是說，只要符合最寬泛意義上的「愛國」這一項標準，就有機會成為未來香港的管治階層。任何人，不論之前政治立場為何，只要支持香港回歸中國，就是愛國。鄧小平提出，「哪怕他們曾經支持資本主義、封建主義、甚至奴隸制」，只要支持中國對香港擁有主權，就是愛國者。[11] 在這一精神指導下，北京同意在《中英聯合聲明》中承諾：

> 「香港的現行社會、經濟制度不變；生活方式不變。香港特別行政區依法保障人身、言論、出版、集會、結社、旅行、遷徙、通信、罷工、選擇職業和學術研究以及宗教信仰等各項權利和自由。私人財產、企業所有權、合法繼承權以及外來投資均受法律保護」並在五十年內不變。[12]

---

9 《中英聯合聲明》附件 I，6-7。

10 Lee 1996: 236.

11 鄧小平，引自齊鵬飛 2004: 185–6。

12《中英聯合聲明》第 5 條第 3 款。

　　這種靈活務實的愛國主義界定方式，正是1979到1989年間中國官方佔主導地位的「自由化民族主義」（liberal nationalism）的延伸。在自由化民族主義論述中，中共領導下的中華民族是一個大社群，包含了所有共同努力推進中國進步、開放、及提升國際社會地位的成員。[13]

　　1984年中英談判結束後，基本法起草委員會和諮詢委員會成立，並草擬1997至2047年間香港特區的迷你憲法──《香港特別行政區基本法》（基本法）。諮詢委員會的職責是向起草委員會傳達公眾意見。諮詢委員會有180名成員，全部由北京任命，社會背景和政治立場廣泛，其中有許多是學生運動出身的人士和民主回歸派。起草委員會（草委會）則是唯一一個負責起草基本法的機構，共有59名成員，絕大部份是中方官員和商界精英，民主派代表只有李柱銘和司徒華兩人。[14]

　　民主回歸派的成員堅持其中國民族主義的立場，認為香港回歸中國是中國民族解放的頂峰，也是將殖民地改革為一個社會民主城邦的機會，故而將基本法的起草過程視為實現社政改革抱負的戰場。民主回歸派試圖在基本法草案中納入相關條款，儘早實現全民普選（例如提出主權交接後第一屆政府就應該由民主選舉產生）和推進勞工權利（如主張引入勞工集體談判權）。與此同時，保守的華人商界精英意識到英國人的離開不可避免，便爭相

---

13 Zhao 2004; Cabestan 2005; Modongal 2016.
14 So 1999: 118–54; 許家屯 1993: 151–92。

成為北京盟友，他們努力拖延普選的實現，並將基本法作為主權交接後延續香港優越營商環境、確保己方特權受特區政府保護的工具。[15]

　　支持中國收回香港主權的親北京「統一戰線」由此分裂成兩大陣營，即代表中下階層和新興中產階層的改革派，以及代表華人商業精英的保守派。北京既擔憂資本從香港出逃，又希望用香港資本投資大陸、推動中國的市場化改革，故逐漸轉向保守派而放棄改革派。北京還擔心英國會透過支持親英候選人來延續在香港的影響力，導致北京無法控制香港，因而支持保守派的主張，限制主權交接後特區政府中的直選成份，並無限期拖延普選。儘管民主回歸派和傳統上支持中共的勞工組織都支持增進社會福利，北京還是聯同商界精英予以否決。對此，民主回歸派的回應是依靠基層動員增強改革聲浪。[16]

　　儘管民主回歸派在統一戰線中被邊緣化，但他們從未真正與北京決裂，而是抱有一絲期望，認為能靠基層支持來爭取北京首肯。所謂的統一戰線本是主權交接後管治聯盟的雛形。這脆弱的團結一直維持著，直到1989年北京的民主運動及後來的事件徹底改變了香港的政治生態。

---

15 So 1999: 118–54, 2000; 許家屯 1993: 151–92。
16 So 1999: 118–54, 2000; 許家屯 1993: 151–92, 414–15。

種族主義的民族主義和國家安全

自1989年4月北京民主運動發生之始，民主回歸派即迅速組織香港市民聲援抗議學生。民主回歸派預期，學生和中共黨內同情者將勝利，從而使香港本身有關香港未來的政治和社會秩序辯論的天平，會傾向他們這一方。[17]然而現實令他們失望，民主運動最終以中共的血腥鎮壓和清洗黨內同情者而告終。

6月4日天安門鎮壓後，中共在政治問題上迅速轉向保守，香港的統一戰線遂告崩解。六四之前，民主回歸派曾組織大規模集會聲援學生，更募集了天量捐款資助天安門運動。六四發生後，他們又組織救援行動（「黃雀行動」）將許多被追捕的異見份子偷渡出中國大陸。民主回歸派更公開宣稱中共為「屠夫政權」。北京則抨擊民主回歸派是叛徒，和外國勢力合作圖謀推翻中共政權。民主回歸派在基本法草委會中的成員李柱銘和司徒華辭職抗議中共政權的作為。北京並未批准他們的辭職，而是直接將其驅逐出草委會。[18]

而香港的商界精英則迫不及待發聲支持天安門鎮壓，更在1989年夏天後組成首個由境外拜會中國領導人的訪問團，因而迅速冒起成為北京眼中的「真夥伴」。北京將民主派驅逐出草委會後，草委會迅速就主權交接後從政治體制到社會福利改革等一

---

17 許家屯 1993: 363–424; So 1999: 155–82。
18 司徒華 2011。

系列事宜批准了保守派方案。1990年4月，中國的全國人大批准了基本法的最終草案。

　　草委會在基本法定稿中臨時加入了第23條。23條規定，未來的香港特區政府有責任立法，規定任何威脅中國政府的組織、活動和言論為非法。基本法仍保留了實現特首和立法會「雙普選」的終極承諾，但沒有規定時間表。基本法也沒有規定「普選」的含義。基本法第45條稱，

> 「香港特別行政區行政長官在當地通過選舉或協商產生，由中央人民政府任命。行政長官的產生辦法根據香港特別行政區的實際情況和循序漸進的原則而規定，最終達至由一個有廣泛代表性的提名委員會按民主程序提名後普選產生的目標。……」[19]

而基本法第68條又規定，

> 「香港特別行政區立法會由選舉產生。立法會的產生辦法根據香港特別行政區的實際情況和循序漸進的原則而規定，最終達至全部議員由普選產生的目標。……」[20]

19《基本法》第4章第45條，basiclaw.gov.hk/en/basiclawtext/chapter_4.html。
20《基本法》第4章第68條，basiclaw.gov.hk/en/basiclawtext/chapter_4.html。

　　基本法的附件規定，1997年後，立法會一半議席仍將通過功能界別選出。類似功能界別席位劃分原則的選舉委員會，負責提名和選舉特首。基本法附件提到，最早在回歸後十年，若有立法會三分之二多數通過，選舉方法可以修改。這種無時間表、無限延後的普選承諾，與民主派要求的主權交接後立刻實行全民普選的方案相去甚遠。基本法定稿還規定，對條款有解釋權的不是香港終審法院，而是中國全國人大。事後看來，正是這一規定使北京在1997年後可以透過釋法任意修改基本法。21

　　在把民主回歸派劃分到敵陣後，北京在香港的民族主義宣傳也愈發強硬。「馬馬虎虎的愛國主義」被明確的「真愛國者」和「叛徒」劃分代替，判斷標準是某人到底是政權的朋友還是敵人。北京急於保留殖民時代的威權體制，對民主派大加撻伐，將其要求1997年後真正自治和民主政治的呼籲，批判為試圖「將香港變為顛覆中國政府的基地」的國際大陰謀。

　　與此同時，中國官方的民族主義論述逐漸從1980年代的自由化民族主義轉變為強調原生紐帶、種族血脈的概念，將中華民族定義為以種族血緣為紐帶的、神聖的、漢族中心的民族社群。1990年代後漢族中心的民族主義其中一個例子，是官方宣傳將神話裡的黃帝捧上神壇，奉為中華民族共同的祖先。22 官方頻繁用諸如「血濃於水」之類的詞語來形容中國和香港的關係。中國

---

21 許家屯 1993: 363–424; So 1999: 155–216; 袁求實 1997: 71–100。
22 Billeter 1998.

政府安排新加入愛國陣營的商界精英參訪團，參加每年在黃帝陵舉行的公祭。祭典舉行地正好就是在中共的「革命聖地」陝西延安，並在1993年大規模擴建。

1990年代，中共不再使用階級鬥爭的語言批判對北京的香港政策抱持異見的人。取而代之的是，北京官員、媒體和香港的親北京人士開始用種族血緣、父系宗族式的謾罵，如「數典忘祖」和「漢奸」來批鬥民主派。民主黨領袖李柱銘，以及出身英治政府高官、後成為香港特區政府首任政務司司長、又在2004至2008年被選為立法會反對派議員的陳方安生，是兩名經常被痛斥的代表人物。[23]

北京在香港問題上的種族血緣論述，最佳例子便是1997年在黃帝陵奠基的「香港回歸紀念碑」。紀念碑碑文注明銘記日為1997年7月1日主權回歸日，其形制和漢人宗族祭奠祖先的宗祠牌位驚人地相似。碑文按照傳統形式，先讚頌開宗之祖的英明，再列陳歷代先祖的功績，最後以祝福後代為結：

> 我等炎黃子孫捐資立碑鑑澄歷史告烈先祖⋯⋯遊子尋根，歡聚一堂⋯⋯中國一統，一脈興昌。鄧公小平，偉論無雙，

---

23 例如：謝緯武，〈李柱銘當漢奸的鐵證〉，《文匯報》，2004年1月31日，http://paper.wenweipo.com/2004/01/31/PL0401310002.htm；〈李柱銘做漢奸不以為恥　典型漢奸邏輯〉，《中國評論新聞》，2007年10月30日，http://hk.crntt.com/doc/1004/8/0/6/100480632.html?coluid=2&kindid=0&docid=100480632；〈陳方安生遭市民當街唾罵漢奸走狗　灰溜溜逃離現場〉，《新浪新聞》，2019年9月2日，https://news.sina.com.cn/c/2019-09-02/doc-iicezzrq2792111.shtml。

> 一國兩制，港人治港，江總澤民，繼承發揚。吾祖有靈，佑
> 護國邦。[24]

主權交接後，香港特區政府名義上根據基本法和《中英聯合
聲明》保留名義上的自治。但北京牢牢掌控了特首和政府高官人
選及重大決策。北京也力圖拖延基本法承諾的任何民主化改革。
親北京的選委會和功能組別主導了特首和立法會選舉，且選舉辦
法一直遭凍結。民主派在選委會和立法會中的直選議席永遠無法
構成足以撼動情勢的多數。

香港回歸之初，北京的香港政策呈現出相互矛盾的兩面。
一方面，按照基本法，北京應避免過份公開干預香港事務，讓特
區政府實行自治。但另一方面，北京又強調香港人應絕對忠誠於
北京，中央政府在香港事務上有至高無上的權力。這兩方面的矛
盾，恰好重現了1950年代西藏地方政權中激進派和務實派政策
的衝突。

主權交接剛完成，北京便馬上開始侵蝕香港保有的自由和自
治。中央人民政府駐港聯絡辦公室——簡稱「中聯辦」，成立於
1997年，是中國中央政府在香港的最高級代表機構。儘管中聯
辦的官方定位是負責在中央政府和特區政府之間「聯絡溝通」，
其近年在香港事務上也愈趨高調。中聯辦官員積極聯絡香港政治
和社會的各股勢力，更逐漸公開成為建制派選舉候選人的協調中

---

24 陝西黃帝陵《香港回歸祖國紀念碑》碑文。

心。[25] 2002 至 2003 年，北京提示特區政府，應馬上就充滿爭議性的基本法第 23 條反顛覆政權的相關條款立法。特區政府在 2002 年秋天開始起草法案，條文極其嚴苛，甚至持有北京視為危害國家安全的出版物都被定義為違法。

23 條立法引起極大反彈，抗議聲不僅來自民主派和社運人士（詳見第七章），甚至商界精英也對法案有所保留（至少是不滿政府提出的嚴苛版本）。身為二戰前已是香港最富影響力的銀行家家族的繼承人，東亞銀行主席李國寶在 2002 年 12 月公開表示，銀行界擔心法案會損害金融機構賴以生存的資訊自由。作為立法會銀行功能界別的議員，李的發言頗有份量。[26] 美國政府也對法案表達了「強烈保留」，認為「模糊了中國和香港司法體系的界線」。[27]

2003 年春天，非典型肺炎（SARS）疫情爆發，立法戛然而止，香港也陷入停滯。2003 年 5 月疫情消退後，立法進程又開始全速前行。1997 年後亞洲金融危機導致的長期經濟衰退；特區政府在 SARS 疫情上處理失當；23 條立法草案中規定發表被北京視為具顛覆性的言論即屬違法，被各界視為嚴重違反「一國兩制」，但特區政府又急欲強推此法——種種因素激起社會不滿的大爆發。對 23 條立法的強烈反彈，終於在 2003 年 7 月 1 日匯聚成 50

---

25 Ma 2017.

26 〈羅偉光：銀行公會討論 23 條表憂慮〉，《蘋果日報》（香港），2002 年 12 月 4 日。

27 US Department of State, *Statement on Hong Kong: Article 23 of the Basic Law*, May 2, 2003, at https://2001-2009.state.gov/r/pa/prs/ps/2003/20157.htm.

萬人的反立法大遊行。

儘管香港市民表達了強烈不滿，特區政府仍不願妥協。7月16日，特區政府按照原訂日程表，試圖在立法會通過法案。反對派在立法會場外組織了大規模抗議，並且不排除採取更激進行動以阻止立法進程。眼見暴力衝突迫在眉睫，田北俊領導、代表建制派中親北京商界勢力的自由黨宣佈，不會支持政府的法案。田北俊更從行政會議辭職以表達不滿。由於建制派陣營分裂，特區政府不得不撤回法案。

23條立法失敗後，時任特首董建華於2005年以健康理由辭職。但輿論普遍認為董建華辭職完全是因為23條立法失敗。接替董建華餘下任期的是曾蔭權。曾蔭權在英治政府中已是高官，在董建華特首任內則擔任政務司司長。曾蔭權在2005年的選委會補選中正式當選特首，又在2007年的正式選舉中連任，任期直到2012年。

曾蔭權政府試圖透過招攬專業人士和民主派政壇人士來擴大支持基礎。2010年，曾蔭權甚至和民主派達成協議，改革立法會，增加直選議席（參見第七章）。但曾蔭權政府向溫和反對派伸出橄欖枝之際，支持北京直接干預香港事務的強硬派也日益壯大。在曾政府溫和妥協的表面下，北京在幾個關鍵領域的干預確實明顯加強了。

民主派挾2003至2004年反對23條立法勝利之勢，提出2007年特首、2008年全體立法會「雙普選」的要求。根據民主派的理解，基本法並未規定2007年特首和2008年立法會選舉的具體形式，因此2007至2008年就是最早可能實現普選的年份。不僅民主派，連建制派中的自由黨和中共掌握的民主建港聯盟（民建聯）在1990年代成立時，也是抱持這樣的立場。

北京絕不對民主派的壓力妥協，路線愈發強硬，並開展了大規模的宣傳攻勢，重新解讀「一國兩制」概念。北京強調，「一國」是「兩制」的前提和基礎，而非相反。[28]另外，儘管基本法承諾普選是香港政制發展的終極目標，北京也批判民主派的野心是「將香港變成獨立或半獨立的政治實體」。[29]這一宣傳攻勢為2004年全國人大常委會解釋基本法（人大釋法）鋪平道路。[30]根據人大釋法，2007至2008年特首和立法會選舉的選舉方式保持不變——普選在短期內不會在香港落地。

民主派確認2007至2008年「雙普選」無望後，轉而爭取2012年特首和立法會「雙普選」。北京也迅速回絕。2007年12月，全國人大常委決定2012年不實行雙普選，但特首和立法會選舉方法可能進行微調。[31]人大決定還宣稱2017年有可能實現特首普選，隨後在2020年實現立法會普選。[32]這令民主派仍抱有一絲希望。

事後看來，北京既保留普選承諾、又不停推遲其實施，是拖

28〈人民日報海外版：“一國”是“兩制”的前提和基礎〉，《新浪新聞》，2004年2月3日，http://news.sina.com.cn/o/2004-02-23/05431869560s.shtml。

29 引自明報 2004; Wong 2004.

30《全國人民代表大會常務委員會關於香港特別行政區2007年行政長官和2008年立法會產生辦法有關問題的決定》，2004年4月26日，basiclaw.gov.hk/en/basiclawtext/images/basiclawtext_doc21.pdf。

31 詳見第七章。

延時間的策略，期望軟化民主派——至少是軟化民主派中的溫和派。與此同時，2003年後北京逐漸收緊對香港政治社會各方面的鐵腕控制，以便當普選議題避無可避之際和反對派來一場大決戰。

帝國視角下的香港

2003年23條立法失敗後，北京除了挫敗民主派的普選要求，更開始準備反擊，加強對香港各方面的直接控制。為擬定新的對港策略，北京派出官員和學者研究香港問題，並和香港政治社會各界建立聯繫。這一波研究得出的結論是，2003年以來香港社會不滿滋長、反對派日益激進，根本原因是香港年輕人對中國缺乏國家認同感，懷念殖民統治。研究認為，一百五十年的英國殖民統治已經塑造了香港人的殖民心態，因而產生身份認同問題。自然而然地，研究者提出的解決方案就是大力加強愛國教育和其他相關的意識形態宣傳。研究還主張北京不應再過份依賴本地精英盟友，而是要更積極地直接干預香港的政治和意識形態工作。

這種診斷和解決方案的最佳範例，體現在頗具影響力的北京法律學者強世功的著作中。2004至2007年，強被外派到香港中聯辦研究部掛職，對香港問題進行研究和寫作。據報，這期間他

---

32 中國全國人民代表大會，《關於香港政制發展的決定》，fmcoprc.gov.hk/eng/syzx/tyflsw/t944943.htm。

頻頻接觸香港學者、商界鉅子、政客和其他社群領袖。他也在北京的《讀書》雜誌發表了關於香港問題的文章。結束在香港的工作後，他返回北京大學法學院任副院長。他的著作後來成為北京香港政策的指導綱領。據報，2014年出台的《「一國兩制」在香港特別行政區的實踐》白皮書，其中一位核心作者就是強世功。白皮書對「一國兩制」的解讀比以往嚴苛，強調了「一國」的成份。白皮書主張中央對香港實行「全面管治」，並為2014年8月31日的人大釋法做了鋪墊，及後更導致了佔領中環的爆發（詳見第八章）。

　　強世功在中國知識界屬於「新左派」。近年來，中國新左派頻頻發聲批判1990年代以來美國的帝國主義和新自由主義政策。他們主張融合一系列似乎相互衝突的思想源流，包括馬克思主義、毛澤東思想、列奧·施特勞斯（Leo Strauss）和納粹法學理論家卡爾·施密特（Carl Schmitt）主張的右翼國家主義，及儒家學說。中國自由派知識份子則批評，新左派或陰謀、或公然地和愈發高壓的中共黨國同流合污。[33] 作為新左派的一份子，強世功擔心鄧小平對「文化大革命」的批評是矯枉過正，因為否定「文革」也錯誤地否定了「文革」時代的「大民主」實驗。強世功批評，中國因此丟失了本土化的民主話語，面對西方主張的資產階級民主無緣置喙。[34] 同時，強世功還是將卡爾·施密特法哲學引入中國

33　見Lilla 2010。
34　強世功2008: 187–8。

的主要推手之一。施密特是德國納粹政權的法學老大，且在二戰後仍然拒絕放棄納粹思想。施密特認為，主權者的主要任務就是區分敵我，且主權者應有絕對權力消除任何敵人。在政治中，這一任務的優先性遠高於國家機器在法律和立法上的合法性。對施密特來說，自由民主不過是削弱主權者權力、威脅國家和民族生存的「猶太式」滲透。[35]

在中聯辦任職期間，強世功在《讀書》雜誌發表文章，認為北京解決香港問題的方法（對香港實行全面管治）是中國作為儒家帝國復興的重要一步。隨後他將文章整合成書，[36]進一步主張，儘管「一國兩制」這一英明的方案確保了香港在1997年回歸中國，但這一制度安排無法應對中國在香港行使主權時面對的最重要問題——香港人的認同感。要建立北京的全面管治，關鍵在於用中華民族認同感取代英治時代構建的殖民香港認同感。強認為，應該用政治而非法律手段達成此點。北京必須超越「一國兩制」的框架，將所有香港人改造成真正的中國愛國者。否則，中國對香港的主權不過是虛有其表。

強世功認為，絕大多數香港人、包括和英國殖民者合作的香港華人，自1950年代起都是認同社會主義中國的。因為香港人上溯數代的先祖都在中國大陸，所以香港人天然是愛國的。[37]因此，最重要的工作就是幫助香港華人重新發掘他們沉睡的愛國

---

35 Gross 2007.
36 強世功 2008。
37 強世功 2008: 142–45。

心。強世功認為，英國人在殖民時代巧施手段對香港人「贏取民心」（winning the hearts and minds）頗有成效，北京也應學習英國的經驗。值得注意的是，強世功把「贏取民心」翻譯成「洗腦贏心」。這與英文原意迥異。[38]換句話說，強世功認為所有香港華人都是「自在愛國者」（patriots-in-themselves），正待在北京的愛國先鋒隊領導下轉變為「自為愛國者」（patriots-for-themselves）。強的學說認為，北京在香港的意識形態工作極為重要，必須消除所有的本土認同感。

　　強世功承認，香港的「一國兩制」安排來源，正是1951年北京和達賴喇嘛政權達成的《十七條協定》。他堅稱，這種源流的重要性不僅在於確保香港會回歸中國，更在於預示了中華帝國的復興。[39]強認為，在清朝達到極盛的中華帝國，政制基礎是向周邊散播儒家文明，並成功地將邊陲地區改造和納入帝國核心版圖。對於新近臣服、具有獨特本地風俗和本土領導層的地區，清帝國往往允許本地精英保留自主權、維持本土風俗，但不會持久。經過天長日久的同化，這些地區的本土自主和認同逐漸消亡，便會自然融入帝國的核心地區。在建立直接管治後，清帝國便開始著手整合別的地區。中國收回香港和台灣、及指日可待的將香港同化，正是中華帝國漸進式的版圖擴張在二十一世紀的再臨。

　　強世功的意思很明確：香港的「一國兩制」不過是為了香港

---

38 強世功 2008: 31。
39 強世功 2008: 123-58。

主權順利從倫敦交接到北京而實行的過渡性安排。主權交接結束後，北京的工作就是透過直接控制香港人生活的方方面面，來實行有效管治。在後來的訪談中，強世功更明確主張，「一國兩制」的解讀和實踐應該「走出鄧小平時代」，[40] 香港的本地自治應該逐漸退場。等待明日香港的，則是自 1959 年以來的昨日西藏：北京的直接管治和強行同化。

強世功在整本書中毫不掩飾他對「帝國」的溢美之詞。他多次提出，復興的中華帝國必須向英殖民帝國學習「帝國的技藝」。在其他場合，強還主張，中國對全球化治理的貢獻就在於將中華帝國的傳統和「西方文明建構世界帝國的技藝和成就」結合起來，構建「世界帝國第二版」。[41] 強世功在討論香港問題時雜糅了毛主義、法西斯主義和帝國思維，這並非特例，而是中共對香港政策轉趨強硬的必然產物。儘管中華人民共和國一直是「偽裝成民族國家的帝國」，強世功公開讚揚中西方的帝國遺產，仍揭開了新中華帝國粉墨登場的帷幕。

強世功的著作並非單純的學術研討，而是對北京的香港政策有深遠的影響。強在中聯辦掛職的任務，原本就是收集香港各方面資訊，為 2003 年反 23 條立法抗議後北京的香港政策出謀劃策。他的許多建言後來被北京決策層採納。例如，強世功認為香港的桀驁不馴源於香港民眾缺乏對中國的國家認同感，可以透過

40〈強世功：「一國兩制」亟須走出「鄧小平時代」〉，《多維新聞》，2016 年 12 月 1 日。
41 強世功 2019。

教育和意識形態工作來解決，這正與北京的香港政策路線圖相符：2012年，香港特區政府試圖在全港所有學校課程中加入「德育及國民教育科」。他建議中央政府直接干預香港政治和社會事務，後來中聯辦果然權力漸增、日益活躍。

中共直接管治香港的過程

2012年出台的德育及國民教育科《課程指引》，要求教師在學校中培養和評估學生的愛國水準，且有教材對學生稱中共是「進步、無私與團結」的執政集團。[42]《課程指引》激起了社會各界的強烈抵制，認為這是洗腦教育。如第八章所述，特區政府迫於公眾壓力，在2012年9月撤回增科計畫。但首戰受挫後，特區政府仍持續干預和修改學校課程、教科書和考試問題，以培育年輕一代的愛國主義思想。[43]

強世功主張中央政府加強對香港的直接管治，也體現在香港中聯辦權勢日增之上。2008年，強世功結束中聯辦研究部掛職後一年，時任研究部主任曹二寶在中共黨校官方報紙《學習時報》上發表了〈「一國兩制」條件下香港的管治力量〉一文。[44]文章主張中央政府在香港有直接管治權，這和《中英聯合聲明》以及基本法中的「一國兩制」原文大相逕庭。

---

42 "'National Education' Raises Furor in Hong Kong," *CNN*, July 30, 2012, at cnn.com/2012/07/30/world/asia/hong-kong-nationaleducation-controversy/index.html.

　　根據「一國兩制」原本的含義，由本地選舉產生的香港特區政府，負責處理除了國防和外交以外的所有香港本地事務。對於「一國」及中國對香港擁有主權的表現，僅限於經選舉產生的特首和其他政府官員需要獲得中央政府的正式任命。既經任命，特區政府就應全權管治香港。然而，曹二寶在文章中主張，特區政府只是管治香港的兩支力量之一。曹認為，僅靠一支力量，不足以彰顯中央政府對香港的憲制權力，因此，有必要向香港派出由熟悉香港事務的內地官員組成的「第二支管治隊伍」。

　　曹二寶認為，第二支管治隊伍的形成，是「『一國』原則在香港管治力量上的重要體現」，因為這「反映了我們（中共）黨作為全國執政黨在香港工作中歷史方位的重大變化」。[45]最重要的是，文章將香港的自治重新定義為中國單一制權力體系下的自治，即特區政府僅在中央政府明確授權的事務上有管治權，其他事務的責任自然屬於中央政府。文章也表明，中聯辦正體現了中

---

43 "The High School Course Beijing Accuses of Radicalizing Hong Kong," *New York Times*, September 1, 2019, at nytimes.com/2019/09/01/world/asia/hong-kong-pro-tests-education-china.html; "How a History Exam Question Stirred Up Contro-versy over China, Japan and Hong Kong's Education System," *South China Morn-ing Post*, May 16, 2020, at scmp.com/news/hong-kong/education/article/3084674/how-history-examquestion-stirred-controversy-over-china; "China Pushes to In-tegrate Hong Kong through Patriotic Education, Security Overhauls," *Wall Street Journal*, November 1, 2019, at wsj.com/articles/china-pushes-tointegrate-hong-kong-through-patriotic-education-security-overhauls-11572617038.

44 曹二寶 2008。

45 曹二寶 2008。

央政府對香港的憲制權力，以及中共作為全國執政黨在香港的地位。文章明確表示，中聯辦的職責不僅限於特區政府和中央政府的聯絡溝通，而是中共實施對港管治的機構。

主權交接後，關於中聯辦干預香港媒體、學校和選舉的傳聞不絕於耳。許多觀點認為，香港特首的管治必須聽從中聯辦的建議和首肯。許多人也已將中聯辦視為香港的第二個權力中心、甚至是實際上特區政府唯一的權力中心。但哪怕事實如此，中聯辦的具體職責也從未明確成文。曹二寶的文章公開闡明中聯辦的定位，且與官方定義的定位（作為特區政府和中央政府溝通聯絡機構）相悖，引起了香港反對派和國際社會的注意。[46]該文主張中共和中央政府在香港設有具實際權力的管治機構，這和絕大多數人心目中基於《中英聯合聲明》和基本法對「高度自治」的理解截然不同。

中國官員常態化地宣稱中聯辦是香港的第二支、甚至是首要的一支管治力量，這反映了北京似乎急於向港人和世界證明，誰才是香港真正的主人。2019至2020年，中聯辦幹部更高調地公開評論香港政治、發表聲明，對特區政府如何應對反逃犯條例修訂抗議提出了建議。這引起了反對派的強烈反彈，認為中聯辦必須受基本法第22條約束。該條規定：「中央人民政府所屬各部門、各省、自治區、直轄市均不得干預香港特別行政區根據本法自行

46〈北京駐港官員文章引發批評〉，《美國之音》，2008年4月28日，atvoachinese.com/a/a-21-w2009-04-28-voa59-61340857/1025199.html。

管理的事務。」據此，中聯辦明顯違反了基本法。但國務院港澳事務辦公室和特區政府公開反駁，稱中聯辦不是根據基本法第22條設立的，且其主要職責是對香港事務行使「監督權」。這種新說法等於追認了中聯辦作為香港事實上最高權力機構的地位。[47]

上一章已詳述了西藏實施「一國兩制」的歷史。對照之下，北京直接指揮第二個權力中心在香港落地、與本地政府爭權，實在是意料中事。1956至1959年，西藏自治區籌委會也是這樣挑戰達賴喇嘛政權的。而雙方爭權的最終結果必然是西藏地方政權被消滅，中共透過成立西藏自治區對西藏實行全面直接管治。

在曹二寶的文章和中聯辦公開宣稱自己的「監督權」之前，中聯辦積極參與香港的政治、社會和文化生活，實屬公開的秘密。[48]據報，中聯辦除了收集資訊、廣泛結交各界人士，還透過協調建制派候選人來干預選舉。坊間傳聞，只有中聯辦「祝福」的建制派候選人才能參與選舉。[49]根據媒體報導的傳聞，梁振英和唐英年的特首競選中，梁振英正是獲得中聯辦的大力支持，且中聯辦將唐英年的各種桃色和貪污醜聞洩漏給媒體，最終毀了唐的名聲。有消息指，李嘉誠次子李澤楷旗下的一份報紙因報導了梁振英的負面新聞，遭到中聯辦警告。[50]從未有確切證據證實這

---

47 "Basic Law's Article 22 'Does Not Apply' to Beijing's Liaison Office,Hong Kong Justice Secretary Says," *South China Morning Post*, April 27, 2020, at scmp.com/news/hong-kong/politics/article/3081816/basic-laws-article-22-does-not-apply-beijings-liaison.

48 Lo et al. 2019; Cheng 2010; Lam and Lam 2013; Yuen 2020.

49 Lee 2020.

些傳聞，但從梁振英勝選後次日早上第一件事就是拜會中聯辦謝票，狀況已可見一斑。

消息指出，中聯辦官員積極和媒體編輯、學校校長、專業人士協會領導層及其他各界人士交往，施加影響力。許多專業和商界精英與中聯辦合作，拓展在中國大陸的商業版圖和職業生涯，也使中聯辦有更多操作空間。[51]還有報導指出，中聯辦在各級選舉中積極給建制派拉票。除了協調和支持建制派傳統票源的基層街坊組織和中國公司在港僱員，中聯辦還根據省市籍貫，將新到香港的大陸新移民組織成同鄉會。研究表明，由於新移民在大多數政治議題上趨向保守，在同鄉會動員下，他們已成為建制派越來越重要的票倉。[52]

削弱香港自治的另一利器是移民政策。1997年後香港的移民政策體系中，香港的入境事務處負責管理全球各地來港簽證，但中國大陸除外。來自中國大陸的新移民以「家庭團聚」的單程證制度來港，這一制度最早在1980年代創立，在1995年名額增加到每日150人。在這一制度下，中國公安部門負責審查批核申請來港和家人團聚的大陸移民，特區政府在新移民入境之前對其背景一無所知，遑論對其入境資格進行審查。有報導指出，單程

50 〈中央干擾選舉，港人驚呼"狼來了"〉，《德國之聲》，2012年3月23日，https://p.dw.com/p/14Qu1。

51 Lee 2020.

52 Wong et al. 2018; 黃子為等 2020;〈新移民・新選民2：是誰溝淡誰？〉，《立場新聞》，2015年11月18日。

表6.2 ｜香港人口中新移民人口比例的增長

年份	人口增長	持單程證來港的新移民	新移民佔人口增長的比例
2006	68,500	54,170	82%
2007	34,100	33,865	99%
2008	25,500	41,610	163%
2009	32,500	48,587	150%
2010	55,700	42,624	76%
2011	60,300	43,379	72%
2012	65,500	54,646	83%
2013	43,900	45,031	103%
2014	44,700	40,496	91%
2015	57,700	38,338	66%
2016	65,200	57,387	88%

來源：post852.com；香港政府統計處；香港入境事務處

證可在黑市交易，中共也會利用單程證輸送黨員來港。[53]

　　中聯辦和其麾下的基層同鄉會擁有這些新移民的資訊，在他們來港之前就已經伸出觸角聯絡。接下來，中聯辦和同鄉會將這些新移民籠絡進關係網中，並幫助他們求職和提供其他社會服務。新移民來港七年後，只要年滿十八歲便有權在選舉中投票。表6.2證明，1997年後香港人口增長的主要來源便是大陸新移民。[54]新移民也成為選舉中越來越重要的票倉。表6.3顯示，調

---

53 〈持單程證來港內地人暴增　議員促香港取回審批權〉，《自由亞洲電台》，2017年11月29日，rfa.org/cantonese/news/htm/hk-permit-11292017061103.html；程翔2012。

表6.3 | 新移民與香港本地人背景、政治取態和投票傾向比較

	本地出生	內地出生、1997年前移民來港	內地出生、1997年後移民來港
年齡（%）			
18-30歲	18.9	3.2	33.3
31-60歲	62.8	43.3	44.7
61歲以上	18.3	53.5	21.9
受訪者總數	(1,659)	(630)	(114)
學歷（%）			
高中畢業或以下	44.9	76.8	69.3
大學畢業或以上	55.1	23.2	30.7
受訪者總數	(1,649)	(629)	(114)
自訴政治立場（%）			
民主派/本土派	44.9	30.5	39.8
中立	27.2	18.9	14.2
建制派	12.3	24.7	18.6
	11.4	19.4	
無政治立場			20.4
其他	1.9	1.8	0.0
不知道	2.3	4.8	7.1
受訪者總數	(1,637)	(624)	(113)
上屆立法會選舉直選議席投票情況（%）			
民主派/本土派	56.1	38.3	50.9
建制派	27.2	44.6	34.9
其他	6.0	4.1	0.9
未投票	10.7	12.9	13.2
受訪者總數	(1,558)	(587)	(106)

來源：黃子為等 2020

查表明新移民更願意投票給建制派候選人。

　　強世功就香港問題給北京開出的解決方案——意識形態改造、中央政府直接干預香港政治——變成了北京的實際政策。考察他對這些方案的理論和歷史論據，亦可管窺北京在大陸和香港關係上的總體思維。毫無疑問，北京採取的是帝國視角。在帝國看來，本地精英的自治不過是過渡期的權宜之計，方便帝國做好直接管治和完全同化本地人口的準備。這種從間接到直接管治的轉變，發生在明清帝國時期的西南邊陲，也發生在1951至1959年的西藏。毫不意外地，儘管北京在主權交接前以本地自治安撫香港民眾和國際社會，但北京的一貫計畫就是在收回主權後實施全面管治和同化。

　　2014年夏初，北京發表了《「一國兩制」在香港特別行政區的實踐》白皮書。白皮書主要作者之一正是強世功。白皮書發表後，《人民日報》也發表了對強世功的長篇訪談，解讀白皮書的精神和細節。[55]白皮書對「一國兩制」的理解，與香港人的理解迥異。白皮書認為，「一國兩制」中的「兩制」是從屬於「一國」的。香港的自治權由中央政府授予，故中央政府也可以隨時收回。白皮書還強調中央政府對香港有全面管治權。白皮書的許多行文，不過是曹二寶2008年文章及強世功2004至2007年出版的一系列

---

54 〈【買起香港】人口 (2)：回歸廿年居港人口增85萬　惟「香港人」或處於「零增長」？〉，《852郵報》，2017年7月18日。

55 〈強世功——進一步總結強化中央治港的理論基礎〉，《人民日報》，2014年6月13日，http://theory.people.com.cn/n/2014/0613/c40531-25143583.html。

文章立場的明確複述。昔日的「學者」觀點已經成為官方政策文件。輿論普遍認為白皮書的發表標誌了昔日「一國兩制」共識正式壽終正寢。

白皮書高調讚頌 2014 年 8 月 31 日人大再次「釋法」的決議，該決議制定了 2017 年香港特首普選的方案。根據人大決議，現存的特首選舉委員會將轉型為提名委員會，每個特首候選人必須獲得提名委員會超過五成委員的提名，方能晉身普選階段。由於提名委員會和選舉委員會一樣由親北京人士掌握絕對多數，人大決定的嚴苛規定意味著北京能絕對掌握特首選舉，只有北京的親信有機會參選。這選舉制度恰如中國大陸的村委會選舉：所有候選人都是村黨委提名再由村民選舉（第八章將回到這一點）。

對許多人來說，人大的「831」決議，意味著香港再無希望實現普選，因為國際公認的普選制度也包括公民平等地獲得提名的權利。人大決議成為導火線，引發了持續 79 天、尋求「真普選」的佔領中環運動。「佔中」運動退潮後，北京進一步加緊對香港的控制，全速實現白皮書的規畫。2014 年的「佔中」失敗，恍如 1959 年拉薩起義的失敗，最終為中共以鐵腕將「一國兩制」轉變為「一國一制」打開了大門。然而令人意外的是，香港的公民社會並未因「佔中」失敗而凋亡。頑強抵抗的公民社會，意外地在 2019 年迎來了凝聚力量予以反擊的機會。

PART
3

抵抗
RESISTANCE

7 香港民主運動中的階級政治
The Class Politics of Democratic Movements

　　常人往往以為，香港因經濟繁榮，政治和社會自必安定，市民態度務實，傾向自力更生多於集體行動。學術界也不乏類似觀點：1980年代，學者劉兆佳和關信基出版了兩本經典著作——《香港的社會與政治》（*Society and Politics in Hong Kong*）和《香港華人精神》（*The Ethos of Hong Kong Chinese*）。[1] 兩人根據1970至1980年代對香港社會各階層的調查，主張香港華人是「政治冷感」的人群。劉兆佳更提出「功利家庭主義」（familial utilitarianism）一詞來描述香港的「華人精神」。根據這一概念，大部份香港人的「功利」在於用務實手段達致經濟利益最大化，「家庭」則在於用家族內部資源達成經濟目標。香港人對於抗議之類的集體行動手段並不熱衷。不同於一般認為西方自由社會盛行的功利個人主義，香港人自利和行動的單位並不是個人，而是家庭。家庭內部、而不是家庭之間，存在著高度的集體主義。劉和關主張，正是這種「華人精神」解釋了香港在殖民時代保持了長期的社會和政治安定。

1　Lau and Kuan 1988; Lau 1984.

　　1980 至 1990 年代香港主權交接前、及主權交接後，劉兆佳一直用功利家庭主義的概念為保守派護航，反對政治改革。劉本人在主權交接前夕成為親北京陣營的重要智囊，更在 2002 至 2012 年擔任香港特區政府中央政策組首席顧問。他還於 2003 年被任命為全國政協委員。劉目前是中國港澳研究會副會長，該組織是北京在香港政策上最重要的備詢智庫。劉毫不掩飾地用自己的理論支持北京撲滅香港民主運動——既然香港人漠視政治、重視穩定，為何還要開放政治參與、製造不穩定呢？另一方面，關信基則在主權交接後和劉兆佳分道揚鑣，開始參與民主運動。2003 年，他與一群大律師和專業人士攜手反對基本法 23 條立法，更在 2006 年成為新的反對黨——公民黨的創黨主席（詳見下文）。

　　自 1990 年代開始，年輕一代的學者開始駁斥所謂香港華人的「功利家庭主義」。一些觀點指出，香港並非像劉關二人描繪的那樣繁榮安定。除了 1966 至 1967 年的連串暴動，殖民時代的香港還充斥著其他各種社會衝突和政治運動。在看似安定的 1970 年代，各式各樣的草根社會運動此起彼伏，最終凝聚成 1980 年代的民主運動。[2] 另一些社會調查發現，劉關二人描述的「華人精神」並不是全社會共有且一成不變的，而是在不同社會階層和情境中有迥異的表現。[3] 哪怕假設「功利家庭主義」是成立的，年輕一代香港人是否能傳承這一精神，也是未知之數。無論

2　Chiu and Lui 2000; So 1999.

3　Wong and Lui 1992, 1993.

如何，香港主權交接後此起彼伏、日益激烈的社會運動，已打碎了政治冷感、熱衷穩定的香港式神話。2019年的反修例運動，更使香港成為全球最激烈、最持久的社會運動的暴風眼。

2019年的反修例運動並非憑空出世的，其源頭可上溯至殖民時代起香港社會和政治運動的變遷。本章將追溯香港民主運動在1970年代抗議運動的根源，及抗議運動如何在主權交接後日益激進。下一章則考察抗議運動隨著本土派政治意識崛起而發展，形成了2014年的佔領中環運動，及2019年的反修例運動。

香港民主運動的起源

如前文所述，中共在1949年建立中華人民共和國後，決定維持香港的殖民地現狀。中國意欲將香港作為通往世界的外交和商業視窗，故接受了英國殖民統治的延續。英國則容忍中共地下黨在香港活動。與此同時，大量難民湧入香港。難民中的實業家們鑄就了1950年代香港工業的騰飛。難民中一大部份成為了住在城市貧民區的農民和工人，為崛起中的工業提供了低成本勞工。這些勞工社群也成為了親中共組織如工會、學校、新聞媒體和電影工作者群體等的溫床。[4]

1950至1960年代，殖民地政府貪腐猖獗，警方暴力橫行，社會階級兩極化，且存在對華人群體的制度性歧視，這使親中共

4　周奕 2002, 2009。

的草根組織如雨後春筍般冒起。左翼工會經常透過癱瘓工廠的罷工展示力量。親共電影公司製作叫座電影，描繪工人階級的苦況，幫中共宣傳社會主義新中國。當時，工人階級主要居住在山坡地帶上的寮屋，火災、土石流、颱風等災害經常危及這些工人聚居區，而獲得中華人民共和國奧援的草根階層組織往往比殖民地府更快地開展災後救援。[5]

1967年春，在中國文化大革命的感染下，親共草根組織利用一次小規模的勞資糾紛，發起持續不斷的遊行、抗議以至試圖發起總罷工，向殖民政府全面進攻。親共組織的意圖是塑造革命危機，引爆所有社會和政治矛盾，為中共接管香港鋪路，或至少脅迫港英政府與左派分享權力（1966年澳門左派正是用暴動成功迫使澳葡政府妥協）。然而，暴動反而激起香港主流華人社會對中共接管香港的恐懼。中共更在8月向英方表明中國無意接管香港，暴動者頓成棄子。由於得不到大眾同情，強硬的激進份子開始轉向路邊炸彈、刺殺反共華人知識份子等恐怖主義手段，反使暴動更遭唾棄。[6]

1968年初，六七暴動已徹底銷聲匿跡。儘管親中共組織如學校、出版社、電影工作者協會、工會等繼續在港英政府嚴密監視下運作，暴動中的恐怖主義行為還是使親共組織在1970年代

5　Loh 2010; Smart 1992.

6　許創彥、彭嘉林，〈六七暴動真相懸空50年，八大待解之謎〉，《端傳媒》，2017年5月9日，https://theinitium.com/article/20170509-hongkong-67-myth; 周奕 2002; Cheung 2009; Cooper 1970.

支持度極低、士氣低落。另一方面，由於受英國漸進式費邊社會主義（Fabian Socialism）的影響，及迫切意識到需要樹立殖民管治的合法性，港英政府力排商界盟友的異議，於1970年代開展一系列管治和社會改革[7]措施，包括制度化的公共扶貧政策，實行全民九年義務教育，創立全球知名的高效反貪機構（廉政公署），及創設政府資助的社會服務。港英政府還擴大了公屋計畫。公屋後來容納了香港過半人口，成為全球最大的公共住房計畫。[8]

在港英政府改革同時，學生運動和社會運動也開始冒起。1970年代初，年輕的激進份子尚在懷念六七暴動的溫存。他們受到1960年代全球風起雲湧的學生運動感染，也開始親近中共。1971年，學生運動以「反資本主義、反殖民主義」為核心指導思想，抗議美國將釣魚台群島（尖閣列島）轉交日本管轄——二次大戰結束後，群島一直被美國佔領，但中國從未放棄主權聲索。學生運動很快分裂為兩大陣營：其一是毛派或「國粹派」陣營，主力在散播宣傳共產中國的成就，漠視香港本地抗爭；另一陣營則是「社會派」，對中共的威權本質批評頗多，且熱心支持本地草根社會運動。[9]

許多毛派學生後來加入了親中共的左翼組織。相反，很多社

7　Yep and Lui 2010; Lui 2017.

8　DeWolf, Christopher, "Sir Murray MacLehose, the Unexpected Father of Modern Hong Kong," *Zolima City Magazine*, at https://zolimacitymag.com/sir-murray-maclehose-unexpected-father-of-modern-hongkong; Scott 1989.

9　Law 2009; 陳文鴻 2015; Leung 2000; HKFS 1982.

會派成員在1970年代及其後參與了許多獨立的社會運動和政治組織。他們成立的組織包括各種教師聯會，社區和住房權利組織（如第二章所述，這些組織在1970年代末參與了將蜑家人上岸安置到公屋的運動），及獨立工會。1982年，北京收回香港主權的意圖已很明顯，這些組織裡的社運人士凝聚成了民主運動勢力，一方面支持中國收回香港主權，另一方面尋求在香港去殖民化的過程中實行政治和社會改革。[10]民主運動的早期領導層和骨幹，相當多便是1970年代末社會運動的旗手（例如司徒華便是香港教育專業人員協會、即「教協」首任會長），或積極參與社運的社會工作者。

1982年，殖民地政府開始推行區議會選舉，後來更將負責市政衛生和市區規畫的代議組織市政局（1999年「殺局」解散）的更多議席劃為直選。民主派遂積極參與這些諮詢組織的選舉，並獲得大量議席。民主派逐漸將自己定位為代表「新中產階級」的運動；這一階層主要由公共（如教師、社工等）和私營事業的專業人士及管理人員組成。[11]

中產階級民主派運動

1980年代初，北京剛表露有意在1997年收回香港主權之時，

---

10 Leung 2000.
11 Lui and Wong 1998.

只有六七暴動以來日益邊緣化的親中共左派組織支持香港無條件回歸中國。英國和香港華人商界精英則主張延續殖民管治。當時的主流民意也反對回歸中國（見上一章的調查資料）。新興民主運動中的幾個組織則支持香港在民主自治和進步社會改革的條件下回歸中國。1983年，「民主回歸派」的核心成員成立了「匯點」，另一些成員則在1990年成立了香港民主同盟（港同盟）。匯點和港同盟在1994年合併成香港民主黨，並成為香港日後最大的反對黨。

上一章提及，民主回歸派在主權交接後，仍致力於向特區政府爭取政治和民主改革。但民主回歸派迅速被中共和商界精英的聯盟邊緣化。在英治香港末期，民主派爭取的香港政制民主化，正與港英政府以民主化維繫即將撤離的殖民政府合法性的意圖不謀而合。[12]民主派主張，主權交接後全體立法會議席及特區行政長官均應由普選產生。他們向即將撤離的港英政府施壓，要求盡速實行民主化，以順利過渡到普選的終極目標。中共擔心激起香港的反北京情緒，在民主改革步調不過於激進的前提下，唯有默許。畢竟，香港的中共盟友及代理人也積極參與了港英政府開放的每一次直選。

1982年，港英政府成立十八區區議會。區議會由直選和委任議席組成，負責管理地區事務。1985年，原本由港英政府全權委任的立法局，開始引入功能組別（後改稱功能界別）議席。

---

12 Scott 1989.

功能組別並非由個人選民投票選舉，而是由諸如企業、專業協會等法團組織（corporate bodies）和有政府認可專業資格的專業選民選出。1991年，港英政府開放立法局60個議席中的18席供直選，民主派一舉奪得14席。[13] 1995年立法局選舉中，直選議席的數目擴大到20席，民主派奪得17席。民主派甚至在九個功能組別中取得大勝──即將離開的港英政府當時將這九個組別開放為半直選，允許被組別內法團組織雇傭的僱員（而不是法團組織本身）投票選舉。而主權交接後，北京就廢除了這一制度，將功能界別選舉的投票資格重新限於法團組織和專業協會的成員。總之，主權交接前夕，民主派在各級選舉中捷報頻傳，獲選擔任公職也為民主派帶來了媒體曝光機會和大量的財政資源。

中產民主運動賴以生存的基礎是中產階級的支持，中產階級也是民主派最大的票倉。為維繫中產階級的支持，民主黨和其他主流民主派自然要在各種社會和政治議題上都採取溫和路線。例如，主流民主派支持擴展社會福利，但反對全面福利國家。原則上，主流民主派堅定要求香港和中國大陸實行民主政治，但厭惡大規模的群眾動員，在和香港政府及北京中央打交道時更傾向於溫和姿態。

主權交接前夕，反對派運動中其實有一個更激進的陣營，主要成員包括代表香港所有大專教育機構學生會的香港專上學生聯

---

13 1967年，立法局總共有26席，逐步擴展到1980年的50席、1991年的60席，隨後規模保持不變，直到2012年擴展到70席。

會（即「學聯」），及一些小眾組織，如由托洛斯基主義者梁國雄（綽號「長毛」）等領導的托派左翼。激進派反感主流民主派的溫和路線，主張採用更激烈的抗爭手段。例如，1989年「六四事件」後民主派每年都在維多利亞公園（維園）舉行燭光晚會悼念活動，活動結束後激進派總會離開主流派的會場，遊行到新華社駐港分社（主權交接前中共在香港事實上的最高代表機構），和守衛正門、阻擋抗議者的香港警員發生衝突。但激進派從未獲選擔任公職，在民主陣營中不過是比較喧鬧的少數派而已。[14]

1990年代，民主派與保守的商界精英對於民主化的步伐意見不一。民主派主張在主權交接前儘快實現全面民主化，在1997年之前建立民主政治。後者則希望放緩民主化進程，並提醒港英政府，主權交接前的民主改革必須得到北京首肯，且必須循序漸進。儘管對民主化的速度有所爭議，兩派勢力都宣稱，支持香港政治改革以特首和立法會全面「雙普選」為終極目標。[15]

民主派和保守商界勢力的矛盾，在1989年中國民主運動受挫後開始激化。1989年春，香港民主派組織大型集會和籌款活動支持天安門的學生運動。5月21日，過百萬香港人上街遊行，抗議北京實行戒嚴。這是到當時為止香港史上最大型的遊行集會。在運動過程中，民主派的骨幹成員、學生組織和其他社會組織共同成立了「香港市民支援愛國民主運動聯合會」（支聯會）。

---

14 見蔡子強等編, 1998; Lee 2019。

15 李浩然 2012；林劍，〈【基本法30年】一文總覽基本法來龍去脈 「普選」二字何時出現？〉，《香港01》，2020年3月25日，https://bit.ly/3H4I9BF。

支聯會在未來的數十年將成為支持中國民主運動的核心組織。[16]

　　6月4日的天安門屠殺後，香港民眾普遍認為北京已失信於世界，香港的人權必須得到更多保障。民主派呼籲發起「三罷」（工人罷工、學生罷課、商人罷市）癱瘓香港。6月7日，「三罷」前夕，九龍市中心發生了騷亂，支持北京學生運動的行動似乎要失控成香港全境的動盪，進而危及主權交接計畫。民主派擔心激起民變，丟失中產階級的支持，於是匆匆公告取消「三罷」，支持北京學生的運動也逐漸偃旗息鼓。有人宣稱，6月7日晚騷亂的幕後黑手，是滲透到香港的中國國安人員。據報，港英政府的情報界人士曾稱，中國國安計畫在未來所有的遊行中製造動亂，以煽動大眾恐慌。民主派與港英政府一致決定取消「三罷」。[17]

　　長遠來看，六四事件對香港的民主運動產生了深遠的影響。上一章提及，民主派和中共的共容合作關係在「六四」後破裂。民主派將中共視為血腥屠殺人民的非法政權，北京則認為民主派是由外國勢力控制、圖謀搞亂香港的敵人。支聯會在「六四」後一直持續運作，容納了香港的大部份反對派和社運領袖。每年6月4日，支聯會都會組織大規模遊行和燭光晚會，要求北京平反六四事件，且每年的遊行和晚會都籌得大量捐助。維園的六四燭光晚會成為香港民主運動的標誌，也是香港反對派所組織的最多

---

16 Lo 2013.

17 司徒華 2011；對此一敘事的質疑，參見關震海、王紀堯，〈【「六四」三十年中生代重組記憶碎片】「六四」後三天　消失了的「六・七旺角騷動」〉，《明報周刊》，2019年6月3日，https://bit.ly/3BUS1KD。

圖7.1 | 1990-2019年各年度維園燭光晚會到場人數。
來源：明報，2020年6月4日。

人參與的活動，且在主權交接後年年不輟（直到2021年支聯會
因香港國安法壓力而被迫解散）。維園燭光晚會的參與人數如圖
7.1所示。[18]

除了每年的紀念活動，支聯會還積極參與在「六四」後轉入
地下的中國民主運動。1989年後的數年裡，支聯會策劃了秘密
的「黃雀行動」，幫助被通緝的學生和勞工領袖逃離中國，前往
西方國家尋求庇護。在往後的多年裡，支聯會也一直與中國國內
的維權律師、勞工運動份子和六四受害者家庭保持往來。[19]

---

18 Chan and Lee 2010; Hung and Ip 2012.

1990年，隨著《基本法》的定稿在香港商界精英和中國官員全力護航下通過，主權交接後馬上實行普選的希望也宣告破滅。儘管基本法第45條和第68條保留了特首和立法會最終實現雙普選的承諾，卻把實際的普選時間點無限拖延。基本法附件I和附件II裡只規定，2007年特首選舉和2008年立法會選舉之前不會有普選。基本法也沒有列明普選時候選人的產生辦法。

作為鎮壓八九民運的後續，基本法的最終條款中匆匆加入了關於香港特區政府必須就國家安全立法的條文。1988年的基本法草案中，條文規定由特區政府負責在本地立法，禁止被北京認為危害國家統一和意圖顛覆中央政府的各種活動。到1989年2月，在民主派和香港民眾的強烈反對下，新的基本法草案去掉了「顛覆中央政府」的字眼。但1989年6月4日鎮壓民運後，這一條文又恢復，成為基本法最終條款中的第23條。第23條規定，特區政府

　　……應自行立法禁止任何叛國、分裂國家、煽動叛亂、顛覆中央人民政府及竊取國家機密的行為，禁止外國的政治性組織或團體在香港特別行政區進行政治活動，禁止香港特別行政區的政治性組織或團體與外國的政治性組織或團體建立聯繫。[20]

---

19 司徒華 2011.

20 國際特赦組織香港分會，〈專訪陳文敏：二十三條與國家安全〉，2020年7月22日。

　　第45條承諾最終實現普選，及第23條威脅了英治香港時代香港所擁有的自由，成為主權交接後民主派鬥爭的焦點。回歸後香港民主運動的最主要訴求，便是儘早實現真正的民主政治，以及捍衛香港現有的自由免遭國家安全立法侵蝕。

新的社會運動及其激進化

　　1997至1998年亞洲金融危機後，特區政府竭力恢復經濟繁榮而成效不彰，公眾對本地管治勢力的不滿也與日俱增。2003年春，特區政府應對SARS疫情不力，民眾愈發不滿。2003年夏天，在民怨沸騰之際，特區政府在北京中央的壓力下，開始加快基本法第23條規定的反顛覆立法工作。政府提出的草案嚴苛到難以置信，規定任何「煽動性」組織，及出版、流通、甚至擁有「煽動性」出版物即屬非法，卻連「煽動性」的定義都付之闕如。[21]公眾普遍擔心，最終定義什麼是煽動、誰為煽動者的權力，掌握在北京手中。如此一來，香港的法庭在判決國家安全相關案件時必須考慮北京的政治意志和傾向，香港的自治將受到嚴重損害。23條立法刺激了許多昔日並不活躍的學者、記者、圖書館員、甚至天主教和基督教教徒參與到民主運動中，一齊反對23條立法。他們認為23條立法將嚴重危害香港自殖民時代末期以來所享有的言論和集會自由。[22]

---

21 Ma 2005.

　　2003年7月1日，香港民眾日積月累的憤懣終於爆發。在主權交接六週年紀念日，超過50萬人上街遊行，一致反對23條立法。有不少1997年後成長的青少年熱情參與了遊行。遊行中更出現了許多自發訴求，比如要求2007到2008年特首和立法會雙普選，及批判商界壟斷精英造成了香港社會的嚴重不平等。[23]

　　眼見民怨一發不可收拾，北京默許23條立法無限期推延。2005年，北京一手扶植的特首董建華辭職，殖民時代末期的高官曾蔭權接任。北京選擇用資深公務員取代商家大家族的後人出任特首，顯然是為了讓特區政府洗脫官商勾結的嫌疑。

　　北京的讓步並未遏止抗議者的怨氣。民主派在迫使23條立法取消後，把目標轉向2007年特首和2008年立法會的雙普選。根據許多人（包括許多建制派政客）對基本法的理解，這是雙普選最早可能實現的年份。2004年7月1日，在2003年「七一」遊行紀念活動中，大群遊行人士簇擁著標語「還政於民」及「2007/08雙普選」。[24]

　　上一章已提及，北京強硬回應了2007年和2008年雙普選的訴求。全國人大常委進行「釋法」，否決了2007年和2008年雙普選的可能。人大常委進一步決定，香港最早實行普選的年份定在2017年的特首選舉及2020年的立法會選舉。除了強硬打破普選訴求，北京還在2003年推出《香港與內地更緊密經貿安排》

---

22 Ma 2005; Fu et al., eds., 2005.

23 Lee and Chan 2011: Part I.

24 Lee and Chan 2011: Part II.

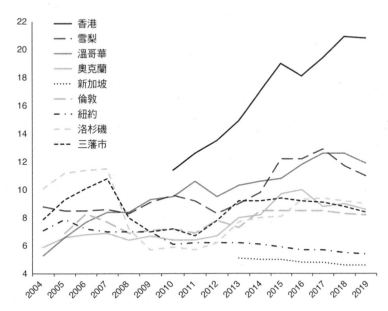

圖7.2 | 香港與全球樓價最貴地區的樓價中位數與收入中位數之倍數比。
來源：Demographia International Housing Affordability Survey

（CEPA）。如第三章所述，CEPA確保了中國在加入世貿後，仍能保證在不完全開放經濟的前提下，透過香港任意獲取全球商品和資本。CEPA刺激香港經濟快速復甦，也鞏固了香港作為中國離岸金融中心的地位，更給大陸資本、遊客和勞工來港大開方便之門，加速了香港經濟與社會和中國大陸的融合。

　　董建華辭任、香港經濟復甦後，政治矛盾暫時冷卻。但在表面的相安無事下，導致2003年大遊行的社會撕裂仍在加深。曾蔭權治下，官商勾結日益猖獗。CEPA也導致社會兩極化加劇。香港與中國大陸的進一步融合，使大量香港商業遷移到大陸，導

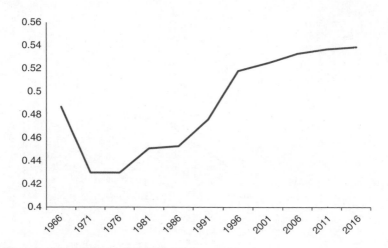

圖 7.3 ｜香港以家庭計的基尼係數（Gini Coefficient）。
來源：世界銀行1966-1976年《全球收入不平等資料庫》第二版；香港政府統計處，
1981-2016年

致香港的勞動階層和中產階層工作流失。不同教育程度的中國大
陸移民來港，導致體力勞動和專業技能工作的求職競爭加劇，引
發工資停滯。中國資本洶湧來港，炒起樓價和房租，且導致生活
成本飆升。[25]以樓價中位數和收入中位數的倍數計算，香港的樓
市連續十年高居全球最貴（見圖7.2）。

　　因此，2003年後的經濟繁榮，主要惠及商界巨賈及老一輩
有房產在手的中產階級，而年輕一代以支薪為主要收入、無房產
在手的草根階層及中產階級的生活水準則在惡化。如圖7.3所示，
自從香港的經濟發展自1960至1970年代較為均等的工業化經濟

---

25 陳文鴻 2009; Ip 2018.

表7.1 ｜截至2016年全球10個最不平等經濟體

排名	國家／地區	家庭基尼係數	資料日期
1	賴索托	0.632	1995
2	南非	0.625	2013
3	密克羅尼西亞聯邦	0.611	2013
4	海地	0.608	2012
5	波札那	0.605	2009
6	納米比亞	0.597	2010
7	尚比亞	0.575	2013
8	科摩羅	0.559	2004
9	香港	0.539	2016
10	瓜地馬拉	0.530	2014

來源：www.cia.gov/library/publications/the-world-factbook/rankorder/2172rank.html

發展進入到1980年代以降的金融經濟，社會的收入不平等便與日俱增。主權交接後，社會不平等亦不斷加劇。[26]

　　表7.1顯示，香港在2016年的基尼係數高達0.539，在全球157個有可比較資料的國家和地區中，成為最不平等排行榜第9名。

　　北京在否決2007和2008年香港民主改革上立場強硬，加之年輕一代經歷反23條立法的勝利後政治意識逐漸生長，構成了新政治組織崛起的條件。這些組織比起民主黨等傳統民主派更加激進。新政治組織的代表如2006年成立的社會民主連線（社民連）及公民黨。兩者在捍衛香港現存的公民社會和要求雙普選的

---

26 Hung 2010; Cartledge 2017.

表7.2 ｜ 2008年立法會選舉當選議員政治立場

政黨	地區直選 得票率（%）	地區直選議席	功能界別議席	立法會議席 總計
民主派				
民主黨	20.5	7	1	8
公民黨	13.6	4	1	5
社民連	10.1	3	0	3
其他民主派	13.2	5	2	7
民主派總計	57.4	19	4	23
建制派				
民建聯	22.8	7	3	10
自由黨	4.3	0	7	7
其他建制派	11.0	4	16	20
建制派總計	38.1	11	26	37
白票、廢票等	4.5			
全體立法會總計	100	30	30	60

資料來源：Hung 2010: 71

議題上均採取毫不退縮的立場。社民連早期的領導者包括極富鼓動性、堅決反共的電台節目主持人黃毓民、小眾托派左翼領導者「長毛」梁國雄、及民主黨內對現狀失望的左傾政客，如陳偉業和陶君行。社民連還吸引了大批熱心於不同社會議題——如性小眾權利和網路言論自由——的活躍份子。公民黨的主要成員則是在2003年反23條立法和2004年尋求2007/2008雙普選運動中活躍的大律師、學者和其他專業人士。[27]

---

27 Lam 2010.

　　2008年立法會選舉中，社民連和公民黨表現亮眼。代表兩黨出馬的候選人中，有不少曾在2004年立法會選舉中以獨立候選人身份當選（包括梁國雄和吳靄儀）。兩黨合計共取得直選選票中的23.7%，奪下30席直選議席中的7席，得票率超越民主黨的20.5%，取得議席數則與民主黨的7席持平（見表7.2）。社民連和公民黨的崛起，標誌了民主黨獨霸香港反對派時代的結束。

　　與此同時，由背景各異的學生和年輕知識份子組織的一連串社區運動也開始冒起。這些運動反抗政府和大地產商清拆歷史建築物、推平舊街區和破壞自然生態以發展有利可圖的重建計畫。[28]社運組織者當中有許多骨幹人物參與過2003年「七一」遊行，並立志投身社運，促使這類要求保留殖民時代歷史建築的社區運動在2003年後此起彼伏，後來甚且不限於要求保育具有歷史價值的市區建築群，還和本地農民合作，保護村落社群和自然生物棲息地不受地產發展計畫侵蝕。[29]

　　伴隨著香港民間社會的這些持續動員，乃是法理言論自由獲得了延續，這要歸功於23條立法被挫敗。然而，許多調查表明，媒體記者和編輯的自我審查日趨嚴重，媒體也在批評香港特區政府和中國政府方面愈發謹慎。造成這狀況的其中一個原因是主流媒體越來越依賴本地富商的投資，而富商正是北京管治香港的代理人。不論是電子還是印刷媒體，主流媒體都要靠本地壟斷巨頭

---

28 蔡東豪和嚴劍豪 2010; Ku 2012; Hung 2010; Veg 2007; Veg 2017。
29 朱凱迪 2014。

的廣告費生存，使得巨頭可以藉此杯葛被北京標為反共的媒體。[30]

　　儘管北京透過各種手段間接控制主流媒體，激進社運人士所發起的、觀點愈趨激烈的各種獨立和非主流媒體平台，仍借助高速網路的普及，如雨後春筍般迅速冒起。這些新媒體不遺餘力地猛烈抨擊特區政府和溫和民主派，為更激進的民主派和反對重建計畫的社區運動之崛起推波助瀾。有些新媒體已經擁有龐大的用戶群，聲勢直逼幾家最大的主流媒體。[31]

　　2009到2010年是民主運動激進化和捍衛本地社區運動的巔峰。捍衛社區的運動發展成大規模的抗議活動，反對中國高鐵路線廣深港（廣州—深圳—香港）路段的建設。這一高鐵項目不僅將破壞香港境內多個村落和市區社群的生計，且單位造價遠高於中國大陸國有高鐵的任何路段，而買單的卻是香港特區政府。

　　2009年初，高鐵項目的建設要求清拆新界菜園村，從該村起始的小規模抗議迅速發展成數千人規模的示威。菜園村位於新界錦田附近，村民主要是移民農民，以種菜和養殖禽畜為生（詳見第二章）。由於村民沒有原居民身份，故被香港農村地帶傳統上以鄉議局為核心的權力結構排除在外。生計同樣被高鐵專案破壞的市區居民，以及對高鐵規畫不周、天價成本、破壞社群生活和自然生態感到憤怒的其他市民，也聲援菜園村的抗議。一些專業團體和民主派政客批評，高鐵專案造成本地交通系統超載，唯

30　Hong Kong Journalists Association, 2007a, 2007b; see also Lee and Chan, 2008; Chan and Lee 2011.

31　Hung and Ip 2012; Lee and Chan 2018: Chapter 4.

一得利的便是既得利益者——大地產商。

立法會裡的功能界別議員主要代表專業團體和既得利益群體的利益，立場上親北京，因此支持高鐵專案。民主派議員在直選議席中佔多數，則是在不同程度上反對高鐵專案。由於立法會議席中半數由功能界別佔據，以票數而論，立法會根本無力否決政府的高鐵提案。高鐵項目反對者的要求於是從反對高鐵建設出發，匯聚成要求立法會全面民主化、廢除功能界別。

2010年1月，立法會會期原已安排要辯論和表決政府就高鐵專案提出的預算案，當時立法會大樓被超過1萬名抗議者包圍堵塞，幾乎迫使政府官員在大樓內過夜。[32]儘管抗議運動未能阻止高鐵項目落地，運動的動員能力及癱瘓政府的勢頭震驚了北京。就在不久前的2010年新年夜，一群年輕抗議者（其中有部份也是參與反高鐵抗議的活躍份子）成功衝破中聯辦大樓的員警封鎖線，短暫堵塞了大樓後門，要求實行雙普選和釋放中國政治犯劉曉波，就已經使北京感到頭疼。[33]

最令北京坐立不安的是，2010年春，風頭正勁的年輕激進派和社民連及公民黨聯手，在落實2012年行政長官和立法會選舉辦法的政府政制改革提案辯論正酣之際，發起了公投運動。北京在2004年否決2007年和2008年雙普選，又在2007年否決2012年雙普選。北京暗示，最早能實現普選的年份當是2017年

---

32 Tse 2010.

33〈香港上萬民眾元旦遊行爭民主〉，《BBC中文網》，2010年1月1日，bbc.com/zhongwen/simp/china/2010/01/100101_hongkong_rally。

的特首選舉和2020年的立法會選舉。[34]但許多民主派開始要求2012年就實行普選。2009年，特區政府就2012年選舉提出了政制改革方案，否決了普選的可能。作為回應，社民連（其後公民黨也加入）發起變相公投，希望借助動員、刺激和展現香港人對民主的強烈渴望，向北京施壓，期望在2012年實現雙普選，或至少在2012年推行更開放的選舉，為2017年和2020年雙普選鋪路。[35]

變相公投的起始點，是香港立法會直選選區直選產生的五個民主派立法會議員辭職。辭職後的立法會議員將以實現2012年雙普選為訴求，力圖在補選中奪回議席。因此，每一張投給五位辭職議員的選票，就等於一張支持2012年「雙普選」的選票，也就是將議席補選變成對雙普選方案的公投。儘管香港沒有台灣和其他民主政體那樣關於公投的正式法律條文，這種變相公投卻開創了香港選民針對重大事項以投票表達集體意志的先河。2010年1月，五位民主派議員辭職，補選安排在當年5月，「五區公投」正式啟動。

北京批評，公投是在為香港獨立製造輿論。民主黨由於害怕得罪北京，沒有參與五區公投，而是和北京秘密協商，希望修改政府提案。[36]另一方面，草根社運份子及非主流網路平台以極大

---

34 詳見第六章。

35 Hung 2010.

36 葉靖斯，〈綜述：香港的「五區總辭」〉，《BBC中文網》，2010年1月26日，bbc.com/zhongwen/trad/china/2010/01/100126_ana_hongkong_democracy。

的熱情參與補選，鼓勵選民投票。[37]最終，五區民主派議員在補選中全部勝出。儘管建制派和民主黨有組織地杯葛公投，仍有超過50萬選民投票，民主派總得票率超過90%。年輕一代的激進派挾公投勝利之勢，以更激進的直接行動破壞政府宣傳政制改革方案的公關攻勢。民調顯示，政改方案本就不高的支持率，在公投後進一步下跌。[38]公民黨則在公投後採取了相對溫和的立場，向民主黨靠攏。社民連卻因為內部紛爭撕裂不斷，逐漸失去政治影響力。

　　正如2003年反對23條立法的抗議活動一樣，對特區政府2012年政制改革方案日益高漲的不滿，也迫使北京見招拆招。原本由於相對溫和的民主黨接受了2007年人大釋法，承認2017年和2020年是實行雙普選的最早年份，2012年雙普選的訴求本來應該胎死腹中。然而，抗議活動勢頭之猛，足以迫使北京和民主黨秘密協商。經過多輪談判後，北京最終接受民主黨的政改方案修正，在2012年立法會選舉推行部份改革，增加功能界別議員的「直選成份」。方案提出，在2012年立法會選舉中增加5個直選議席，並增加5個功能界別議席。新增的功能界別議席由五個選區直選產生的區議員提名，再由不符合其他任何功能界別投票資格的選民投票選舉。換句話說，這些新增的功能界別議席，幾乎就相當於由區議員提名，由選民直選的議席。[39]這代表北京

---

37 關於非主流網媒和民主運動激進化的討論，參見Leung 2015。

38〈民調：政改支持跌破一半〉，《明報》，2010年6月15日。

39 Chen 2010.

儘管萬般不情願，面對香港社會洶湧的民意動員，為了確保香港安定，還是做出了讓步。當年稍晚時候，有消息指北京向特區政府施加壓力，要特首曾蔭權在 2012 年特首任期完結之前推動一度擱置的基本法第 23 條立法。但在記者、學者和反對派洶湧如潮的反對聲中，曾蔭權最終在 2010 年 10 月的特首施政報告中公開宣稱，在他任期內不會將 23 條立法提上議事日程。[40]

2012 年特首選舉中，在小圈子選舉委員會分裂成兩大陣營的狀況下，被普遍認為代表中資和北京鷹派官員、走強硬路線的梁振英，戰勝代表香港本地商界勢力的唐英年。梁振英上任後，特區政府加速實施各種政策，方便北京實現強硬派民族主義者一直呼籲的直接管治。其中一項政策便是在所有公立中學推行道德與國民教育科，向所有學生宣講中共官方版本的中國歷史和政治意識。政府更提出三年內強制要求所有學校推行此科。這一方案迅速激起不僅是學生家長、還有中學生們的激烈反對。

主流民主派並沒有直接反對推行道德與國民教育科，而是希望在課程中增加政治自由主義的內容。但 2012 年夏天，反對國民教育科的民間自發運動勢頭已不可擋。反國民教育的領軍組織是新成立的「學民思潮」，成員全部是中學生，領頭人則是黃之鋒。學民思潮製作了小冊子和網路影片，解析國民教育科為何是北京對學校進行意識形態和政治控制的圖謀。國民教育課程的內

---

40 香港特區政府，〈行政長官的《施政報告》優先處理房屋政策、貧富差距等民生問題〉，2010 年 10 月 13 日，info.gov.hk/gia/general/201010/13/P201010130158.htm。

容在中國大陸可能司空見慣，在香港卻是聞所未聞；例如，課程要求對學生展示關於中華人民共和國偉大成就的材料，記錄學生的正面反應，以此測量他們的愛國心水準，還要求學生互相給同學的愛國情感打分評價。[41]

2012年夏天，學民思潮要求擱置國民教育科的訴求聲勢漸隆。2012年9月，一群社運積極份子（其中有許多參與過反高鐵和五區公投運動）和激進民主派政客，聯合學民思潮攜手發起大規模罷課和學生集會。9月7日，立法會選舉前夕，超過10萬名學生和熱心市民在政府總部外的「公民廣場」集會。[42]為防止市民長期佔據公民廣場，也為了在9月9日舉行的立法會選舉中保住建制派議席，特區政府最終讓步，在9月8日晚宣佈，不再強制要求所有學校三年內推行國民教育科，而是讓各學校自行決定課程實施方案。集會人士認為抗議已取得勝利，遂在當晚和平散去。[43]

從2003年反對23條立法，到2010年反高鐵、五區公投，再到2012年反對國民教育科，這一波波此起彼伏的香港社會運動表明，本地的對抗性公民社會不僅持續擴張，也愈趨激進。昔日以民主黨為代表、推行妥協和非對抗性路線的溫和民主派，不再

---

41 林頁欽 2012.

42 〈港反國教集會　大會稱12萬人參加〉，《BBC中文網》，2012年9月7日，https://www.bbc.com/zhongwen/trad/chinese_news/2012/09/120907_hk_demo_education。

43 〈港府讓步　取消國民教育三年死限〉，《BBC中文網》，2012年9月8日，bbc.com/zhongwen/trad/chinese_news/2012/09/120908_hk_education。

壟斷整個反對派運動。香港主權交接後，每一波社會運動都創造了新的抗議者網絡，使社運人士得以持續參與、一次次發起新運動，並培育更多的年輕參與者。除了人數擴展和手段日趨激烈，反對派運動也促成了香港政治意識的轉型，香港本土意識逐漸崛起。

[8] 香港作爲政治意識
Hong Kong as a Political Consciousness

　　2003 年七一遊行後，香港民主運動的立場和行動變得更具對抗性，出現激進化的趨勢，但激進派的政治代表和社運人士並未完全背棄主流民主派的目標和路線。例如，社民連和反高鐵運動中的年輕運動者都同意，為香港爭取民主是中國民主運動的一部份。他們除了關注香港本地議題，也積極組織參與支援中國大陸異見人士的活動，包括要求釋放劉曉波，組織遊行譴責八九民運的工人領袖李旺陽被關押二十多年後、在獲釋前夕離奇死亡的事件，等等。

　　本書序章提及，1997 年後，儘管自成一體的香港認同逐漸形成，但主要是文化認同而非政治意識，透過電影、流行曲和文學而非政治行動體現。香港的反對運動也沒有形成殊異於中華民族認同的政治身份認同。值得注意的是，作為主流反對派旗手的香港民主黨，其政策總綱公開表明「民主黨堅決支持香港回歸中國，反對疏離，以至隔離的傾向」；又稱「香港人作為中國人民的一份子，有權利和責任關心及參與國事……民主黨支持中國的民主發展。」[1]

2003年之後冒起的激進民主派也未能擺脫這一窠臼。2006年創立的社民連，其政綱表明「任何有關香港未來發展的討論，都不能離開中國發展方向的思考」，「我們反對其他國家對中國進行任何形式的主權干預、包括任何鼓勵部份地區由祖國分裂出去的行動，及任何形式的經濟及貿易制裁」，「政府應積極與中央政府及各省市政府商討，釐定香港如何配合內地之整體發展⋯⋯政府應在基建上加強投資，盡快與內地在交通上聯為一體。」[2]這些立場和主流民主派根本無異。

儘管在表面上大中華民族意識是反對派的共識，香港本土意識仍自2000年代開始逐漸抬頭。本土政治意識強調優先反抗香港本地的不公，主張保衛香港本土文化作為香港維持相對於北京自治的基礎。最初，由於缺乏清晰的理念和綱領，在激進民主派組織的許多集體行動中，這種曖昧不清的本土意識和大中華民族認同並行不悖。但本土政治意識很快產生了更明確的論述，引起民主運動內部的公開論爭。到2019年反修例運動爆發之際，各種訴求、標語及民意調查表明，本土意識已然統攝了整個反對派運動。

社會和民主運動中的本土意識潛流

上一章論及，保護歷史建築物和地方社區、反對大地產商清

---

1 《民主黨政策總綱》，dphk.org/index.php?route=information/category&cid=6。

2 〈社民連倡「與內地交通聯為一體」 吳文遠：部份表述過時正落力修改〉，《852郵報》，2016年3月5日。

拆重建的文化保育運動，在2003年反23條立法運動後冒起。除了抗議社會不公、控訴地產霸權、爭取公共空間，運動背後還有更深刻的轉變。外國媒體很早就注意到，運動參與者彰顯香港本土身份認同，反抗北京試圖嵌入香港的大中華意識。2003年反對立法運動一週年前夕，《紐約時報》發表文章〈香港人開始尋找自我意識〉，揭示了保育運動本質不僅是保育建築物和社區，更是年輕一代香港認同的初試啼聲。[3]

文化保育運動中本土意識彰顯的最佳例子，是2006至2007年反對清拆天星小輪碼頭和皇后碼頭的抗議活動。這兩座碼頭是香港大會堂和愛丁堡廣場建築群的一部份，也是1950年代香港現代實用主義建築的代表作。[4]抗議活動的參與者主要包括資深社運人士、進步派建築師、年輕知識份子及大學生。他們主張，碼頭及其附屬廣場見證了香港歷史上許多重大慶典。皇后碼頭既是英女王訪港時泊船登岸之處，也是末代港督彭定康於1997年6月30日登船離港之地。兩個碼頭也是屢見公民集會和抗議活動的公共空間，包括1966年反對天星小輪加價的絕食抗議。因此，兩個碼頭承載著不少作為香港本土認同根基的香港人集體回憶。

保留碼頭運動的抗議者透過新興的線上和社交媒體傳播抗議訴求。2007年夏天，清拆即將開展之際，抗議者成功發起佔領

---

3 "Hong Kong Journal; City of Immigrants Begins to Find an Identity of Its Own," *New York Times*, June 9, 2004, at nytimes.com/2004/06/29/ world/hong-kong-journal-city-of-immigrants-begins-to-find-an-identityof-its-own.html.

4 Ku 2012; Dewolf 2019.

皇后碼頭近三個月，在8月1日更與清拆工人和警方對峙。最終
警方清場，強行抬走並逮捕許多抗議者，清拆工作按計畫進行。
儘管運動最終失敗，但激發了後續一系列保留歷史建築物和舊街
區的運動，其中部份更成功迫使特區政府或發展商放棄清拆建築
物，而改為重整和活化。[5] 香港和中國大陸的評論者與學者開始爭
論這些運動的意義。[6] 一些秉持大中華立場的學者，如第六章提及
的強世功，批判這些運動純粹是對逝去的英國殖民時代的扭曲眷
戀。[7] 另一些意見則認為運動代表著香港本土意識的崛起，有助於
香港在強權中國的陰影下捍衛民主。[8]

　　香港本土社區運動顯然與台灣民進黨首屆政府主政下民族主
義的崛起有所勾連。2004年，台灣「二二八」事件五十七週年紀
念日之際，支持台獨的抗議者發起了「228百萬人手牽手護台灣」
集會，沿著台灣海岸線手牽手組成人鏈，抗議中國大陸以飛彈對
準台灣。同年3月末，香港的社區社運份子也發起了「手牽手護
維港（維多利亞港）」集會，沿著港島北面海岸線牽手成人鏈，
抗議地產商重建項目破壞海岸線形態和維港景觀。這兩者完全是
異曲同工。[9]

　　2004年6月7日，在爭取2007年和2008年雙普選的抗議活

5　Veg 2007.

6　E.g., 龍子為 2011; 陳景輝 2007.

7　強世功 2008: Chapter 6.

8　蔡詠梅 2011; Ting 2013.

9　Hung 2011b;〈人鏈由中環延至灣仔　兩萬人手牽手護維港〉,《蘋果日報》(香
　　港),2004年3月22日。

動中，一群支持民主運動的學者、專業人士和政客在各家主要報紙登出全版廣告，連署發表《香港核心價值宣言》。[10]宣言將香港價值觀總結為「自由民主，人權法治，公平正義，和平仁愛，誠信透明，多元包容，尊重個人，恪守專業」，將香港稱為「命運共同體」──這一詞彙直接搬用自1990年代開始構建台灣民族想像共同體的台灣民族主義者。[11]

　　儘管自外於中國的香港本土政治意識，早於2003年反23條立法抗議後在反對派社運份子和知識份子圈內逐漸抬頭，但到上一章提及的公民黨和社民連發起的「五區公投」，將香港視為一個自主政治體的意識才真正奠定。第五章已談到，按照聯合國《給予殖民地國家和人民獨立宣言》，香港人原本有權像其他殖民地人民一樣通過公投決定前途。但中華人民共和國取代中華民國（台灣）的聯合國席位後，將香港（及澳門）剔除出聯合國的《非自治領土列表》，剝奪了香港的自決權。在《中英聯合聲明》起草過程中，曾有聲音呼籲，應由香港人進行公投來決定1997年後的前途和政治制度。鑒於公投等於承認香港的自決權，北京自然堅決反對這一提議。毫不意外地，2009年的「五區公投」甫一啟動，北京即大加鞭撻，斥其為推動香港獨立的陰謀。[12]

---

10 "Push to Defend City's Core Values," *South China Morning Post*, June 7, 2004, at scmp.com/article/458500/push-defend-citys-corevalues; Jones 2015: Introduction.

11 另見Keading 2014。

12 中國中央人民政府，〈港澳辦就香港個別社團「五區公投運動」事發表談話〉，2010年1月15日，gov.cn/jrzg/2010-01/15/content_1511742.htm。

　　儘管「五區公投」運動暗示香港有自決權，但組織者及支持者從未明確使用「香港自決權」的字眼來描述這一運動。有些參與者也許確實意識到公投與自決權本就存在關聯，但顯然為了避免刺激北京而對此保持沉默。然而，這種無聲的本土政治意識崛起，已然和傳統路線的民主運動分道揚鑣──傳統路線充斥著大中華民族主義象徵、口號，且力圖以民主政治復興中華。五區公投及許多文化建築保育運動所展示的日益增強的本土政治意識，主要是體現在行動中，而非口頭上。

　　2011年，陳雲根（筆名陳雲）的《香港城邦論》一炮而紅，標誌了反對派運動中的本土政治意識從訥言敏行躍升到完整論述的層次。《香港城邦論》一書雜糅了許多在激進社運中曖昧模糊或隱而不發的本土意識萌芽，將其昇華成公開要求香港和中國政治分離。該書出版後，陳雲本人對於中港分離的構想和篤信有所轉變。[13] 但該書激起的連鎖反應最終形成要求香港自決、以至香港獨立的呼聲，卻已非作者所能控制。儘管陳雲本人猛烈批評2014年「佔領中環」和2019年反逃犯條例修訂的運動領導者，但他在《香港城邦論》中的論點，毫無疑問激發了廣大參與者的本土意識。

---

13 在《香港城邦論》之後，陳雲又出版了《香港遺民論》（2013），宣稱香港完整保留了已在大陸被中共摧殘的正統中華文化，理應成為中華文化復興的新核心。

《香港城邦論》

在《香港城邦論》一書中，陳雲認為香港作為一個政治實體自中國分離，不應是中國民主化之前的過渡性安排，而應是永久性的分治。該書自2011年末出版後，持續在各大書店暢銷排行榜高居榜首，且在主流媒體和社交網路上引發了激烈的爭論。2011年香港電台舉辦的「香港書獎」，該書被選為年度十大最佳圖書之一。

陳雲根本人擁有德國哥廷根大學民俗學博士學位，1997年至2007年曾追隨何志平於特區政府中擔任文化、藝術和民政事務方面的高級顧問。公職生涯結束後，他進入香港嶺南大學中文系擔任助理教授。在政府任職期間，他用筆名「陳雲」在主流報章上發表文化評論文章。他為社運份子出謀獻策，提供相關建築和社區的歷史背景資料，協助他們保護歷史建築物和農村地帶免遭地產發展項目摧殘，一躍成為支持保育運動的知識界旗手。

不過，保育運動一直缺乏對自身文化和政治重要性的論述，遑論提出清晰的意識形態和路線。運動中體現的本土意識是曖昧不清、隱而不發的。陳雲則以其雄文將本土意識整理成型。自2000年代初，他在《信報》的專欄中探討了與保育運動相關的一系列議題，包括香港本土歷史、民俗文化，以至社運的技巧和策略等。他的許多文章後來結集為暢銷書出版。[14] 而《香港城邦論》

---

14 例如，陳雲 2008。

則是第一本系統性結合了對香港歷史的重新解讀、香港現狀的批判、及主張香港反對派運動採取「香港優先」立場的著作。

　　陳雲論述中至為關鍵的起始點是，北京自香港主權交接後極力宣揚中華人民共和國自 1950 年代就向香港供應食物和食用水，且香港在主權交接後經濟上日趨依賴中國大陸，故香港的命運完全仰賴中國鼻息。陳雲認為，這種「若非中國眷顧、香港早就完了」的論述，實為摧毀香港自信與尊嚴的心理戰策略。陳雲推出另一種歷史書寫，主張冷戰中和冷戰後其實是中國需要香港多於香港需要中國。

　　許多學術著作都能佐證陳雲在香港歷史和香港與中國的經濟聯繫方面的觀點。[15] 向香港供應食物和淡水，是冷戰時代中國少得可憐的賺取外匯管道之一，且中國供應香港淡水的價格遠高於香港用其他手段獲取淡水的成本，比如新加坡和以色列等國土狹小的臨海國家近年來所採用的淡化海水。中國開放外國投資落地以來，更仰仗政治上可靠、經濟上不構成大威脅的香港企業家投資大陸，無須像許多其他發展中國家一樣看西方跨國企業的臉色。

　　陳雲認為，在毛澤東主政的封閉年代、及改革開放之初，香港對於中共政權的存續可謂生死攸關。據說，前蘇聯末代領導人戈巴契夫於 1989 年訪華時，曾對鄧小平坦承，蘇聯對於中國擁有香港這一窗口極為豔羨，若俄國能有香港這樣通往世界經濟的管道，經濟改革將更為順利。香港的這一角色，在主權交接後依

---

15 見本書第三章。

然存續。[16]

　　儘管香港在1997年之前是英國殖民地，港英政府和本地英資和華人資本建立的管治聯盟卻並非唯倫敦馬首是瞻，反而在決策施政方面擁有廣泛的自主權。因此陳雲認為香港當時已是半自治的城邦。許多學術著作也論述了港英政府在殖民時期如何和倫敦周旋，捍衛香港利益，和陳雲的觀點如出一轍。[17]不過，中國官方論述對此嗤之以鼻，而是強調殖民時代的壓迫和屈辱。

　　陳雲認為中國經濟依賴香港的程度至少不低於香港經濟依賴中國；他也認為1997年以前相對於英國和中國，香港早已是擁有自主權的自治城邦；這種說法並非首創。陳雲的貢獻在於將學術結論予以普及教給普羅大眾讀者，動搖了北京官方所宣傳和建立的認知，即香港一面倒依賴中國大陸且在主權交接之前從未享有真正自治。

　　陳雲認為，北京在1997到2003年間還是想透過遵守「一國兩制」安排，來維持香港的城邦狀態。但隨著23條立法在民怨沸騰中失敗，北京的香港政策也有所轉變，儘管北京因為顧慮到國際社會反應而不至於直接出手打壓香港反對派，但已改用經濟復甦的名義、通過香港和大陸的社會經濟融合，來侵蝕香港的城邦自治。[18]

　　促進兩地融合的其中一項關鍵政策，是北京從2003年開始

16　陳雲 2011: 112–27; 135–40。

17　See Yep, ed., 2013.

18　陳雲 2011: 145–63。

允許大陸訪客以個人身份申請訪港。在此之前，為保持香港和中國大陸的社會區隔，中國政府只允許大陸遊客以組團方式遊覽香港。隨著「個人遊」的開放，大陸訪港旅客數目激增。2012年當年，大陸訪港旅客數目達到3500萬人次，足足是香港700萬人口的5倍。如此龐大的遊客潮，使香港本地的奢侈品和日用品商店轉向優先服務大陸客，也激起了大陸遊客和香港本地居民的矛盾和衝突。許多大陸遊客願意花大錢購入大量消費品，因為比起中國大陸的高關稅造成的高昂價格，在香港付高價還是比較便宜。大陸訪港遊客激增的其中一個後果，便是許多社區裡服務本地居民的街坊小店漸次消失，以服務遊客為主的連鎖大店霸佔了零售管道。訪港遊客中還有不少轉賣配方奶粉的「走私客」。由於中國大陸奶粉出現違法添加三聚氰胺、嚴重損害嬰兒健康的醜聞，走私客們囤積轉賣奶粉，導致超市和藥妝店貨架被清空，香港出現前所未見的奶粉短缺。由於訪港人士在香港產下的嬰兒自動獲得香港居民身份，許多大陸孕婦也來港誕下嬰兒（「雙非嬰」），形成來港生育產業，連特區政府和中共官媒也不得不承認這造成香港公立醫院體系不堪重負。[19]陳雲認為，訪港旅客數目之龐大、社會生活習俗之迥異，使香港本地居民認為他們威脅了本地人的生計。

　　陳雲指出，其他消除香港和大陸區隔的政策包括：擴大大陸

19〈料雙非衝關增　醫療界促強堵〉，《文匯報》，2012年4月22日，http://paper.wenweipo.com/2012/04/22/HK1204220022.htm。

居民以投資移民形式移民香港，及加快發展香港新界地產，滿足富有的大陸移民投資和移居的需要。與此同時，中國政府以每天150人的名額向香港輸送大陸移民，而香港必須無條件接收，香港中聯辦也大力發展大陸移民組織以擴大建制派票倉（詳見第六章）。

從1997年到2012年，到港大陸移民約佔香港總人口的10%。《文匯報》前記者程翔認為，中國政府正是透過在大陸移民中摻雜國安人員和中共幹部，來滲透香港社會各階層。[20]民主派領袖李柱銘將大陸移民比作昔日中共向西藏大規模遷移漢人、導致藏人成為少數群體，將其稱為「香港西藏化」。[21] 2005至2012年任特首的曾蔭權及與他有密切聯繫的智庫甚至公開宣稱香港需要「人口換血」，將教育程度低的低收入本地人「換血」為教育程度高、收入高的大陸移民。[22]

陳雲認為，大量大陸遊客和大陸移民湧港，是對香港本地社會體制和習俗的最大威脅。他堅稱，大陸移民的正確名稱是「殖民者」，因為輸送他們的是中國政府而不是香港特區政府。他支持推出收入再分配政策，限制地產商和壟斷商家的權力，並增進香港本地居民的福利。但他強調，如果香港沒有清晰的政治邊界，這些政策都不過是空中樓閣。陳雲警告，特區政府無權過問的每日150名大陸移民來港、大陸資本無障礙的大舉進軍香港、

20 程翔 2012。
21 Lee 2012.
22 胡佳恆 2007.

大陸遊客永無止境的公共醫療和日常消費需求等，終將導致香港
社會不平等惡化，及公共和消費品供應枯竭。

　　陳雲主張，按照全球各國政府慣例、及特區政府對待其他國
家移民的做法，特區政府應從中國大陸當局手中收回篩選大陸移
民的權力。特區政府也必須限制每日訪港遊客數目。令陳雲失望
的是，香港的反對派運動從未認真考慮他的建議，反而極力將對
大陸遊客和移民的抱怨批判為「種族主義」、「排外」及「戀殖」。[23]
陳雲反對這種措辭，認為香港本地居民在這些議題上的怨氣，更
類似於西藏人或新疆人對漢人定居者的反感，而不是西方國家的
反移民政策。[24]

　　陳雲認為，正是大中華主義意識形態作祟，造成反對派在香
港—大陸區隔方面的緘默。自香港民主派開創以來，就一直夢想
在中國實現自由民主。許多反對派領導者是以抗議英殖政府、支
持中國收回香港主權開啟他們的政治生涯。對於他們來說，首要
目標是實現民主而富強的中國，在香港爭取民主不過是次要、暫
時的任務。不管有意無意，他們對本地人和大陸人應有所分別的
漠視，無形中為香港和大陸的社會經濟融合大開方便之門。[25]

　　這種優先實現大中華自由化和民主化的思維，不僅反映在民
主派將香港民主運動形塑為中國民主運動的一部份，更體現在他
們支持香港和中國大陸進一步融合。針對這一思維，陳雲提出了

23　See Lowe and Tsang 2017; Ip 2015.

24　陳雲 2011: 150–63。

25　陳雲 2011: 175–9; 51–4。

全書中最具爭議性的觀點：勿再對中國民主化抱有幻想。陳雲認為，哪怕中國最終實現民主政治，帶來的也不過是極端民族主義甚至法西斯主義。[26]這種激進觀點的認知基礎在於，經過逾六十年中共統治的踐躪、及超過三十載無節制的資本主義狂飆，昔日維繫中國社會、增進人際信任的大小傳統，均已蕩然無存；能維持中國社會運轉的就只有黨國鐵腕。一旦鐵腕崩潰，在黨國餘燼中萌生的便是缺乏有效社會紐帶和健全公民社會組織的原子化社會、極端右翼民粹主義、甚或法西斯主義。

因此，陳雲主張香港民主運動應該摒棄「中國優先」及「中港融合」的原則，改採「香港優先」和「中港區隔」立場。陳雲認為，主流民主派認為香港民主運動是大中華民主運動的一部份，有百害而無一利，只會消磨香港人反抗中共的意志，及形成香港人消極幻想中國會漸進革新的迷夢。這也使主流民主派厭惡勇武鬥爭，而更偏好溫吞方式的公民抗爭。陳雲認為，香港民主運動必須更加勇武反抗，且聚焦於爭取香港和中國大陸在社會和政治上的進一步區隔。

陳雲認為，儘管中國社會的大小傳統已被中共摧殘殆盡，卻在香港完整保留下來，並與歐陸啟蒙運動帶來的現代社會機制和價值觀融合。因此，保衛香港既存的社會習俗和體制，推動香港民主自治，也是在保留中國大陸已經喪失的中華民族傳統。在陳雲的宏圖大計中，香港必須重奪城邦資格，加強和中國大陸的

---

26 陳雲 2011: 36–6。

區隔。之後，香港可以和大中華文化圈裡的城邦或類城邦政治體（如台灣及其他從中國版圖分離的地區）一起組織新的中華聯邦。這是復興被中共摧毀的中華文化優秀傳統的重要一步。[27]

本土派的崛起

2011年《香港城邦論》出版時，坊間認為陳雲的觀點頗為極端。但天安門事件後才出生、對中國民主運動頗感隔閡的年輕社運人士，卻頗為受用。本書直接刺激了自稱本土派的社運人士組織「光復」運動，在香港各區發起針對大陸遊客和走私客的集會和抗議。這些行動往往造成本土派抗議者和大陸走私客、主要做大陸人生意的零售業主及建制派團體的激烈衝突。類似於近代早期中華帝國和歐洲要求生存權的糧食抗爭，[28]「光復」運動也導致警方鎮壓，並蔓延成抗議者和特區政府的衝突。[29]如後文所述，許多「光復」運動的社運份子後來成了2014年「佔領中環」運動中旺角戰場的骨幹。一些「光復」運動份子更組成支持香港獨立的本土派組織「本土民主前線」（本民前），並推出在2019年反修例運動中振聾發聵的「光復香港，時代革命」口號。陳雲主張香港和中國大陸文化區隔的觀點，也啟發了以高中生為主力

---

27 陳雲 2015。

28 See Hung 2011b.

29 "How Chinese Milk Smugglers Are Fueling Hong Kong Protests," *Huffington Post*, October 1, 2014, at huffpost.com/entry/hong-kongsmugglers-china_n_5909876.

的2012年反國民教育運動。推動反國教運動的學生組織「學民思潮」中，不少成員後來坦承他們在不同程度受了陳雲觀點的影響。[30]陳雲關於香港城邦狀態的論述，更導致「社民連」分裂成陳雲的支持者和反對者，使其分崩離析。

儘管《香港城邦論》一石激起千層浪，陳雲本人後來卻逐漸轉向更難以捉摸的路線，引述道家和儒家神秘主義，將香港描繪成中華文化精神復興的盆地。陳雲愈加強調香港和中共建政前的中國在文化上的紐帶，且在大陸興起「漢服」熱潮後，他一度也想組織本地「漢服」勢力。[31]陳雲甚至組織祭典，祭奠十三世紀被蒙古人滅國後逃難到香港地域、最後投海自盡的南宋末代帝王，宣稱是要重建香港在復興正統中華文化中的核心地位。

然而《香港城邦論》的影響力很快就被更激進的思潮蓋過，其中最重要的發展便是香港大學學生會官方刊物《學苑》於2014年提出的香港民族主義和分離主義。陳雲主張要香港成為新中華聯邦裡的一個城邦，而《學苑》的2014年特輯《香港民族　命運自決》則追隨台灣民族主義理論，堅稱香港實現自由的唯一路徑是從中國分離、建立獨立的香港民族國家。[32]

激進學生深受班納迪克・安德森（Benedict Anderson）的影響，

---

30 黃之鋒，〈基督精神，帶我走上街頭〉，《親子天下》，2013年1月1日，parent-ing.com.tw/article/5046548; 關於運動中出現的本土認同，見Chan 2013; Lee et al. 2013; Morris and Vickers 2015。

31 關於中國大陸的漢服運動，參見Carrico 2017。

32 學苑編委會, ed., 2014。

認為民族國家是帶有烏托邦性質和解放潛力的「想像的共同體」（imagined community），[33]認為香港可以透過民族集體抗爭的共同記憶、及人民實行自決權的實踐，來構建香港民族，且並不需要陳雲主張的舊中華文化紐帶的支持。不管是否可行，自從該特輯出版後，分離主義觀點便大受年輕一代歡迎。2014年持續了79天的佔領中環運動、及其後的一系列抗爭，均充斥著諸如「香港獨立」、「China out of Hong Kong」（中國滾出香港）、「Hong Kong is not China」（香港不是中國）及「香港自決」等口號。[34]

持續追蹤的民意調查也揭示了本土意識的崛起。其中最具可信度的調查之一，是由香港大學進行、並在2019年脫離大學獨立成香港民意研究所（民研所）的民意研究計畫。民研所定期調查香港人的身份認同，其中一個問題是問受訪者自認為中國人還是香港人。多年來，這兩種身份的優先度一直在變化。2008年北京奧運會當年，「中國人」認同達到頂峰，「香港人」認同則跌落谷底。但此後自認為「香港人」的受訪者逐年上升，自認為「中國人」的受訪者則逐年下滑。到2019年12月，55%受訪者自認為香港人，只有10.9%自認為中國人，變化如圖8.1所示。

這一身份區隔在18-29歲的人群中尤為明顯。2019年，這一群體中高達81.8%受訪者自認為香港人，僅有1.8%自認為中國人。[35] 2016年夏天進行的另一項民意調查顯示有17%的香港人

---

33 Anderson 1983.

34 見 Hui 2015; Veg 2017; Wu 2016; Steinhardt et al. 2018; Yew and Kwong 2014; Yuen and Chung 2018。

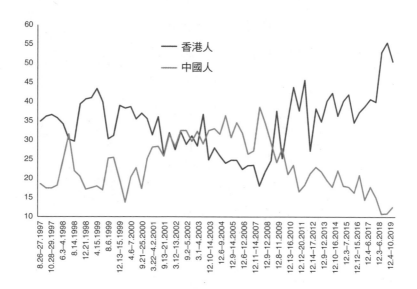

圖8.1 | 自認爲香港人與自認爲中國人的受訪者對比，1998-2020年
來源：香港民意研究所，「市民的身份認同感」調查資料（隨機樣本，約1000名受訪者）

支持香港獨立，而在15-24歲人群中，接近40%支持香港獨立，反對的則有26%。[36] 在民主派認爲香港獨立是禁忌話題、且獨立被普遍認爲不可行的背景下，這一支持率尤其令人咋舌。

2016年針對立法會選舉選民的分析顯示，本土派立場的候選人在無資產的年輕選民中尤其受歡迎，而有資產、年紀較大的

35 香港民意研究所，〈「市民的身份認同感」調查〉，pori.hk/opinion-charts-3。

36〈探討市民對2047香港前途看法　中大民調：15至24歲青年近四成支持港獨〉，《明報》，2016年7月24日，https://bit.ly/3H4efxk; https://hong-kongfp.com/2016/07/25/17-hongkongerssupport-independence-2047-especially-youth-cuhk-survery。

表8.1 ｜ 2016年選民政治傾向與各項指標關聯調查

指標	傾向傳統民主派	傾向建制派	傾向本土派
是房屋業主	-0.092	0.430*	-0.635***
	(0.214)	(0.254)	(0.235)
收入	0.001	-0.024	0.067
	(0.063)	(0.071)	(0.068)
年輕（30歲或以下）	0.014	-0.614***	0.777***
	(0.181)	(0.222)	(0.206)
女性	-0.325	-0.436*	-0.019
	(0.209)	(0.229)	(0.227)
已婚	-0.506**	0.984	-0.266
	(0.208)	(0.252)	(0.246)
教育程度	0.016	-0.032	0.046
	(0.042)	(0.046)	(0.046)
香港出生	0.669*	-0.612*	0.020
	(0.371)	(0.365)	(0.340)
常量	4.717***	4.483***	3.810***
	(0.520)	(0.530)	(0.508)
樣本數	1677	1689	1660
R方值	0.02	0.08	0.05

以最小二乘法估算。標準差以星號標識：* $p < 0.1$, ** $p < 0.05$, *** $p < 0.01$。
來源：Wong and Wan 2018。

選民則更傾向投票給建制派候選人。[37] 分析結果如表8.1所示。

這些資料表明本土派政治夾雜了階級政治鬥爭和世代間衝突，也顯示出香港經濟大陸化造成的收入分配不平等如何形塑了政治生態。如上一章所述，大陸資本和大陸專業移民湧入香港，

37 Wong and Wan 2018; see also Keliher 2020; Augustin-Jean and Cheung 2018.

造成房價、租金和生活成本高漲，而工資水準停滯。因此，香港經濟的大陸化，造成了得利者（老一代有產階級）和受害者（無資產的年輕人）對立，且將後者推向主張香港與大陸區隔的本土派懷抱。

如前一章所述，2000年代社會不平等加劇，導致民主運動日益激進化，其背後的階級政治矛盾使香港的商業精英尤其是地產商及保護自身既得利益的功能界別制度，成為激進社會運動的矛頭所指。2010年代，香港商業精英投靠大陸的趨向愈發明顯，對香港與大陸融合有反感的本土派逐漸在民主運動和社會運動中佔據主導地位。這便是2014年「佔領中環」運動、2016年旺角「魚蛋革命」及2019年反修例運動中香港人對抗北京的社會根源及思想基礎。

佔領中環

自2007年，北京決定實現「雙普選」的最早時間點是2017年特首和2020年立法會選舉，民主派便在蓄力準備2017年和2020年的政制改革鬥爭。民主派評估，北京不太可能允許香港真正直選特首，而北京在多大程度上允許香港人自由選擇領導者的關鍵點，便是特首候選人的提名方式。

由於2017年和2020年特首和立法會選舉的普選制度，被視為《中英聯合聲明》和基本法條款裡規定的香港政制之最終形式，反對派一開始便表明不會接受任何橡皮圖章式的假直選。民主派認為，假若接受這種方案，國際社會就會認定北京已經完成給予香港普選的承諾，香港民主化的希望也將徹底幻滅。民主派擔心，正如中國大陸的村級選舉中村長候選人全都是由黨組織指定一般，北京會完全控制特首候選人提名過程，只允許絕對忠於北京的候選人出線。[38]

香港民主運動確實有過成果：2003年的大遊行導致基本法第23條立法流產；2010年的「五區公投」迫使北京接受相對溫和的民主改革方案，使2012年立法會選舉更趨民主化；2012年以學生為主力的反國民教育運動亦迫使特區政府撤回強推方案。備受鼓舞的民主派於2013年開始考慮全香港總動員，向北京施加最大壓力，爭取儘量接近真正普選的選舉方案。

2013年1月，民主派學者、香港大學法律學院副教授戴耀廷提出，2014年開啟政制改革討論時，發動「佔領中環」向特區政府和北京施壓。「佔領中環」的設想是，動員民主派人士和領導層及其他支持者佔據香港中環商業區最繁忙的地段，威脅癱瘓全城的金融和行政中心。作為一次公民抗命行動，正如2011年美國「佔領華爾街」運動一樣，佔領行動及其後的大規模逮捕將引起國際社會的廣泛關注。

戴耀廷提出「佔中」的理念後，開始和反對派及社運領袖溝通聯繫，討論如何實踐。支持民主派的媒體和網上平台熱烈討論這一設想。「佔中」方案很快獲得廣泛支持，大部份民主派和社

---

38 Kennedy 2002.

運領袖都表明支持佔中行動，並承諾參與。「用愛與和平佔領中環」秘書處於2013年4月設立。秘書處舉辦了「佔中」論壇，和各方討論佔中策略與戰術。秘書處還開設了訓練班，教導參與者如何對抗警方，還有籌款活動。曾參與曠日持久的佔中論壇的民主派領袖後來承認，他們曾認爲，就像2010年的「五區公投」逼迫北京和民主黨開展對話一樣，僅僅是討論佔領香港的金融和行政中心，已足夠迫使特區政府和北京坐到談判桌前。其中一名早早贊成「佔中」倡議、且成爲運動領導核心的學者，是香港中文大學社會學系副教授陳健民。他也曾是2010年民主黨和北京就政制改革進行談判的核心人物。[39]

　　與此同時，民主黨和其他反對派團體一道組成了「真普選聯盟」。真普選聯盟草擬了一份政制改革方案，提出2017年及其後的特首選舉要包括選民和政黨提名的候選人。香港學聯和學民思潮共同提出一份更激進的方案，提出只有選民或立法會議員提名的候選人才能參選特首。2014年6月22日，佔中秘書處將這兩份方案付諸非正式公投，有79萬名選民投票。真普選聯盟的方案以略過半數勝出。[40]

---

39 〈時事背景：「佔領中環」運動〉，《BBC中文網》，2014年6月18日 bbc.com/zhongwen/trad/china/2014/06/140618_hk_occupy_central_background;〈戴耀廷：佔中逼中央讓步「失敗」　秘書處夜發聲明：佔中必行　支持沒減〉，《明報》，2014年9月3日，https://bit.ly/3LOn6VU。

40 Wilfred Chan and McKirdy Euan, "Hong Kong's Occupy Central Democracy 'Referendum': What You Should Know," *CNN*, June 30, 2014, cnn.com/2014/06/24/world/asia/hong-kong-politics-explainer/index.html.

事實證明，僅僅討論或威脅要佔中，無法迫使北京和民主派談判。作為對「佔中」計畫的回應，北京的宣傳機器攻擊佔中運動是要脅北京、試圖將香港推向獨立的陰謀。北京又指責運動背後有外國勢力操控，將佔中運動稱呼為「顏色革命」的一部份。當2000年代初、前蘇聯加盟共和國出現「顏色革命」時，北京也是這樣指責美國一手策畫推翻當地的親俄政府。[41]

2014年初夏，北京絲毫沒有和民主派對話的意思，且加緊批判佔中運動。佔中運動的計畫也在緊鑼密鼓地進行。2014年6月10日，北京發表了《「一國兩制」在香港特別行政區的實踐》白皮書（詳見第六章）。白皮書重新設定了強硬路線，宣稱「一國」高於「兩制」，強調香港特區政府和香港人擁有的自治並非與生俱來，而是北京賜予的。雖則這種強硬姿態並非首見，但以往只在非官方出版物或學者文獻中出現過。以強世功為核心操刀手之一的白皮書，則正式將強硬觀點奠定為官方香港政策的基礎。

白皮書標誌了香港真正普選希望的最終破滅，為佔中運動火上澆油。學聯和學民思潮計畫秋季學期開學時，在全港大學和高中發動罷課。2014年夏天，北京和民主派的攤牌已迫在眉睫。當年8月31日，中國全國人大常委會通過了對基本法的解釋，制定了2017年和2020年普選的限制條件。關於2017年特首選舉，人大常委的決定稱：

41〈港澳研究會會長陳佐洱：美國也不會讓恐怖份子當州長〉，《觀察者》，2014年8月30日，guancha.cn/local/2014_08_30_262282.shtml。

……香港特別行政區行政長官選舉實行由普選產生的辦法時：

（一）須組成一個有廣泛代表性的提名委員會。提名委員會的人數、構成和委員產生辦法按照第四任行政長官選舉委員會的人數、構成和委員產生辦法而規定。

（二）提名委員會按民主程序提名產生二至三名行政長官候選人。每名候選人均須獲得提名委員會全體委員半數以上的支持。

（三）香港特別行政區合資格選民均有行政長官選舉權，依法從行政長官候選人中選出一名行政長官人選。

（四）行政長官人選經普選產生後，由中央人民政府任命。[42]

按照此方案，現存的每五年選舉一次特首的精英小圈子選委會，將搖身一變成為特首選舉提名委員會。參選特首的候選人必須得到提名委員會過半數委員提名。由於未來的提名委員會如同選委會一樣，必定由親北京人士及其商界大佬盟友佔絕大多數，人大的決定等同於宣告北京絕不會為反對派候選人參選特首留出任何空間。

民主派認為，人大的「831決定」等於宣佈特首普選的死刑。「831決定」引起香港各界的激烈反應。學生們於9月22日發起五

---

42 中國中央人民政府，《全國人大常委會關於香港行政長官普選問題和2016年立法會產生辦法的決定》，2014年8月31日，gov.cn/xinwen/2014-08/31/content_2742923.htm。

天罷課行動，並在中文大學校園舉行大規模集會。9月26日罷課結束後，學生們在中環附近的金鐘政府總部（政總）門前聚集。集會規模越來越大，已然發展成佔領政總門前公民廣場的行動。9月28日清晨，戴耀廷宣佈佔領中環行動正式開始。日出後，防暴警出動，用催淚彈驅散政總人群。電視上播放的防暴警和抗議者衝突的畫面，促使更多人走上街頭，抗議人群逐漸蔓延到政府總部附近的主幹道上。人群開始靜坐，堵塞交通。當晚，抗議者擴散到市區其他地方的街頭，更在九龍區的核心商業區及其他幾個商業中心區開展了「佔領旺角」等運動。持續79天的佔領運動正式拉開帷幕。[43]

　　佔領運動以出乎戴耀廷意料之外的方式開啟，也自行發展壯大，完全脫離了運動的原本發起者（包括戴本人）的設想和控制。[44]由於許多抗議者自發用雨傘抵擋警方的催淚彈和胡椒噴霧，記者們開始將佔領運動稱為「雨傘革命」或「雨傘運動」。佔領運動很快形成兩個核心區域，即政總附近的金鐘及旺角區。

---

43 "Thousands of Hong Kong Students Start Week-Long Boycott," *BBC News*, September 22, 2014, at bbc.com/news/world-asia-china-29306128; "Occupy Central – The First 12 Hours: Full Report asEvents Unfolded," *South China Morning Post*, September 2014, at scmp.com/news/hong-kong/article/1602958/live-occupy-central-kicks-hundreds-classroom-boycott-students-leave; "Hong Kong Activists Start 'Occupy Central' Protest," *Washington Post*, September 27, 2014, at washingtonpost.com/world/asia_pacific/hong-kong-activistsstart-occupy-central-protest/2014/09/27/95f4051c-468c-11e4-b437-1a7368204804_story.html; 另見 Sing 2019; Hui 2015。

溫和民主派、運動的原本發起者、學聯和學民思潮掌握著金鐘的佔領區，而旺角的佔領區則很快為勇武派本土勢力掌控，包括陳雲、陳的支持者和追隨者及「光復」運動參與者。

香港學聯主席、金鐘佔領區的核心領袖周永康，事後回憶了兩個佔領區的區別。他認為金鐘的佔領區更像「城市公社」，在溫和民主派和學運領袖控制的總指揮部治下，存在著多彩多姿的藝術表達和智識論爭。周永康也詳述了有更多勇武派和本土派的旺角區狀況：勇武抗爭者在長達79天的佔領中，頻頻和親建制派的黑幫份子及警方爆發小規模衝突，過程中逐漸掌握了各種戰術。周永康正確地提出：「這兩種社會轉變路徑的崛起……影響比雨傘革命更為深遠。」[45] 2019年反修例運動中兩種路徑的再現和雜糅，證實了周的遠見。

對兩個佔領區參與者的深度訪談和調查表明，兩區參與者的社會經濟和人口背景並無多大差異，主要的分別在於政治立場和行動取態。旺角區的參與者們超越了以往香港抗議運動的絕大部份模式，包括對公民非暴力抗命的堅持。他們將「勇武」——即自發組織和武力自衛的原則——前所未有地發揚光大。[46]這些運動遺產直到佔領運動很久之後仍在顯現：例如，佔領者們應對警方鎮壓的游擊策略，正是2019年反修例運動中人盡皆知的「有

---

44 部份學者認為，運動的演變完全是隨機應變而成（Ho 2019），另一些學者則用「事件性」（eventfulness）的概念來描述運動的路徑（Lee and Sing, eds., 2019）。

45 Chow 2019: 41; 另見 Pang 2020; Ku 2019。

46 Yuen 2019.

大台」（無領導層）、「如水」（Be Water）的快閃式勇武抗爭的前身。[47]

在整個佔領運動中，控制金鐘佔領區的領導層擔憂出現1989年六四天安門事件那樣的血腥鎮壓，一直希望儘快結束佔領。他們設想，公民抗命的終局將是大規模的警方逮捕。但旺角區的佔領者們無意結束佔領，整個秋天都在對抗一浪接一浪的警方清場和親建制黑幫鬧事。[48]金鐘和旺角兩大佔領區並行不悖。旺角區的勇武鬥爭和成功防守一日不輟，金鐘區的領導層擔心運動領導權被旺角的勇武派奪取，便也一天不宣佈運動結束。金鐘區的領導人試圖在旺角區建立領導權，卻被勇武抗爭者驅趕。11月25至27日，旺角區抗爭者筋疲力盡，警方出動精英部隊，經過血腥驅趕後最終清場。金鐘區佔領者組織了骨幹社運人士和支持民主派的名人靜坐抗議，並在不流血情況下被警方清場。2014年12月11日，所有佔領行動終結。[49]

勇武派、獨立派和香港自決

佔領運動結束後，各界抗爭者開始集中精力準備2016年立法會選舉，希望挾佔領運動的餘威幫民主派取得選舉戰場的大勝。儘管香港本土意識在佔領運動中並非主流，但上升勢頭不

---

47 Dapiran 2019.

48 Cheng 2019; Yuen 2020.

49 "Hong Kong Protests: Timeline of the Occupation," *BBC News*, December 11, 2014, at bbc.com/news/world-asia-china-30390820.

減，在對佔領運動無疾而終感到失望的年輕一代中迅速激進化成香港獨立思潮。[50] 前文談及，2016年9月，在立法會選舉前夕，由香港中文大學新聞與傳播學院進行的民意調查中，17%的受訪者支持香港獨立；尤其是在15-24歲的人群中，支持香港獨立的受訪者高達40%，反對者則為26%。由於「港獨」被普遍認為不可能實現，如此高的支持率頗令人驚訝。

年輕一代對港獨思潮的支持，直接促成了公開支持港獨的團體出現，例如2015年成立的本土民主前線。「本民前」的主要成員是在佔領運動中小試牛刀的年輕一代社運新手。佔領運動結束後，本民前仍繼續扛起「光復」運動大旗，在香港和大陸接壤的邊境街區組織一系列集會，干擾大陸走私客的走私生意。[51]

2016年2月8日晚農曆新年夜，本民前的成員前往旺角，保護遭到政府食物環境衛生署（食環署）和警方騷擾的旺角夜市小販（即熟食攤販）。本民前認為小販代表了香港本土文化及草根階層的頑強謀生，而警方則認為參與過佔領運動的社運份子出現在旺角等同挑釁。防暴警到場後，雙方的對峙很快升級為暴力衝突。本民前的成員用佔領運動留下來的自製盾牌、建築工人安全帽、眼罩、面罩和其他防護裝備保護自己，向警方陣線發起衝擊，並開始向警隊陣型投擲地上撿來的磚塊。一些人甚至在街上放火燒雜物以設置障礙。衝突一直持續到2月9日清晨，共有近

---

50 Ortmann 2016; Wu 2016; Lo 2018; Kwong 2016; Lam and Cooper 2018.

51 Yuen and Chung 2018.

100名抗議者和警員受傷，超過60名抗議者被捕。坊間以當晚熟食小販最熱賣的食品——魚蛋，將此事件稱為「魚蛋革命」。魚蛋革命是自「六七暴動」以來香港最激烈的警民衝突，且事後看來無疑是2019年反修例衝突的先聲。[52]

　　許多激進的年輕反對派將魚蛋革命的參與者和領導者奉為英雄。其中一名領導者梁天琦當時正準備參選3月份的立法會補選，競爭一個突然出缺的議席。梁天琦在大陸出生，幼年時移民來港。在港大修讀哲學時，他熱衷於體育運動、但對政治無感。他第一次參與政治便是與同學一起參加佔領中環運動。後來他坦承是先受了陳雲的《香港城邦論》感染，再因港大學生會官方刊物《學苑》的香港民族論特輯而走向激進。2015年他加入本民前時，已公開支持香港獨立和勇武抗爭，迅速成為組織的其中一名旗手。[53]

　　梁天琦最終未能勝出補選，但在七名候選人的激烈競爭中收穫了15%的選票、共約66,000票。這一數字足以使他在9月的立法會選舉中勝選。此次補選的結果表明，激進本土派已在年輕選民中扎根，可觀數量的本土派進入立法會突然變成真可能出現的

---

52 "Hong Kong's 'Fishball Revolution' Is about a Lot More Than Just Street Food," *QUARTZ*, February 8, 2016, at https://qz.com/612813/ hong-kongs-fishball-revolution-is-about-a-lot-more-than-just-streetfood; "Hong Kong's Mong Kok Clashes: More than Fish Balls," *BBC News*, February 9, 2016, at bbc.com/news/world-asia-china-35529785;〈旺角少年，不被理解的戰鬥〉,《端傳媒》, 2015年9月21日，https://theinitium.com/article/20150921-hongkong-occupycentraloneyear02。
53 Lam 2017.

狀況。更重要的是，梁天琦的競選口號「光復香港、時代革命」成爲日後本土派的標誌性口號，並在2019年反修例運動中廣爲人知。

受到梁天琦補選得票率的鼓舞，數十名支持香港獨立的年輕激進本土派、包括梁本人，都公開宣佈要參加立法會選舉。爲防止本土派冒起，特區政府以支持港獨等於違反基本法爲由，在2016年8月剝奪了梁天琦和多名本土派候選人的參選資格。梁天琦隨後轉而支持其他多位知名度不高但與本民前關係密切的社運份子作爲代理人參選。由於這些代理人先前行事低調、沒有公開支持港獨的紀錄，他們成功地通過資格審查，登上選票。[54]

在激進本土派之外，佔領運動的多名主要領導人（包括社民連和學民思潮的前領導人）合作組成新政黨「香港眾志」，以香港自決爲綱領參選。香港眾志不支持香港獨立，但主張2047年之後的香港前途及香港政制應在自決原則下由香港全民公投來決定。[55]

立法會選舉結果顯示，民主派和建制派的「六四開」得票率基本盤無甚變化。由於70個立法會議席分爲35個直選議席和35個北京可以上下其手的功能界別議席，反對派的議席僅由27席

---

54 Lam 2017.

55 "Hong Kong Legislative Elections Have Given Voice to a New Political Generation," *Time*, September 5, 2016, at https://time.com/4478978/ hong-kong-legislative-council-election-legco;〈本土自決派共得39萬選票，學者：民主自決成香港重要議程〉，《端傳媒》，2016年9月5日，https://theinitium.com/article/20160905-hongkong-legco-analysis。

微增至29席，仍遠不及過半數。但選舉也表明香港的政治生態正被反對派和建制派各自的激進新勢力崛起所改變：雙方都有老手議員退休或丟失議席，而更年輕、態度更強硬的候選人開始崛起。

在反對派方面，6名本土派候選人摒棄了絕不質疑中國對香港主權的傳統民主派立場，並成功當選。他們的崛起顯然是佔領運動和魚蛋革命所造成。[56] 6人中有3人支持香港人的自決權，但對於如何實現自決則含糊以對，也不願意公開支持港獨。另外3人（其中2人有梁天琦背書）則公開支持香港獨立、或宣稱基本法框架下香港事實上獨立。然而，為避免遭特區政府剝奪資格，他們也沒有在競選活動中公開支持港獨。這6人加上理念相同但敗選的本土派候選人，總共獲得直選議席中的19%選票。[57]

在建制派方面，選舉中冒起的則是由中聯辦一手栽培的一群保守派年輕專業人士。多年來，北京一直依賴「老愛國者」，即在英治時代忠於中共的地下黨、及本地商界巨頭盟友，以間接管治的方式治理香港。但自從2012年特首選舉梁振英激鬥唐英年並勝選後，本地商界巨頭和特首梁振英及據稱背後為梁撐腰的中聯辦之間，隔閡日深。建制派商人和政客田北俊及資深的「老愛國者」曾鈺成多次公開批評梁振英的強硬路線。坊間認為這代表了香港本地和中國大陸商業精英的進一步決裂。2016年立法會

---

56 有關選舉中顯露本土主義意識的討論，可見 Kaeding 2017。
57 蔡子強，陳雋文 2016;〈【立會選戰・數據】二營對立變三分天下　本土和自決派奪兩成票〉，《香港01》，2016年9月5日，https://bit.ly/2ZY5aVY。

選舉中，中聯辦栽培的6名新人全部勝選，其中一些人更是取代了事前被「神秘勢力」反覆恫嚇而不得不退選的老一代親北京商界人士的議席。[58]

　　選舉結果表明，建制派在半民主化的立法會中仍然佔有霸權地位。建制派和反對派陣營的強硬派和激進人士的崛起，必然帶來立法會內外的衝突。在10月的當選議員宣誓儀式上，部份民主派（包括老一代民主派議員和本土派新人）在誓詞中加入了自己的政治宣言。其中，受梁天琦支持的兩名代理人甚至在誓詞中加入「香港不是中國」和「香港民族」等字句。[59]在宣誓儀式上表達政治宣示，對於反對派來說並不新鮮。但同年11月，中國全國人大再次解釋基本法，裁決任何不尊重宣誓程序的議員等於違反基本法，可被剝奪議席。特區政府旋即下手，最終剝奪了6名議員的議席，其中有5人是支持港獨或香港自決的當選議員。[60]這一舉動被普遍認為是北京決意寧願犧牲選舉公平，也要將本土

---

58 Wang-Kaeding and Kaeding 2019; Lian 2017; "'Bad boy' of Hong Kong politics accuses liaison office of interference, but his party says relations with Beijing intact," *South China Morning Post*, September 14, 2016, at https://www.scmp.com/news/hong-kong/politics/article/2019297/credibility-hong-kong-elections-stake-liberal-party ; "ProBeijing camp slights CY Leung following sudden 'resignation' of loyalist," *Hong Kong Free Press*, July 24, 2015, at https://hongkongfp.com/ 2015/07/24/pro-beijing-camp-slights-cy-leung-following-sudden-resignation-of-loyalist/; 另見本書第四章。

59 "At Hong Kong Swearing-In, Some Lawmakers Pepper Their Oath with Jabs," *New York Times*, October 13, 2016, at nytimes.com/2016/10/13/world/asia/hong-kong-legislative-council.html.

派和激進派連根拔起，亦表明年輕一代要以進入體制的方式參與政治已然無望。

2014年佔領運動和2016年立法會選舉後，對香港公民社會的鐵腕打壓有增無減。特區政府起訴並最終關押了許多佔領運動和魚蛋革命的參與者及領導人。梁天琦因領導魚蛋革命中的暴力衝突，被判六年徒刑。[61]另外，2015年末，中國國安人員在香港或第三國（泰國）綁架數名書店從業人員到中國大陸，因為他們出版、販售令北京感到惱怒的書籍。[62]特區政府將一名資深記者驅逐出境，因為他在香港外國記者會主持論壇、邀請港獨人士出席演講。[63]這表明北京的香港政策日趨強硬。

2019年特區政府試圖修訂逃犯條例，不過是在強硬路線上更進一步。然而出乎北京和幾乎全世界意料之外的是，勇武抗爭爆發、持續不斷，成功使修訂草案「壽終正寢」。但抗爭也促使北京通過了《香港國安法》。事後看來，佔領運動後的打壓，非但沒有摧毀香港公民社會的憤懣情緒和抗議能力，反而令佔領運

---

60 "Hong Kong Pro-democracy Legislators Disqualified from Parliament," *The Guardian*, July 14, 2017, at theguardian.com/world/2017/jul/14/hong-kong-pro-democracy-legislators-disqualified-parliament.

61 "Hong Kong Activist Edward Leung Given Six Years for Police Clash," *New York Times*, June 11, 2018, at www.nytimes.com/2018/06/11/world/asia/hong-kong-edward-leung-prison-sentence.html

62 "The Case of Hong Kong's Missing Booksellers," *New York Times*, April 3, 2018, at nytimes.com/2018/04/03/magazine/the-case-of-hongkongs-missing-booksellers.html.

63 Ngo 2018.

動中成長起來的香港年輕一代怒火日增、意志愈堅。被特區政府判以重刑、有「香港第一個政治犯」之稱的港獨份子梁天琦，成為2019年反修例運動中憤怒的年輕本土派心中的精神領袖。[64] 年輕一代的怒火，加上本土商界精英圈子越發明顯地對現狀不滿，終於在2019年爆發激烈的衝突和危機並延續至今。

---

64 "The Leader of Hong Kong's Leaderless Protest Movement Is a Philosophy Student behind Bars," *Quartz*, July 30, 2019, at https://qz.com/1678104/jailed-activist-edward-leung-is-hong-kongprotesters-spiritual-leader.

結語——終局還是新開始？

Conclusion: Endgame or New Beginning?

　　上一章已論述，香港從來不是風平浪靜之處。自數世紀前定居在本地以來，香港人從來就不是順民。欲將香港納入版圖、馴服其族群、同化其民眾的帝國或民族國家，總是跳不出統治香港的兩難——是要建立全面政治鐵腕而犧牲經濟？或是以容忍香港自治換取其經濟功能？

　　第二章也論及，香港既位於大陸帝國的南方邊陲，又坐落於西方海洋商業世界的最東端，這使其成為帝國交鋒的衝突地帶。這種位於全球勢力交匯處的地緣位置，使香港既動盪不安，卻又充滿創造力，桀驁不馴。不同帝國的核心勢力延伸到香港，匯聚成包羅萬有的社群，使香港成為難以被單一個國家機器整合和控制的多元交會、碰撞不斷的空間。前面數章已討論了1197年宋朝時期漁民和鹽民的叛亂；十七世紀中葉本地士紳支持台灣的明鄭政權反抗清帝國；十九世紀新界原居民和非原居民的械鬥；二十世紀此起彼伏反抗英國殖民統治的鬥爭；及從殖民時代末期到特區年代尋求民主、自治和社會正義的反對派運動。這延綿起伏的抗爭史表明，儘管香港已從農業社會轉型到工—商—金融業中

253

心，卻並未改變此地在地緣歷史上是帝國邊陲充滿動盪的經濟樞紐此一本質。這一特質是香港漫長歷史中經濟繁榮及社會動盪的根本——香港彷彿是坐落在大陸板塊斷層上的沃土，地力肥腴、物產豐富，卻又震盪頻頻。

如此解讀香港的地緣歷史遺產，便可將香港主權交接後的發展，置於二十一世紀宏觀地緣政治和地緣經濟勢力競爭衝突的背景下理解。第三章談及，2001 年中國加入世貿組織後，北京急於將中國融入全球經濟，但為了維持黨國對經濟的絕對控制，又必須拖延金融體系的開放。北京的應對之策便是在主權交接後延續香港作為中國離岸金融中心的地位。為了維持對於金融中心地位至關重要的獨立司法和金融體系，北京必須讓國際社會認可香港的自治地位，並延續香港在殖民時代享有的貿易優惠條件。因此，北京在 1997 年後，仍一度容忍國際社會參與香港事務，及允許香港保留一些自由。

利用香港解決中國的經濟兩難，卻也構成了北京管治香港的新挑戰。以香港作為中國的離岸金融中心，及中國這一資本主義大國在全球經濟中的崛起，使得政治人脈深厚的大陸商業精英湧入香港。第三章說明，這些精英利用香港作為吸納全球資本的平台或投資海外的跳板。2010 年後，中國經濟走出 2008 年金融危機低谷、快速反彈，大陸公司因政府的寬鬆貨幣政策，積聚了大量過剩產能和資本，急於投向海外，導致香港經濟的「大陸化」加速推進。第四章則詳述了大陸商業精英政治影響力的加強，導致大陸精英和昔日作為北京管治盟友的香港本地商界精英的衝突。大陸公司擠佔美國和其他外國利益相關者在香港金融市場中的地位，導致各國在認可香港自治地位及給予相關貿易優惠時的考慮有所轉變。這使北京面對新的兩難：是要深化北京對香港的直接管治，還是限制直接管治、優先維持香港自治以獲得國際認可。

第五章揭露了北京一直以整合其他邊陲地區政體（如西藏）的歷史先例經驗來看待香港問題。北京的官方學者愈發露骨地採用中華帝國的話語，主張在主權交接後應該當機立斷地直接管治並在文化上同化香港。官方學者們認為「一國兩制」不過是爭取時間的過渡性安排，香港就像1959年後的西藏一樣，終歸要全面被吸納進中國。中國官方對於香港問題的許多論述，也運用了中華人民共和國同化舊中華帝國邊陲地區族群的歷史，來解析香港問題上的政治考量。

第六章論述，這種建立直接管治、實行文化同化的政治迫切性，導致北京在2003年後全方位收緊對香港政治和社會的控制。出於維持香港國際金融中心地位的務實需要，北京的直接管治尚有所保留，但北京顯然對香港失控極為焦慮，寧願危及香港自治地位的國際認受性，也要大幅度加強對香港的全面管治。北京的措施包括讓香港中聯辦更積極干預香港的政治和社會。而試圖修改《逃犯條例》也是出於同樣的帝國本能。《逃犯條例》修訂草案最終在2019年引發前所未見的香港民眾和北京勢力的大規模衝突。

2019年香港人勇武抗爭的爆發，其來有自。第七章表明，勇武抗爭根植於香港反對派運動的漫長演化史。反對派運動源自英國殖民年代，在主權交接後隨著香港政治環境的嬗變而變化。英治時代末期及主權交接早期，北京尚未在政治上直接干預香港，香港民主運動和社會運動偏好走非對抗路線，試圖尋求與北京對話和妥協。但隨著北京愈發明目張膽地直接管治香港，無財無勢無權的低下階層和作為北京管治盟友的商業精英，兩者之間的矛盾日益尖銳，導致更激進、更勇武的派別在社運和民主運動中冒起。激進的社運份子主張一次徹底摧毀香港的壟斷商家利益、也摧毀保衛壟斷特權的寡頭政治體制。

第八章表明，主權交接後反對派運動的日益激進化，不僅體現在運動策略或短期訴求上，更體現在香港認同上升為新的本土政治意識。階級矛盾加上壟斷商業巨頭的大陸化，導致光明正大的本土意識在社運和民主運動的勇武抗爭派中冒頭。激進抗爭者最初的訴求是香港在中國民族國家下獲得更多自治空間，之後迅速極化成公開要求香港自決甚至香港獨立。

老一代反對派領導人肯定活不到 2047 年，但在主權交接後成長起來的新一代香港人深切意識到「一國兩制」即將壽終正寢，認為這無疑給香港逐漸減退的自由雪上加霜。這代香港人也認為「一國兩制」的期限到來乃是一個契機，可以重新勾勒和協商香港在 2047 年後的地位。對他們來說，香港民主運動並非大中華民主運動的一部份，而是追求香港和中國大陸在憲制和文化上進一步分離的運動。反對派運動轉向追求自治或分離，刺激了北京的神經，使其認為香港正步台灣後塵，走上分裂政治的不歸路。

2019年的反修例運動，正正是本土意識的全面抬頭。北京急欲控制香港，徹底撲滅所有本土政治訴求，遂於2020年7月實施《港區國安法》，實際上提前27年終結了「一國兩制」。

2047年提早降臨

2019年反修例運動爆發並日益激烈之際，北京的應對之策明顯是老調重彈：短期內退讓，讓激烈抗爭逐漸熄火，再等公眾輿論對抗爭產生反感。與此同時，建制派力量也可以重整旗鼓，適時出擊對抗反對派。

2003年反對23條立法運動時，這一手頗為奏效。當年7月1日大遊行後，特區政府宣佈無限期擱置立法，避免了眼前可能發生的流血衝突——立法會原定投票日7月9日，反對派計畫在立法會大樓外集會。北京再令時任特首董建華在2005年3月辭職，以形象更務實、對民主派和西方國家更溫和的曾蔭權取而代之。事後看來，北京正是以退為進，利用這段時間加強了對香港選舉程序、媒體和教育體系的鐵腕控制，蓄力反擊。

北京在應對2012年反國民教育運動時再次運用了以退為進的策略。在大規模的反對集會壓力下，特區政府宣佈擱置強推國民教育。2014年，北京已定調絕不對「佔領中環」運動讓步、給予香港真普選，但並未全力出擊，不使用強力清除佔領運動，而是靜待運動勢頭衰竭、市民開始對抗議者反感。2014年「佔中」運動後，負責應對危機的特首梁振英決定不尋求連任。坊間普遍認為原因是北京施壓。新任特首林鄭月娥曾在英治政府中任職，且最初形象顯得比梁振英溫和。

2019年6月12日，反修例運動衝突爆發，政府宣佈擱置修例草案。特區政府一定以為，這就能消弭反對運動及其公眾支持。相反地，運動持續進行，且抗爭愈演愈烈。特區政府試圖動員親建制派的黑幫、包括最臭名昭著的「721事件」當中元朗原居民黑幫去攻擊抗爭者。然而這一措施非但未能阻嚇抗爭者，反而使其愈發勇武反抗。即使特區政府在9月4日正式撤回修例草案，抗爭運動勢頭依然不減。特區政府用上了繼承自英國殖民政府的所有法律手段，不遺餘力打擊抗爭。警方大規模逮捕抗爭者，控告他們非法集會或暴動。這些罪名自英治年代已經立法，並被特區政府繼承，但在殖民年代的最後二十年很少使用。特區政府甚至援引殖民年代的緊急狀態法，宣佈了禁止蒙面法令。這一禁令允許警方以反修例運動抗爭者「黑衣人」的標準裝束——戴面罩——為理由逮捕任何人。

特區政府的策略是嚴厲打擊抗爭者，選擇性對其訴求讓步，滿心以為一段時間後公眾輿論風向將會轉變。出乎意料的是，公眾對勇武抗爭者的支持，一直到當年秋天仍居高不下。2019年11月24日的區議會選舉結果充分展示了對抗爭的支持。此次選舉中，許多公開支持抗爭的新進民主派候選人擊敗了在區內深耕多年、資歷深厚的現任建制派區議員。2015年區議會選舉中，親北京候選人獲得了接近70%的議席。這是區議會多年來的勢力版圖，甚至未受2014年「佔中」運動的衝擊。然而2019年區議會選舉中，民主派竟奪得86%的議席，這必定讓北京大驚失色。

受區議會選舉大勝的鼓舞，民主派和抗爭者準備在2020年9月的立法會選舉中再接再厲。儘管受新冠病毒疫情的影響，抗爭運動暫時中斷，反對派還是擬定了在立法會中奪取多數的策略。2020年3月「佔中」運動領導人戴耀廷開始研究如何在9月的選舉中奪取立法會多數議席。[1] 雖然立法會有半數議席是功能界別議席，但本地商界和專業精英在2019年反修例運動中愈發明顯地對特區政府反感，從而為反對派奪取多數議席提供了空間。民主派設想，若能取得立法會議席多數，將否決特區政府所有議案，導致政府癱瘓，迫使特區政府和民主派協商，按照民主派要求整頓警隊，重啟爭取普選的政制改革。

2020年初春，北京明顯在重新推動23條立法，以應對2019年的抗爭。中國官方媒體及香港建制派政客──包括特首林鄭月娥本人──開始重申香港有憲制責任反擊顛覆活動。[2] 當年3月至4月，北京正緊鑼密鼓為23條立法造勢。功能界別的選民註冊工

1　戴耀廷 2020a, 2020b。

2　〈饒戈平：愈遲完成國安立法　付出代價愈大〉，《RTHK》，2020年3月29日 https://news.rthk.hk/rthk/ch/component/k2/1517598-20200329.htm；〈香港各界人士：國家安全關乎香港市民安居樂業　應盡快完成相關立法〉，《新華社》，2020年4月16日，xinhuanet.com/gangao/2020-04/16/c_1125866828.htm；連錦添，〈國家安，香港安〉，《人民日報》，2020年4月16日，http://paper.people.com.cn/rmrbhwb/html/2020-04/16/content_1982071.htm; "China's Top Official in Hong Kong Pushes for National Security Law," *The Guardian*, April 15, 2020, at theguardian.com/world/2020/apr/15/china-official-hong-kong-luo-huining-pushes-national-security-law.

作也密集開展，反對派奪取立法會多數的計畫亦在推進。北京唯恐反對派奪得立法會多數，遂令官媒渲染香港恐怕產生「顏色革命」及「反對派奪權」。先失去台灣，再失去香港，這正是北京的夢魘。[3]

北京擔憂即將來臨的立法會選舉可能使它失去對香港的權柄，於是在國家安全立法上的調子也有所轉變。儘管3月至4月間共產黨媒體和香港建制派人士還在鼓吹重推23條立法，中國政府官媒卻在五月悄然停止提及23條，取而代之的是談論如何利用全國人大常委通過一部《香港國家安全法》，然後直接在香港實行。5月22日，全國人大召開會議，證明了北京的策略就是要繞過香港特區立法程序、直接實行國安法。顯然，北京對於反對派控制香港立法會的前景寢食難安，已不再信任立法會有能力通過23條立法。6月，《港區國安法》迅速通過全國人大常委會表決，並在2020年7月1日正式生效。國安法以模糊的定義，將任何被認為同情分裂主義、意圖顛覆香港及北京政權、和外國勢力勾結、及圖謀進行恐怖活動的行為，都列為非法。北京派出國安官員到香港和執法機構合作，成立國家安全委員會，進行國安執法。根據國安法，可以設立特別法庭，秘密審訊相關案件，甚至有可能將案件轉交中國大陸。任何干犯國安法的嫌犯，其財產可以被凍結，護照可被沒收。

3　楊莉珊，〈守護香港勿讓反對派奪權圖謀得逞〉，《文匯報》，2020年3月26日，http://paper.wenweipo.com/2020/03/26/PL2003260002.htm；〈立法會會變天嗎？變了怎辦？〉，《AM 730》，2020年2月24日，https://bit.ly/3MGlPkv。

　　北京這一步棋的重要性體現在兩方面。首先，北京顯然不再相信英國殖民時代所留下的、應對抗議和民間組織的法律，足夠保證香港受其控制，而是認為必須利用新工具禁制言論和意見。國安法羅列的相關罪名，定義極其模糊而嚴峻。國安法標誌著香港長久以來的言論、資訊和集會自由蕩然無存。其次，北京史無前例地完全不對香港自治保留一點表面上的尊重，直接通過並實施此法，讓大陸法律直接應用於香港。秘密審訊制度的確立，及嫌疑犯有可能被押送中國大陸，完全踐踏香港的法治。

　　北京令人意外地直接實施國安法，體現其對於「失去香港」的憂慮。支持「台獨」的政黨在台灣透過選舉上台執政，這一先例使北京深恐香港的權力即將被支持自決甚或獨立的反對派奪去。北京決心不惜一切代價粉碎這一可能性。國安法是否能徹底撲滅香港的抗爭，尚有待觀察，但北京的措施已激起國際社會的強烈反應。國安法的立法程序與條文，足以讓美國、英國及許多其他國家重新檢視各自的香港政策。更甚者，國安法的第38條等同宣告全世界都要遵守此法：「不具有香港特別行政區永久性居民身份的人在香港特別行政區以外針對香港特別行政區實施本法規定的犯罪的，適用本法。」[4]國安法第38條首次將中國大陸法律擴展到中國以外的非中國公民身上，導致任何人都有可能被中國大陸法庭審訊和定罪。

---

4 "Hong Kong National Security Law Full Text," *South China Morning Post*, July 2, 2020, at scmp.com/news/hong-kong/politics/article/3091595/hong-kong-national-security-law-read-full-text.

國安法實施一個月後，港區國家安全委員會發佈全球「通緝」名單。名單上絕大部份人是居住在香港以外的港人社運份子或政治人物。其中一人是在美國華盛頓特區領導遊說團體「香港民主委員會」的朱牧民。北京迫不及待想證明38條並非一紙空文。

眾所周知，按照北京的標準，透露新傳染病的發生、研究國企會計欺詐、探查腐敗行為等，統統可以被認作「顛覆政權」。類似法律在中國大陸的實踐表明，國家安全法不僅針對政治異見者和社運人士，更要打壓記者、財金分析人士甚或不欲介入政治的商家（因為當局或有政府人脈的競爭對手現在可以用國安藉口威嚇他們）。

2021年3月，全國人大更進一步，決定徹底重組香港立法會和特首的選舉程序，大幅壓縮直選議席比例，並成立由政府高官組成的委員會，以國安理由審查參加任何等級選舉的所有候選人。重組後，立法會直選議席的比例被降到20%，甚至連功能界別的議席也被削減，為選舉委員會選出的議席讓路。功能界別和選委會界別範圍也被調整，以便北京直接干預，封死反對派入局的路徑。[5]至此，香港選舉制度自1990年代以來的民主改革成果被北京摧毀殆盡。

---

5 "Beijing Cuts Hong Kong's Directly Elected Seats in Radical Overhaul," *The Guardian*, March 30, 2021, at theguardian.com/world/2021/mar/30/hong-kong-china-brings-in-voting-system-changes.

岌岌可危的金融中心地位

北京的鐵腕措施引發國際社會激烈反彈。美國此前已在南海問題、新冠疫情責任問題、關稅、敏感高科技等等一系列議題上與中國有所齟齬，如今更對國安法做出強烈反應。5月27日，國安法通過前夕，美國國務院宣佈，已沒有足夠理據認為香港有自外於中國的自治權，不再在政策和法律上認可香港是與中國分立的實體。[6] 時任國務卿蓬佩奧稱：「既然中國共產黨已將香港納為另一個共黨管治的普通城市，美國也將跟進。我們絕不允許北京以傷害香港人民的方式獲益。」[7] 6月29日，美國國務院停止香港在美國出口管制體系中所受的豁免。這意味著中國無法再以香港為後門，獲得美國含有敏感高科技零件的設備和軟體。[8]

大約與此同時，美國國會參眾兩院迅速以兩黨全票通過《香港自治法案》。法案授權美國政府可以實施金融及簽證制裁，目標是被認定壓制香港自由的香港和中國官員，及與其開展業務的

---

6 "P.R.C. National People's Congress Proposal on Hong Kong National Security Legislation," US Department of State, May 27, 2020, at state.gov/prc-national-peoples-congress-proposal-on-hong-kong-nationalsecurity-legislation.

7 "Secretary Michael R. Pompeo with Matt Schlapp, Chairman of the American Conservative Union for CPAC," US Department of State, August 10, 2020, at state.gov/secretary-michael-r-pompeo-with-mattschlapp-chairman-of-the-american-conservative-union-for-cpac.

8 "U.S. Government Ending Controlled Defense Exports to Hong Kong," US Department of State, June 29, 2020, at state.gov/u-s-government-ending-controlled-defense-exports-to-hong-kong.

金融機構。7月14日，白宮發佈關於香港關係「正常化」的總統行政令。行政令宣佈，美國在貿易、投資和簽證方面，不再認為香港是與中國大陸分立的實體。[9]有報導稱美國政府一度討論用更強硬的手段切斷香港連接全球美元交易體系的通路。儘管白宮最後決定不採用這一「核彈級」政策，但只是討論這一措施已足夠使香港作為中國離岸金融中心的地位蒙上沉重的陰影。[10]由於和被美國制裁的官員交易也可能使自身被制裁，在香港的外國銀行高度警惕。有報導指出，部份銀行開始對客戶進行被制裁風險的內部評估。[11] 8月7日，美國財政部向十一名香港最高級官員及參與香港政策制定的中國官員施加制裁，制裁等級與恐怖分子和種族屠殺戰犯相同。制裁措施規定相關人士不得入境美國，所有在美國的資產立刻凍結；全球任何為其提供服務或與其交易的實體也將面臨美國的延伸制裁。[12]

　　許多國家可能跟隨美國的政策，重整與香港的關係，停止將

9　"Executive Orders: The President's Executive Order on Hong Kong Normalization," The White House, July 14, 2020, at whitehouse.gov/presidential-actions/presidents-executive-order-hong-kong-normalization.

10　"Trump Rejects Ending Hong Kong Dollar Peg as Penalty to China," *Bloomberg*, July 13, 2020, at bloomberg.com/news/articles/2020-07-13/trump-aides-rule-out-ending-hong-kong-dollar-peg-as-punishment.

11　"Banks in Hong Kong Audit Clients for Exposure to US Sanctions," *Financial Times*, July 9, 2020, at ft.com/content/7b2b593e-5029-48b5-9c27-ff7f5473d66e.

12　"Treasury Sanctions Individuals for Undermining Hong Kong's Autonomy," US Department of the Treasury, August 7, 2020, at https://home.treasury.gov/news/press-releases/sm1088.

香港視作與中國分立的實體。不少民主國家和香港有引渡條約，但和中國大陸則沒有。在國安法實施後，美國、英國、澳洲、紐西蘭、加拿大、德國、法國、芬蘭相繼中止和香港的引渡協議。[13]這些國家中有許多國家也給予受國安法迫害的香港居民政治庇護。英國甚至開始給1997年以前出生的香港居民及其家人發特別簽證，給予通路，使其得以申請居留權利及公民身份。[14]日本、新加坡和台灣開始從香港招募人才及吸納投資。[15]對於民主國家的此等回應，北京強烈譴責。北京清楚，香港人攜帶財富大舉出逃，將掏空城市資源，危害中國經濟。畢竟從香港出逃的不僅有香港本地人，還有把財富轉移到香港以策安全的大陸商界巨頭。

就算西方國家沒有重新檢討香港政策，國安法危及香港資訊自由、法治及智慧財產權保護，已使香港的國際企業毛骨悚然。國安法細節逐漸明晰之後，香港美國商會對會員企業進行了調查，發現40%的受訪企業及53%的受訪個人已制定撤離香港的

---

13 "US Suspends Extradition Treaty with Hong Kong Due to Concerns over City's Eroding Autonomy," *CNN*, August 19, 2020, at cnn.com/2020/08/19/asia/us-hong-kong-extradition-treaty-intl-hnk/index.html.

14 "Hong Kong: UK Makes Citizenship Offer to Residents," *BBC News*, July 1, 2020, at bbc.com/news/uk-politics-53246899.

15 "Hong Kong Security Law Sparks Race for Asia's Next Financial Capital," *Nikkei Asian Review*, August 19, 2020, at https://asia.nikkei.com/Spotlight/The-Big-Story/Hong-Kong-security-law-sparksrace-for-Asia-s-next-financial-capital; "Hong Kong Bankers Get Courted by Taiwan after Security Law," *Japan Times*, July 2, 2020, at japantimes.co.jp/news/2020/07/02/asia-pacific/politics-diplomacyasia-pacific/hong-kong-bankers-taiwan-security-law.

計畫；更有75%的受訪者表達了對國安法下香港商業前景的憂慮。[16] 2020年7月,《紐約時報》直接宣佈,基於國安法實施下記者在香港的從業環境惡化,將香港辦公室的部份業務遷移到韓國首爾。德意志銀行也宣佈將香港辦公室遷到新加坡。[17]

　　中國以先發制人的姿態,在香港實施國安法,撲滅可能出現的革命活動,等於在距離2047年大限尚有27年之際,宣告「一國兩制」提前壽終正寢。這可能使中國付出沉重代價。國際社會的反彈,可能使中國無法再利用香港作為獲得科技的後門和離岸金融中心。在美國以制裁華為及其他中國高科技公司、加緊在高科技方面圍剿中國之際,這可能使中國面臨嚴峻挑戰。美國也可能針對在美國上市的中國公司收緊管制,甚至有可能將許多中國大企業趕出美國金融市場。[18]中國最亟需香港之際,卻面臨國際社會的激烈反應。國際社會面對國安法做出的應對,其經濟後果

---

16 "Some Four in Ten AmCham Members Considering Leaving Hong Kong over National Security Law Fears, Survey Finds," *Yahoo! Finance*, August 13, 2020, at https://sg.finance.yahoo.com/news/four-10-amcham-members-considering-105533525.html.

17 "New York Times Will Move Part of Hong Kong Office to Seoul," *New York Times*, July 14, 2020, at nytimes.com/2020/07/14/business/ media/new-york-times-hong-kong.html; "Deutsche Bank Asia CEO Picks Singapore in Snub to Hong Kong," *Bloomberg*, July 15, 2020, at bloomberg.com/news/articles/2020-07-15/deutsche-bank-asia-ceopicks-singapore-base-in-snub-to-hong-kong.

18 "Why 200 Chinese Companies May Soon Delist from the U.S. Stock Exchange," *Forbes*, August 19, 2020, at forbes.com/sites/kenrapoza/2020/08/19/why-200-chinese-companies-may-soon-delist-from-the-us-stock-exchange/#34ea6ac3fe71.

的實現尚需時日，但中國顯然意識到國安法的經濟代價。北京開始重新探討利用上海、深圳或海南島發展離岸金融中心取代香港的可能性。但這些地方缺乏獨立自主、完全融入全球金融體系、及沒有資本管制的貨幣體系，又沒有獨立的司法體系，要取代香港恐怕是癡人說夢。[19]

　　現在的問題是，中國能一勞永逸地解決香港的政治威脅嗎？西藏和新疆已被北京直接管治超過五十年，當地多年來仍有爭取自治甚或獨立的反抗活動。據此，長遠來看香港恐怕難以在國安法下永遠寧靖。國際社會共同協作向被起訴的香港居民提供避難管道，海外香港人群體在2019年運動後也積極投身政治活動，這兩種情況交織成一道國際支持網絡，向抗爭者提供了出逃通路。這些都預示著一場漫長的衝突，儘管直到再有爆發機會之前，這些衝突都會以潛藏的方式存在。2014年雨傘運動後，一位密切關注運動的觀察者有言：「自由的香港或許正在消失，但爭取本土認同、保衛公民社會中值得珍惜的成份的鬥爭，卻會繼續而不被人察覺。」[20]若將香港的抗爭置於全球比較視野下，這種伴隨著時隱時現衝突的韌性，將更容易被理解。

---

19 "China Envisions a New Hong Kong, Firmly under Its Control," *New York Times*, November 3, 2020, at nytimes.com/2020/11/03/business/china-hong-kong-hain-an-island.html; "Shanghai's Quest to Be Global Financial Centre Gains Impetus from Hong Kong Troubles but Big Obstacles Remain," *South China Morning Post*, July 2, 2020, at scmp.com/economy/china-economy/article/3091526/shanghais-questbe-global-financial-centre-gains-impetus-hong.

20 Wasserstrom 2020: 29.

全球比較視野中的香港前途

香港在主權交接後與北京對抗以尋求自治，並非特例。自十七世紀西伐利亞主權民族國家體系崛起以來，全球政治空間從來就不是由民族國家持續霸佔。在漫長的帝國崩潰史（如奧匈帝國、鄂圖曼帝國、及東南亞的荷蘭殖民帝國）和較小政治實體整合成單一民族國家（如大不列顛英國、印尼、及日本）的進程中，總有較小塊的領土單位無法明確劃定到底歸屬哪一個民族國家。如果這些領土單位的人口眾多，居民脫離或加入某個國家的意願總會引起激烈而持久的衝突。

如何確認和解決這種領土單位的歸屬，從來就不是單純的法律或憲制問題。就像國際政治中所有問題一樣，任何法律—憲制解決方案不過反映了達成方案當時政治力量的對比。倘若原先的力量天平發生改變，法律—憲制方案能否持續有效，端賴所有政治勢力是否遵守法治。而領土爭端是和平解決、或至少以和平框架控制、甚或引發流血衝突乃至戰爭，則取決於提出聲索的各民族國家如何回應該領土單位的居民訴求。國際社會的立場也會形塑衝突的軌跡和形勢。表9.1列舉了許多民族國家聲稱或實際上行使對某些領土的主權，但領土上的大部份住民則要求自治甚或脫離民族國家自行獨立的案例。[21]

以往的研究表明，只要主權國家向相關領土單位提供憲制

---

21 Cf. Woodman and Ghai 2013.

表 9.1 | 在統治領土的民族國家中尋求自治或獨立的案例軌跡對比

	威權高壓統治領土	憲政自由處理領土關係
有外部大國支持	IV. 對抗性衝突 科索沃，西藏， 香港（2003年至今）， 南蘇丹，東帝汶	I. 獲得自治 地中海直布羅陀， 香港（1997—約2003年）， 芬蘭奧蘭地區
無外部大國支持	III. 極端暴力 車臣，北愛爾蘭（1998年前）， 西班牙巴斯克地區	II. 持續磋商 加拿大魁北克，蘇格蘭， 北愛爾蘭（1998年後）， 美國波多黎各，日本沖繩

上的自治，領土住民往往便滿足於此，不再展現出以強硬手段對抗主權國家的強烈態度。[22]另一些研究主張，長遠來看住民爭取自治運動要成功，必須有國際社會介入和支持。[23]在此基礎上，筆者以兩個維度劃分這類案例。第一個維度是區分主權國家是否給予、或至少容忍相關領土的憲制權利（constitutional liberty）和自治。這個維度考察的是地方政體和中央政府的關係，未必完全取決於統治領土的民族國家之政體形式。一個民族國家可能實行憲政民主，卻以鐵腕鎮壓爭端領土。其中最典型的案例就是1970年代英國處理北愛爾蘭獨立問題的手法。另一方面，民族國家可能是威權政體，卻以憲制權利原則來處理和爭議領土的關係。第二個維度則區分要求自治或獨立的聲索是否獲得國際支持。

---

22 Siroky and Cuffe 2015.

23 Woodman and Ghai 2013.

在表9.1列舉的所有案例中，不管統治領土的民族國家是向領土提供憲制權利、或是採取高壓，尋求自治或獨立的呼聲都持續存在。自治或獨立的訴求是否持續，也並不取決於有無國際間主要大國的支持，訴求持續是慣例而非特例。縱觀全球歷史，一旦一個領土住民中有相當比例開始尋求自治或獨立，除非主權國以種族屠殺徹底扼殺或驅逐住民，否則訴求不會輕易消散。一段時間的鐵腕鎮壓或許能壓抑相關訴求，但訴求也很容易以更激進的聲勢死灰復燃。[24] 這種背景下，統治有關領土的民族國家政權宣稱代表本國民族的大多數，然而，當被強硬鎮壓的領土住民已經發展出迥異於該國民族、甚至對該國民族懷有敵意的政治認同，政權就無法用民族主義榮耀獲得合法性。因此，類似於中國大陸血腥鎮壓天安門運動後全民在威權高壓下長期沉默的情形，可能難以發生。

在對自治或獨立的訴求呼聲不斷的前提下，表9.1列出了訴求的解決方式：和平解決（或和平但未解決），公開對抗，甚或極端暴力。決定訴求是否以和平方式提出的其中一個最主要因素，便是統治領土的民族國家是否以憲制權力的方式處理領土問題，向領土上的居民提供憲政保障的各種權利。民族國家採取高壓政策的所有案例，無一例外演變成對抗性衝突。

當統治領土的民族國家容忍領土居民拒絕被整合的訴求並給予其憲制保障的權利（如直布羅陀拒絕「回歸」西班牙、瑞典語

---

24 參見 Siroky and Cuffe 2015.

人口佔主流的奧蘭地區拒絕芬蘭管治），以及有大國強力支持相關領土居民的訴求（如英國支持直布羅陀、瑞典和其他歐洲國家支持奧蘭地區），[25] 相關領土往往能以和平方式爭得自治或獨立。如果相關領土享有憲制權利，但尋求更大自治或獨立的訴求並無多少國際反響，領土單位往往先接受現狀，然後持續以和平、憲制的方式（如選舉或公投）和中央政府磋商。典型如魁北克和蘇格蘭。[26]

若統治領土的民族國家試圖以強力剝奪領土自治，後果往往是公開衝突。衝突的模式取決於國際社會的態度。如果領土住民尋求自治或獨立的訴求得到大國支持，衝突多以非暴力對抗（如西藏和東帝汶）或傳統戰爭（如科索沃和南蘇丹）的方式展開。[27] 大國以提供支持的方式干預抵抗運動，防止運動滑向恐怖主義。另一方面，面對殘酷鎮壓、又無國際支持的抵抗運動（如愛爾蘭共和軍及車臣分離主義份子），則更有動力採用極端而血腥的戰術，例如殺傷佔領國的平民。[28]

香港的情形大約在第 I 和第 IV 象限之間搖擺，趨勢是從 I 滑向 IV 象限。殖民時代晚期及主權交接之初，香港民意主流先是傾向延續英國殖民統治，又期望從北京處爭取自治。從 1980 年代到 2000 年代初，北京則採取務實路線，或多或少以憲制權利

---

25 Hannum 1990: Chapter 17; Suksi 2013.

26 Keating 2013; Himsworth 2013; Simeon and Turgeon 2013.

27 Serwer 2019; Downie 2019; Muizarajs 2019; Barnett 2013.

28 Hannum 1990: Chapter 11; Pavkovic 2013.

的方式處理香港問題。北京草擬作為香港特區迷你憲法的基本法並認可其效力，且在主權交接之初以克制態度對待香港，以中國大陸的管治模式而論，已屬罕見。主權交接後香港的自治，則由英國以《中英聯合聲明》及美國以《香港政策法》加以保障。因此，香港最初是屬於第I象限。民主派儘管在許多具體政策上和北京有齟齬，仍能與北京合作，維護香港「一國兩制」的現狀。

　　而本書所展示的，正是北京處理香港問題的手法，逐漸從憲制權利蛻變成鐵腕鎮壓。這個轉變，用法律學者戴大衛（Michael Davis）最近的話來說，是從「自由憲政秩序」（liberal constitutional order）滑向「威權國安秩序」（authoritarian national security order）。[29] 2020年7月1日《港區國安法》的實施，標誌了威權秩序的確立。與此同時，國際社會對香港尋求自治的支持程度則一直延續並增強。當下的香港已然移動到第IV象限，堪比西藏及獨立前的東帝汶。2019至2020年的反修例抗爭塵埃落定後，香港是否仍會留在該象限，仍有待觀察。除了繼續維持第IV象限的狀態，香港是否有可能滑向表9.1的其他象限呢？

　　《港區國安法》實施兩個月後，一項民意調查表明，支持實行普選及支持2019年抗爭訴求的呼聲反而更高漲，[30]這表明香港人的抗爭可能會以不同方式繼續存在。長遠來說，未來的一個可

---

29 Davis 2020: Ch. 6.

30 "Exclusive: HK Survey Shows Increasing Majority Back Pro-democracy Goals, Smaller Support for Protest Movement," *Reuters*, August 29, 2020, at reut. rs/31EUKZA.

能性是香港重新回到第 I 象限。儘管聽起來像天方夜譚，但國安法顯然未能撲滅抗爭。假若隨著時間推移，國安法引發的國際制裁足以損害中國大陸精英在香港的利益，北京有可能鑒於香港作為中國離岸金融中心的獨特且不可替代的地位，而做出讓步。要正式撤銷國安法幾無可能，但北京可能在執行上睜一隻眼、閉一隻眼。已有的先例便是特區政府在 2019 年透過刊憲方式實行的禁止蒙面法例被抗爭者視同無物。新冠病毒疫情的爆發更使得人人都必須戴口罩。禁止蒙面法在紙面上仍然生效，特區政府甚至成功挫敗反對派律師的司法覆核請求。但在初始階段的一輪逮捕後，法例已名存實亡。國安法也有可能淪落到同一下場，但絕非必然。香港也有可能持續留在第 IV 象限，發生持續的、低強度的反對中國管治的抗爭，在某些時機成熟之際又會偶爾迸發出更激烈的公開衝突。

另一種可能性是，假如全球大國、尤其是美國，認定香港如同 1975 年的南越共和國一樣無可挽救，香港就會慢慢滑落到第 III 象限。假設美國及國際社會撤回對香港所有抗爭活動的支持，並尋求和北京妥協，香港的抗爭活動便如同國際棄兒，再無大國束縛手腳，很可能演變成更激進的非常規暴力抗爭。2019 年抗爭運動的高峰中，抗爭者已數次使用粗劣的簡易爆炸裝置。但目前為止，這種策略只是孤立案例，並未獲得廣泛支持。[31]

---

31 "Homemade Bomb Detonated for First Time in Hong Kong Protests," *New York Times*, October 14, 2019, at nytimes.com/2019/10/14/world/asia/hong-kong-bomb-ied.html .

目前，香港滑向第 III 象限的可能性不大。美國及其盟友對中國的政策轉為對抗遏制後，一直持續支持香港抗爭活動並制裁中國。1990 到 2000 年代，美國對中國的政策是積極尋求合作（active engagement）。自尼克森於 1972 年訪華以來，美國便和中國結成半盟友關係，遏制前蘇聯在亞洲的擴張。1989 年天安門鎮壓、1990 年代初蘇聯集團瓦解後，美國曾簡短轉向對中國實施人權外交。但北京以開放中國市場的承諾，成功拉攏並動員有政治影響力的美國大公司，促使華盛頓轉向和中國和解。自 1994 年以來，追求中美貿易全面自由化成為美國對華政策的首要目標，其高峰便是美國支持中國在 2001 年加入世貿組織。[32]

此後，經濟合作政策又延續了十五年。在這十五年裡，中美關係裡的其他議題——包括南海領海爭端、台灣問題、西藏問題、人權議題等等——均讓位給主要目標，即是將中國全面整合進全球自由市場。政策背後的主要推手，則是從中國市場開放中獲益的既得利益者。這些既得利益勢力熱衷於推動對華友好政策，且遏止了任何損害中美親近的動作。[33] 在這一背景下，華盛頓持續認可香港是與中國大陸分立的自治領土，且在 2020 年以前無視北京日漸增加的干預，允許香港保留特殊貿易地位。對於北京利用香港作為後門獲取敏感高科技產品，或幫助中國的威權盟友繞過美國制裁，華盛頓也是視若無睹。

---

32 Hung 2021.
33 Hung 2020c, 2022.

　　這種總體上傾向於中美親善的取態，在2000年代開始有所轉變：北京開始重振國有企業，提供財政和政策優惠，幫助其在中國市場上和外國企業競爭。2010年後，當美國和西方經濟受2008年金融危機重創，中國經濟卻在大規模貨幣刺激後強力反彈，這一趨勢便更加明顯。北京領導層判斷，金融危機標誌美國全球霸權的終結，該輪到中國坐莊了。自此，北京以更強力手段壓榨中國市場上的美國企業，強迫其提供商業秘密和科技。中國也更露骨地採用經濟手段，打壓和北京有政治爭端的國家。[34] 2013年，北京提出「一帶一路」倡議，意在創造外部需求，幫助消化中國國內的過剩產能，延緩經濟增長減速的步伐。美國公司面對中國公司更加處於下風，開始逐漸被排出發展中國家的市場。[35]

　　在這一背景下，美國大公司的說客對於中美親善的熱情大大減退，偶爾甚至支持對華頗有敵意的政策。自2015年開始，美國國會以兩黨共識、全票（或近乎全票）之姿，通過了許多令北京惱怒的法案。在美國國內政治兩極化的背景下，這種兩黨共識尤其異乎尋常。令北京震怒的美國國會法案，包括2019年的《香港人權民主法案》，2018年的《台灣旅行法案》，2019年的《維吾爾人權政策法》，及2020年的《香港自治法案》。《香港人權民主法案》和《香港自治法案》允許華盛頓更積極地以香港喪失自治為由制裁中國。從對中國高科技公司實施禁運，到支持南海領海

---

34 Hung 2020a, 2022.

35 Hung 2020a, 2020c, 2022.

爭端的各國對抗中國，華盛頓抗衡北京的姿態日益高調。隨著華盛頓轉向對抗路線，其他國家如英國、澳洲、日本等，也面對和中國利益衝突愈發激烈的狀況。[36]

　　美國及其盟友和中國的持續緊張，在結構上的根本原因是中國和西方企業的利益衝突，因此雙方都得到廣泛的政治支持，情勢不會很快扭轉。在這一背景下，美國及其盟友對香港抗爭運動的支持，在可見的未來亦不會消散。香港在《港區國安法》陰影下的前途如何，關鍵取決於北京是否會控制其威權欲望，以更務實的憲制路線處理香港問題。而北京的路線抉擇，又取決於香港抗爭運動的狀況及中共政權內的精英政治內鬥。不同於表9.1裡的絕大多數案例，香港仍持續享有中國金融中心的地位，比起其他尋求從民族國家分離或獲得更大自治的領土來說，香港擁有無可比擬的優勢。

　　2019年抗爭運動的爆發，其背後是醞釀已久的衝突和權力版圖轉變。2019年的抗爭，不僅是香港草根社會的起義，更有本地商業精英、外國資本和中國大陸金融精英衝突大爆發的背景。2020年，《港區國安法》的實施及美國決定取消認可香港作為獨立關稅區，更將香港的抗爭納入中美對抗的大局之中。隨著香港的衝突外溢到全球政治的其他方面，香港本土和全球性動盪的潘朵拉魔盒已然開啟。

　　以往，香港曾多次絕處逢生，在爭取更大自治權的抗爭中展

---

36 Hung 2022.

現了強韌的生命力。當下關於香港已死的論斷，是誇大其詞。香港的未來一如既往地晦暗不明。但正如香港歷史及世界各地抗爭史所反覆展示的那樣，香港社會所面對的隱晦前景和令人窒息的鎮壓，絕不會磨滅香港人與命運鬥爭的無畏意志。未來可能會有短暫的平靜，但平靜底下是潛流的怒火，只要權力版圖有任何裂縫，怒火便會噴湧而出，再次爆發成激烈的抗爭。未來我們從更漫長的歷史角度回顧，將會發現，2019年的抗爭和鎮壓，並非香港前途鬥爭的終結，而是一個新的開端。

參考文獻

References

中文著作

中共中央文獻研究室、中共西藏自治區委員會、中國藏學研究中心編，2001，《毛澤東西藏工作文獻》，北京：中央文獻出版社。

中共中央統戰部，1991，《民族問題文獻匯編》，北京：中共中央黨校出版社。

孔誥烽，2011，〈從維港發現玉山——港台本土意識的共振〉，本土論述編輯委員會編，《本土論述2010：香港新階級鬥爭》：115–22，台北：漫遊者文化。

王力雄，1998，《天葬：西藏的命運》，香港：明鏡出版社。

王宏志，2000，《歷史的沉重：從香港看中國大陸的香港史論述》，香港：Oxford University Press。

世代懺悔錄，2019，〈後六四香港：激進組織與守法文化〉，2019年6月15日，https://medium.com/recall-hk/p64-f4b7a31c62ea。

司徒華，2011，《大江東去》，香港：Oxford University Press。

朱凱迪，2014，〈保育新界鄉郊與香港民主運動〉，《獨立媒體》，2014年6月7日，www.inmediahk.net/node/1023425。

江關生，2012，《中共在香港》下卷，香港：天地圖書。

何良懋，2019，〈細數香港國粹派前世今生，親共政府修例一役全露底〉，《關鍵評論》，2019年10月21日，www.thenewslens.com/article/126297。

吳志森，2017，〈詰問林鄭〉，《明報》，2017年8月20日，https://www.pentoy.hk/?p=72163。

呂大樂、黃偉邦編，1998，《階級分析與香港》，香港：青文。

李后，1997，《百年屈辱史的終結——香港問題始末》，北京：中央文獻出版社。

李柱銘，2012，〈香港西藏化〉，《壹週刊》，2012年9月27日，文章存檔：https://bit.ly/3IMJJYM。

李浩然，2012，《香港基本法起草過程概覽》，香港：三聯書店。

杜玉芳，2011，〈祖國統一的路徑抉擇——"西藏模式"的形成及影響〉，《中共中央黨校學報》，2，www.zgzydxxb.cn/index.php?m=content&c=index&a=show&catid=51&id=799。

周奕，2002，《香港左派鬥爭史》，香港：利文出版社。

周奕，2009，《香港工運史》，香港：利訊出版社。

明報編輯部主編，2004，《愛國論爭》，香港：明報出版社。

林天蔚，1985，〈南宋時大嶼山為瑤區之試證〉，林天蔚、蕭國健，《香港前代史論集》：80–120，台北：臺灣商務。

林貢欽，2012，〈以公民教育取代國民教育〉，《BBC中文網》，2012年9月5日，www.bbc.com/zhongwen/trad/hong_kong_review/2012/08/120814_hkreview_education。

胡佳恒，2007，〈深港都會圈能否圈來人口紅利〉，《新浪新聞》，2007年8月17日，http://finance.sina.com.cn/china/dfjj/20070817/23423894323.shtml。

香港專上學生聯會，1982，《香港學生運動回顧》，香港：廣角鏡出版社。

香港觀察社，1982，《觀察香港》，香港：百姓半月刊。

夏學平，1997，〈中國共產黨與香港〉，長春：東北師範大學政法學院博士論文。

徐承恩，2017，《鬱躁的家邦：本土觀點的香港源流史》，新北：左岸。

袁求實，1997，《香港回歸大事記, 1979–1997》，香港：三聯書店。

馬駿、徐劍剛，2012，《人民幣走出國門之路：離岸市場發展與資本項目開放》，香港：商務印書館。

張炳良，1988，〈新中產階級的冒起與政治影響〉，張炳良、馬國明編，《階級分析與香港》，香港：青文。

張家偉，2000，《香港六七暴動內情》，香港：太平洋世紀出版社。

張壽祺，1991，《蛋家人》，香港：中華書局。

強世功，2008，《中國香港：政治與文化的視野》，香港：Oxford University Press。

強世功，2019，〈超大型政治實體的內在邏輯：“帝國”與世界秩序〉，《愛思想》，2019年4月6日，www.aisixiang.com/data/115799.html。英譯見 www.readingthechinadream.com/jiang-shigong-empire-and-world-order.html。

曹二寶，2008，〈“一國兩制”條件下香港的管治力量〉，《學習時報》，2008年1月29日，www.legco.gov.hk/yr08-09/chinese/panels/ca/papers/ca0420cb2-1389-2-c.pdf。

梁慕嫻，2012，《我與香港地下黨》，香港：開放出版社。

許家屯，1993，《許家屯回憶錄》，台北：聯經出版社。

郭國燦，2009，《香港中資財團》，香港：三聯書店。

陳文鴻，2009，〈CEPA與香港產業經濟空心化〉，《臺灣國家政策學刊》，3（7）：39–44。

陳文鴻，2015，〈風起雲湧的香港社運史——由兩派暴動到匯點〉，《灼見名家》，2015年8月23日，https://bit.ly/3IHC0es。

陳國新、謝旭輝、楊浩東，2003，《中共三代領導人對馬克思主義民族理論的繼承發展》，貴陽：貴州人民出版社。

陳揚勇，2009，〈《共同綱領》與民族區域自治制度的確立——兼談新中國民族區域自治政策的形成〉，《中共黨史研究》，8：13–20。

陳景輝，2007，〈從天星保衛運動到本土文化政治〉，《獨立媒體》，2007年1月4日，www.inmediahk.net/node/181258。

陳雲，2008，《農心匠意——香港城鄉風俗憶舊》，香港：花千樹出版有限公司。

陳雲，2011，《香港城邦論》，香港：天窗出版社有限公司。

陳雲，2013，《香港遺民論》，香港：次文化出版。

彭嘉林，2018，〈予取予求：當中資進佔香港工程〉，《明報》，2018年2月2日，https://life.mingpao.com/general/article?issue=20180202&nodeid=1517510008434。

程翔，2012，〈從十八大看香港地下黨規模〉，《明報》，2012年11月28日，https://life.mingpao.com/general/article?issue=20121128&nodeid=1508242340650。

黃子為、鄭宏泰、尹寶珊，〈回歸後來港內地移民　更親建制派？〉，《香港經濟日報》，2020年8月8日，https://paper.hket.com/article/2718596。

齊鵬飛，2004，《鄧小平與香港回歸》，北京：華夏出版社。

蔡子強，2007，〈總理的來信〉，《明報》，2007年6月15日，http://hktext.blogspot.com/2007/06/blog-post_7831.html。

蔡子強、莊耀洸、蔡耀昌、黃昕然編，1998，《同途殊歸：前途談判以來的香港學運》，香港：香港人文科學出版社。

蔡子強、陳雋文，2016，〈立會選舉評論：立法會選舉結果初步評析〉，《明報》，2016年9月6日，https://bit.ly/3H1788W。

蔡東豪、嚴劍豪，2010，《七俠四義：大浪西灣保衛戰》，香港：上書局。

蔡詠梅，2011，〈香港新壹代打破反共禁忌〉，《開放雜誌》，2011年3月1日，www.open.com.hk/old_version/1002p28.html。

蔡詠梅，2017，〈香港會成為第二個西藏嗎？〉，《眾新聞》，2017年9月18日，https://bit.ly/3EWGY5C。

學苑編輯委員會編，2014，《香港民族，命運自決》，《學苑》專題，2014年2月。

蕭國健，1985a，〈屯門考〉，林天蔚、蕭國健，《香港前代史論集》：73–9，台北：臺灣商務。

蕭國健，1985b，〈清初遷界前後香港之社會變遷〉，林天蔚、蕭國健，《香港前代史論集》：206–33，台北：臺灣商務。

龍子為，2011，〈香港文化保育運動迷思〉，《新浪新聞》，2011年1月31日，http://news.sina.com.cn/c/sd/2011-01-31/120721904691.shtml。

戴耀廷，2020a，〈泛民逾35席如大殺傷力憲制武器〉，香港《蘋果日報》，2020年3月27日，https://hk.appledaily.com/local/20200327/URW4QYY7U5B6TLRRUU-3V47UP44。

戴耀廷，2020b，〈齊上齊落　目標35+〉，香港《蘋果日報》，2020年3月10日，https://hk.appledaily.com/local/20200310/HB36XAV5FGKYTM47D6NYRMMTSM。

謝冠東，2010，〈這段高鐵抗爭的歷史：1.16反高鐵集會後記〉，《獨立媒體》，2010年1月27日，www.inmediahk.net/node/1005946。

饒宗頤，1959，《九龍與宋季史料》，香港：萬有出版社。

英文著作

Abbas, Ackbar, 1997. *Hong Kong: Culture and the Politics of Disappearance*. Minneapolis: University of Minnesota Press.

Abu-Lughod, Janet L., 1989. *Before European Hegemony: The World System A.D. 1250–1350*. Oxford: Oxford University Press.

Aijmer, Goran, 1980. *Economic Man in Sha Tin: Vegetable Gardeners in a Hong Kong Valley*. London: Curzon Press.

Aijmer, Goran, 1986. *Atomistic Society in Sha Tin: Immigrants in a Hong Kong Valley*. Gothenburg: Acta Universitatis Gothoburgensis.

Amberg, Eric M., 1985. "Self-Determination in Hong Kong: A New Challenge to an Old Doctrine." *San Diego Law Review*. Vol. 22, No. 4. 839–58.

Anderson, Benedict, 1983. *Imagined Communities: Reflections on the Origin and Spread of Nationalism*. London: Verso.

Anderson, E.N., 1972. *Essays on South China's Boat People*. Taipei: Orient Cultural Service.

Arrighi, Giovanni, 1994. *The Long Twentieth Century: Money, Power, and the Origins of our Time*. New York and London: Verso.

Augustin-Jean, Louis and Anthea H.Y. Cheung, 2018, *The Economic Roots of the Umbrella Movement in Hong Kong: Globalization and the Rise of China*. London: Routledge.

Baker, H., 1966. "The Five Great Clans of the New Territories." *Journal of Hong Kong Branch of Royal Asiatic Society*. Vol. 11. 25–47.

Barnett, Robert, ed., 1994. *Resistance and Reform in Tibet*. Bloomington: Indiana University Press.

Barnett, Robert, 2013. "Language Practices and Protracted Conflict: The Tibet–China Dispute." In Jean-Pierre Cabestan and Aleksandar Pavkovic, eds., *Secessionism and Separatism in Europe and Asia: To Have a State of One's Own*. London: Routledge. 196–219.

Bénassy-Quéréa, Agnès and Damien Capelleb, 2014. "On the Inclusion of the Chinese Renminbi in the SDR Basket." *International Economics*. Vol. 139, 133–51.

Billeter, Térence, 1998. "Chinese Nationalism Falls Back on Legendary Ancestor." *China Perspectives*. No. 18, 44–51.

Blumenthal, Dan, 2020. *The China Nightmare: The Grand Ambitions of a Decaying State*. Washington, DC: American Enterprise Institute.

Boughton, James M., 2001. *Silent Revolution: The International Monetary Fund 1979–1989*. Washington, DC: International Monetary Fund.

Bovingdon, Gardner, 2010. *The Uyghurs: Strangers in Their Own Land*. New York: Columbia University Press.

Braudel, Fernand, 1992 [1979]. *Civilization and Capitalism: 15th–18th Century. Vol. III. The Perspective of the World*. Berkeley and Los Angeles: University of California Press.

Brenner, Neil, 2004. *New State Spaces: Urban Governance and the Rescaling of Statehood*. Oxford: Oxford University Press.

Bristow, M.R., 1984. *Land Use Planning in Hong Kong*. Hong Kong: Oxford University Press.

Brophy, David, 2017. "The 1957–58 Xinjiang Committee Plenum and the Attack on 'Local Nationalism'." Washington, DC: Wilson Center, History and Public Policy Program. At www.wilsoncenter.org/blog-post/the-1957-58-xinjiang-committee-plenum-and-the-attack-local-nationalism.

Brown, Mayer, 2008. "Arbitration of Disputes in China and Hong Kong: Challenges and Opportunities." At www.mayerbrown.com/public_docs/Event_FinalBook.pdf.

Bush, Richard, 2016. *Hong Kong in the Shadow of China: Living with the Leviathan*. Washington, DC: Brookings Institution.

Cabestan, Jean-Pierre, 2005. "The Many Facets of Chinese Nationalism." *China Perspectives*. No. 59. At https://journals.openedition.org/chinaperspectives/2793.

Calder, Kent E., 2021. *Global Political Cities: Actors and Arenas of Influence in International Affairs*. Washington, DC: Brookings Institution.

Carrico, Kevin, 2017. *The Great Han: Race, Nationalism, and Tradition in China Today*. Berkeley: University of California Press.

Carroll, John M., 1997. "Colonialism and Collaboration: Chinese Subjects and the Making of British Hong Kong." *China Information*. Vol. 12, Nos. 1–2. 12–33.

Carroll, John M., 2005. *Edges of Empire: Chinese Elites and British Colonials in Hong Kong*. Cambridge, MA: Harvard University Press.

Cartledge, Simon, 2017. *A System Apart: Hong Kong's Political Economy from 1997 till Now*. London: Penguin Books.

Centre for Communication and Public Opinion Survey, the Chinese University of Hong Kong, 2020. "Research Report on Public Opinion during the Anti-Extradition Bill (Fugitive Offenders Bill) Movement in Hong Kong." Hong Kong: Chinese University of Hong Kong School of Journalism and Communication. At www.com.cuhk.edu.hk/ccpos/en/pdf/202005PublicOpinionSurveyReport-ENG.pdf.

Chan, Chak-Kwan, 2011. *Social Security Policy in Hong Kong: From British Colony to China's Special Administrative Region*. Lanham, MD: Rowman and Littlefield.

Chan, Chi-Tat, 2013. "Young Activists and the Anti-Patriotic Education Movement in Postcolonial Hong Kong: Some Insights from Twitter." *Citizenship, Social and Economics Education*. Vol. 12, No. 3. 148–62.

Chan, Joseph M. and Francis L.F. Lee, 2010. "Why Can't Hong Kong Forget the June 4th Incident? Media, Social Organization, Nation-State and Collective Memory." *Mass Communication Research*. Vol. 103. 215–59.

Chan, Joseph M. and Francis L.F. Lee, 2011. "The Primacy of Local Interests and Press Freedom in Hong Kong: A Survey Study of Professional Journalists." *Journalism*. Vol. 12, No. 1. 89–105.

Chan, K.C., 1993. "History." In P.K. Choi and L.S. Ho, eds., *The Other Hong Kong Report 1993*. Hong Kong: Chinese University of Hong Kong. 455–83.

Chan, M.M. Johannes, H. L. Fu, and Yash Ghai, eds., 2000. *Hong Kong's Constitutional Debate: Conflict Over Interpretation*. Hong Kong: Hong Kong University Press.

Chan, Ming-Kuo, 1975. "Labor and Empire: The Chinese Labor Movement in the Canton Delta, 1895–1927." Unpublished dissertation, Department of History, Stanford University.

Chan, Wai-Kwan, 1991. *The Making of Hong Kong Society: Three Studies of Class Formation in Early Hong Kong*. Oxford: Clarendon Press.

Chen, Albert H.Y., 2010. "An Unexpected Breakthrough in Hong Kong's Constitutional Reform in 2010." *Hong Kong Law Journal*. Vol. 40, Part 2. 260–70. At https://hub.hku.hk/bitstream/10722/135145/1/content.pdf?accept=1.

Cheng, Edmund W., 2010. "United Front Work and Mechanisms of Countermobilization in Hong Kong." *China Journal*. Vol. 83, 1–33.

Cheng, Edmund W., 2019. "Hong Kong's Hybrid Regime and Its Repertoires." In Ching Kwan Lee and Ming Sing, eds., *Take Back Our Future: An Eventful Sociology of the Hong Kong Umbrella Movement*. Ithaca, NY: Cornell University Press. 167–92.

Cheng, Joseph C., 2004. "The 2003 District Council Elections in Hong Kong." *Asian Survey*. Vol. 44, No. 5, 734–54.

Cheng, Joseph Y.S., 1984. *Hong Kong in Search of a Future*. Oxford: Oxford University Press.

Cheung, Gary Ka-wai, 2009. *Hong Kong's Watershed: The 1967 Riots*. Hong Kong: University of Hong Kong Press.

Cheung, S.W., 1984. "Fishing Industry in Tai O: Natural Environment, Technology, Economy and Society." Unpublished M.Phil. thesis. Chinese University of Hong Kong.

Cheung, Yan-leung, Cheng Yuk-Shing, and Woo Chi-keung, 2017. *Hong Kong's Global Financial Centre and China's Development: Changing Roles and Future Prospects*. London: Routledge.

Chin, Angelina Y., 2014. "Diasporic Memories and Conceptual Geography in Post-colonial Hong Kong." *Modern Asian Studies*. Vol. 48, No. 6, 1566–93.

Chin, Wan, 2015. "A Federation for Hong Kong and China." *New York Times* op. ed., June 14, 2015. At www.nytimes.com/2015/06/15/opinion/a-federation-for-hong-kong-and-china.html.

China Ag., 2015 "Gateway to China: Hong Kong Re-exports of Agricultural Goods." *Agriculture and Food in China*. June 30, 2015. At http://chinaag.org/2015/06/30/gateway-to-china-hong-kong-re-exports-of-agricultural-goods.

Chiu, Stephen W. K., 1996. "Unravelling Hong Kong's Exceptionalism: The Politics of Laissez-Faire in the Industrial Takeoff." *Political Power and Social Theory*. Vol. 10. 229–56.

Chiu, Stephen W. K. and Ho-fung Hung, 1999. "State Building and Rural Stability." In Tak-Wing Ngo, ed., *Hong Kong's History: State and Society under Colonial Rule*. London: Routledge. 74–100.

Chiu, Stephen W. K. and Tai-lok Lui, 2009. *Hong Kong: Becoming a Chinese Global City*. London: Routledge.

Chiu, Stephen W.K. and Lui Tai-lok, eds., 2000. *Dynamics of Social Movements in Hong Kong*. Hong Kong: Hong Kong University Press.

Chow, Alex, 2019. "Prefigurative Politics of the Umbrella Movement." In *Ching Kwan Lee and Ming Sing, eds., Take Back Our Future: An Eventful Sociology of the Hong Kong Umbrella Movement*. Ithaca, NY: Cornell University Press. 34–51.

Chow, Kai-wing, 2001. "Narrating Nation, Race, and National Culture: Imagining the Hanzu Identity in Modern China." In Kai-wing Chow, Kevin M. Doak, and Poshek Fu, eds. *Constructing Nationhood in Modern East Asia*. Ann Arbor: University of Michigan Press. 47–83.

Chow, Rey, 1993. *Writing Diaspora: Tactics of Intervention in Contemporary Cultural Studies*. Indianapolis: University of Indiana Press.

Chu, Stephen You-Wai, 2013. *Lost in Transition: Hong Kong Culture in the Age of China*. Albany: SUNY Press.

Chun, A., 1987. "The Land Revolution in Twentieth Century Rural Hong Kong." *Bulletin of the Institute of Ethnology Academia Sinica*. No. 61. 1–40.

CO 1030/1033. *Heung Yee Kuk*. London: Public Record Office.

Cohen, B.J., 2012. "The Yuan Tomorrow? Evaluating China's Currency Internationalisation Strategy." *New Political Economy*. Vol. 17, No. 3. 361–71.

Congress of the United States of America, 1992. US–HK Policy Act 1992 (Enrolled as Agreed to or Passed by Both House and Senate). At http://hongkong.usconsulate.gov/ushk_pa_1992.html.

Cooper, John, 1970. *Colony in Conflict: The Hong Kong Disturbances, May 1967–January 1968*. Hong Kong: Swindon.

Crossley, Pamela Kyle, 1999. *A Translucent Mirror: History and Identity in Qing Imperial Ideology*. Berkeley and Los Angeles: University of California Press.

Crossley, Pamela Kyle, Helen F. Siu, and Donald S. Sutton, eds., 2006. *Empire at the Margins: Culture, Ethnicity, and Frontier in Early Modern China*. Berkeley and Los Angeles: University of California Press.

Dalai Lama, 1990. *Freedom in Exile: The Autobiography of the Dalai Lama*. New York: Harper Collins.

Dapiran, Antony, 2017. *City of Protest: A Recent History of Dissent in Hong Kong*. London: Penguin.

Dapiran, Antony, 2019. "'Be Water!' Seven Tactics That Are Winning Hong Kong's Democracy Revolution." *New Statesman*, August 1, 2019. At www.newstatesman.com/world/2019/08/be-water-seven-tactics-are-winning-hong-kongs-democracy-revolution.

Davis, Michael C., 2007. "The Quest for Self-Rule in Tibet." *Journal of Democracy*. Vol. 18, No. 4. 157–71.

Davis, Michael C., 2020. *Making Hong Kong Chinese: The Rollback of Human Rights and the Rule of Law*. Ann Arbor, MI: Association for Asian Studies.

Dewolf, Christopher, 2019. "Hong Kong Modern Heritage VI: City Hall." At https://zolimacitymag.com/hong-kongs-modern-heritage-part-vi-city-hall.

Di Cosmo, Nicola, 1998. "Qing Colonial Administration in Inner Asia." *International History Review*. Vol. 20, No. 2. 287–309.

Downie, Richard, 2019. "South Sudan: The Painful Rise and Rapid Descent of the World's Newest Nation." In Jon B. Alterman and Will Todman, eds., *Independence Movements and Their Aftermath: Self-Determination and the Struggle for Success*. Lanham, MD: CSIS/Rowman and Littlefield. 100–16.

Duara, Prasenjit, 1997. *Rescuing History from the Nation: Questioning Narrative of Modern China*. Chicago: Chicago University Press.

Duara, Prasenjit, 2011. "The Multi-national State in Modern World History: The Chinese Experiment." *Frontiers of History in China*. Vol. 6, No. 2. 285–95.

Duara, Prasenjit, 2016. "Hong Kong as a Global Frontier: Interface of China, Asia, and the World." In Priscilla Roberts and John M. Carroll, eds., *Hong Kong in the Cold War*. Hong Kong: Hong Kong University Press. 211–30.

Eichengreen, Barry and Guangtao Xia, 2019. "China and the SDR: Financial Liberalization through the Back Door." *Quarterly Journal of Finance*. Vol. 9, No. 3, 1950007.

Eichengreen, Barry and Masahiro Kawai, 2014. "Issues for Renminbi Internationalization: An Overview." Asian Development Bank Institute Working Paper 454, At www.adb.org/sites/default/files/publication/156309/adbi-wp454.pdf.

Eitel, E.J., 1895. *Europe in China: The History of Hong Kong from the Beginning to 1882*. Hong Kong: Kelly and Walsh Ltd.

Faure, David, 1986. *The Structure of Chinese Rural Society: Lineage and Village in the Eastern New Territories, Hong Kong*. Hong Kong: Oxford University Press.

Fong, Brian, 2014. "The Partnership between the Chinese Government and Hong Kong's Capitalist Class: Implications for HKSAR Governance, 1997–2012." *China Quarterly*. Vol. 217, 195–220.

Fong, Brian, 2017. "In-between Liberal Authoritarianism and Electoral Authoritarianism: Hong Kong's Democratization under Chinese Sovereignty, 1997–2016." *Democratization*. Vol. 24, No. 4. 724–50.

Foucault, Michel, 1980. *Power/Knowledge: Selected Interviews and Other Writings*, ed. Colin Gordon. New York: Pantheon Books.

Frankel, J., 2012. "Internationalization of the RMB and Historical Precedents." *Journal of Economic Integration*. Vol. 27, No. 3. 329–65.

Freedman, Maurice, 1966. "Shifts of Power in the Hong Kong New Territories." *Journal of Asian and African Studies*. Vol. 1, No. 1. 3–12.

Fu, Hualing, Carole Petersen, and Simon Young, eds., 2005. *National Security and Fundamental Freedoms: Hong Kong's Article 23 under Scrutiny*. Hong Kong: University of Hong Kong Press.

Fung, Hung-gay, Ko Chi-wo Glenn, and Jot Yau, 2014. *Dim Sum Bonds: The Offshore Renminbi (RMB)-Denominated Bonds*. New York: Wiley.

García-Herrero, Alicia, 2011. "Hong Kong as an International Banking Center: Present and Future." *Journal of the Asia Pacific Economy*. Vol. 16, No. 3. 361–71.

Gettinger, Dan, 2016. "Drone Smuggling: Inside Illegal Exports." Center for the Study of the Drone, Bard College, June 13, 2016. At http://dronecenter.bard.edu/drone-smugglinginside-illegal-exports.

Goldstein, Melvyn C., 1973. "The Circulation of Estates in Tibet: Reincarnation, Land, and Politics." *Journal of Asian Studies*. Vol. 32, No. 3. 445–55.

Goldstein, Melvyn C., 1986. "Reexamining Choice, Dependency and Command in Tibetan Social System: 'Tax Appendages' and Other Landless Serfs." *Tibetan Journal*. Vol. 11, No. 4. 79–112.

Goldstein, Melvyn C., 1989. *A History of Modern Tibet, 1913–1951: The Demise of the Lamaist State*. Berkeley and Los Angeles: University of California Press.

Goldstein, Melvyn C., 1997. *The Snow Lion and the Dragon: China, Tibet, and the Dalai Lama*. Berkeley: University of California Press.

Goldstein, Melvyn C., 2007. *A History of Modern Tibet. Vol. II. The Calm before the Storm, 1951–1955*. Berkeley: University of California Press.

Goldstein, Melvyn C., 2014. *A History of Modern Tibet. Vol. III. The Storm Clouds Descend, 1955–1957*. Berkeley, CA: University of California Press.

Goldstein, Melvyn C., 2019. *A History of Modern Tibet. Vol. IV. In the Eye of the Storm, 1957–1959*. Berkeley: University of California Press.

Goodstadt, Leo F., 2000, "China and the Selection of Hong Kong's Post-colonial Political Elite." *China Quarterly*. Vol. 163, 721–41.

Grant, Charles J., 1962. *The Soils and Agriculture of Hong Kong*. Hong Kong: Government Printer.

Grimmer, Sarah, 2019. "Distinction and Connection: Hong Kong and Mainland China, a View from the HKIAC." *Global Arbitration Review*, May 24, 2019. At https://globalarbitrationreview.com/review/the-asia-pacific-arbitration-review/2020/article/distinction-and-connection-hong-kong-and-mainland-china-view-the-hkiac.

Gross, Raphael, 2007. *Carl Schmitt and the Jews: The "Jewish Question," the Holocaust, and German Legal Theory*. Madison: University of Wisconsin Press.

Groves, R.G., 1964. "The Origins of Two Market Towns in the New Territories." Royal Asiatic Society, Hong Kong Branch, ed., *Aspects of Social Organization in the New Territories: Weekend Symposium*. Hong Kong: Cathay Press. 16–20.

Groves, R.G., 1969. "Militia, Market and Lineage: Chinese Resistance to the Occupation of Hong Kong's New Territories in 1899." *Journal of Hong Kong Branch of Royal Asiatic Society*. Vol. 9. 31–64.

Grunfeld, Tom A., 1987. *The Making of Modern Tibet*. Armonk, NY: M.E. Sharpe.

Hamashita, Takeshi, 2008. *China, East Asia and the Global Economy*. London: Routledge.

Hamilton, Gary ed., 1999. *Cosmopolitan Capitalists: Hong Kong and the Chinese Diaspora at the End of the Twentieth Century*. Seattle: University of Washington Press.

Hamilton, Peter E., 2018. "Rethinking the Origins of China's Reform Era: Hong Kong and the 1970s Revival of Sino-US Trade." *Twentieth-Century China*. Vol. 43, No. 1. 67–88.

Han, Sunsheng, 1998. "Real Estate Development in China: A Regional Perspective." *Journal of Real Estate Literature*. Vol. 6, 121–133.

Hannum, Hurst, 1990. *Autonomy, Sovereignty, and Self-Determination*. Philadelphia: University of Pennsylvania Press.

Harris, Paul, 2008. "Is Tibet Entitled to Self Determination?" Center for Comparative and Public Law, Faculty of Law, Hong Kong University, Occasional Paper No. 18. At https://ccpl.law.hku.hk/content/uploads/2018/03/Pub/OP/OP%20No%2018%20Harris%20-%20Eng.pdf.

Hayes, James, 1977. *The Hong Kong Region 1850–1911: Institutions and Leaderships in Town and Countryside*. Hamden, CT: Archon Books.

He, Xi and David Faure, eds., 2016. *The Fisher Folk of Late Imperial and Modern China: An Historical Anthropology of Boat-and-Shed Living*. London: Routledge.

Head, John, 1998. "Selling Hong Kong to China: What Happened to the Right of Self-Determination?" *Kansas Law Review*. Vol. 46. 283–304.

Heaton, William, 1970. "Marxist Revolutionary Strategy and Modern Colonialism: The Cultural Revolution in Hong Kong." *Asian Survey*. Vol. 10, No. 9. 840–57.

Herman, John E., 1997. "Empire in the Southwest: Early Qing Reforms to the Native Chieftain System." *Journal of Asian Studies*. Vol. 56, No. 1. 47–74.

Himsworth, Chris, 2013. "The Autonomy of Devolved Scotland." In Yash Ghai and Sophia Woodman, eds., *Practising Self-Government: A Comparative Study of Autonomous Regions*. Cambridge: Cambridge University Press. 349–82.

Ho, Ming-sho, 2019. *Challenging Beijing's Mandate of Heaven: Taiwan's Sunflower Movement and Hong Kong's Umbrella Movement*. Philadelphia: Temple University Press.

Hong Kong Free Press, 2016. "CUHK Survey Finds Nearly 40% of Young Hongkongers Want Independence after 2047," July 25, 2016. At www.hongkongfp.com/2016/07/25/17-hongkongers-support-independence-2047-especially-youth-cuhk-survery.

Hong Kong Government, 1948. *Hong Kong Annual Report 1947*. Hong Kong: Government Printer.

Hong Kong Government, 1957. "Review: A Problem of People." In *Hong Kong Annual Report*. Hong Kong: Government Printer. Available at https://en.wikisource.org/wiki/Hong_Kong_Annual_Report,_1956/Chapter_1.

Hong Kong Journalists Association, 2007a. *Shrinking Margins: Freedom of Expression in Hong Kong since 1997*. Hong Kong: HKJA.

Hong Kong Journalists Association, 2007b. *Survey on Press Freedom in Hong Kong*. Hong Kong, HKJA.

Hong Kong University, 2016. "Categorical Ethnic Identity Poll, 1997–2016." At www.hku-pop.hku.hk/english/popexpress/ethnic/eidentity/poll/eid_poll_chart.html.

Huang, Tianlei, 2019. "Why China Still Needs Hong Kong." Peterson Institute of International Economics, July 15, 2019. At www.piie.com/blogs/china-economic-watch/why-china-still-needs-hong-kong.

Hughes, Richard, 1968 *Borrowed Place, Borrowed Time: Hong Kong and Its Many Faces*. London: André Deutsch.

Hui, Victoria Tin-bor, 2015. "Hong Kong's Umbrella Movement: The Protests and Beyond." *Journal of Democracy*. Vol. 26, No. 2. 111–21.

Hung, Ho-fung. 1998. "Thousand-Year Oppression and Thousand-Year Resistance: The Tanka Fishersfolks in Tai O before and after Colonialism." *Chinese Sociology and Anthropology*. Vol. 30, No. 3. 75–99.

Hung, Ho-fung, 2001. "Identity Contested: Rural Ethnicities in the Making of Urban Hong Kong." In Lee Pui-tak, ed., *Hong Kong Reintegrating with China: Political, Economic and Cultural Dimensions*. Hong Kong: Hong Kong University Press. 181–202.

Hung, Ho-fung, 2010. "Uncertainty in the Enclave." *New Left Review*, Series 2. Vol. 66. At https://newleftreview.org/issues/II66/articles/ho-fung-hung-uncertainty-in-the-enclave.

Hung, Ho-fung, 2011b. *Protest with Chinese Characteristics: Demonstrations, Riots, and Petitions in the Mid-Qing Dynasty*. New York: Columbia University Press.

Hung, Ho-fung, 2015. *The China Boom: Why China Will Not Rule the World*. New York, NY: Columbia University Press.

Hung, Ho-fung, 2016. "From Qing Empire to the Chinese Nation: An Incomplete Project." *Nations and Nationalism*. Vol. 22, No. 4. 660–65.

Hung, Ho-fung, 2018. "The Tapestry of Chinese Capital in the Global South." *Palgrave Communications*. Vol. 4, Article 65. At www.nature.com/articles/s41599-018-0123-7.

Hung, Ho-fung, 2020a. "China and the Global South." In Thomas Fingar and Jean Oi ed. *Fateful Decisions: Choices That Will Shape China's Future*. Palo Alto, CA: Stanford University Press. 247–71.

Hung, Ho-fung, 2020b. "How Capitalist Is China?" *Socio-Economic Review*. Vol. 18, No. 3. 888–92.

Hung, Ho-fung, 2020c. "The US–China Rivalry Is about Capitalist Competition" *Jacobin*

July 11, 2020. www.jacobinmag.com/2020/07/us-china-competition-capitalism-rivalry.

Hung, Ho-fung, 2021. "The Periphery in the Making of Globalization: The China Lobby and the Reversal of Clinton's China Trade Policy, 1993–1994," *Review of International Political Economy*. Vol. 28, No. 4. 1004–1027.

Hung, Ho-fung, forthcoming. *Clash of Empires: From "Chimerica" to the "New Cold War"*. Cambridge: Cambridge University Press.

Hung, Ho-fung and Ip Iam-Chong, 2012. "Hong Kong's Democratic Movement and the Making of China's Offshore Civil Society." *Asian Survey*. Vol. 52, No. 3, 504–527.

Hung, Ho-fung and Kuo Huei-ying, 2010. "'One Country, Two Systems' and Its Antagonists in Tibet and Taiwan." *China Information*. Vol. 24, No. 3. 317–37.

Ip, Iam-Chong, 2015. "Politics of Belonging: A Study of the Campaign against Mainland Visitors in Hong Kong." *Inter-Asia Cultural Studies*. Vol. 16, No. 3, 410–21.

Ip, Iam-Chong, 2018. "State, Class and Capital: Gentrification and New Urban Developmentalism in Hong Kong." *Critical Sociology*. Vol. 44, No. 3. 547–62.

Ip, Iam-Chong, 2019. *Hong Kong's New Identity Politics: Longing for the Local in the Shadow of China*. London: Routledge.

Jing, Suzie, 2018. "The Mirror: Colonial Britain and China's Rationale for Hong Kong's Functional Constituency." Draft paper presented at the Seminar on Corporations and International Law, Duke University, January 29, 2018. At https://sites.duke.edu/corporations/2018/01/29/the-mirror-colonial-britain-and-chinas-rationale-for-hong-kongs-functional-constituency.

Jones, Carol, 2015. *Lost in China? Law, Culture and Identity in Post-1997 Hong Kong*. Cambridge: Cambridge University Press.

Kaeding, Malte Philipp, 2014. "Challenging Hongkongisation: The Role of Taiwan's Social Movements and Perceptions of Post-handover Hong Kong," *Taiwan in Comparative Perspective*. Vol. 5. 120–33.

Kaeding, Malte Philipp, 2017. "The Rise of 'Localism' in Hong Kong." *Journal of Democracy*. Vol. 28. No. 1. 157–71.

Kamm, J.T., 1977. "Two Essays on the Ch'ing Economy of Hsin-An, Kwangtung." *Journal of the Hong Kong Branch of the Royal Asiatic Society*. Vol. 17. 55–84.

Kani, H., 1967. *A General Survey of the Boat People in Hong Kong*. Hong Kong: Southeast Asia Studies Sections, New Asia Research Institute, Chinese University of Hong Kong.

Karreman, Bas and Bert van der Knaap, 2009. "The Financial Centres of Shanghai and Hong Kong: Competition or Complementarity?" *Environment and Planning A: Economy and Space*. Vol. 41, No. 3. 563–80.

Keating, Michael, 2013. "Nationalism, Unionism and Secession in Scotland." In Jean-Pierre Cabestan and Aleksandar Pavkovic, eds., *Secessionism and Separatism in Europe and Asia: To Have a State of One's Own*. London: Routledge. 127–44.

Keliher, Macabe, 2020. "Neoliberal Hong Kong Is Our Future, Too." *Boston Review*, September 9, 2020. At http://bostonreview.net/global-justice/macabe-keliher-neoliberal-hong-kong-our-future-too.

Kennedy, John James, 2002. "The Face of 'Grassroots Democracy' in Rural China: Real versus Cosmetic Elections." *Asian Survey*. Vol. 42, No. 3. 456–482.

Ku, Agnes Shuk-mei, 2004. "Immigration Policies, Discourses, and the Politics of Local Belonging in Hong Kong, 1950–1980." *Modern China*. No. 30. 326–60.

Ku, Agnes Shuk-mei, 2012, "Re-making Places and Fashioning an Opposition Discourse: Struggle over the Star Ferry Pier and the Queen's Pier in Hong Kong." *Environment and Planning D: Space and Society*. Vol. 30. No. 1. 5–22.

Ku, Agnes Shuk-mei, 2019. "In Search of a New Political Subjectivity in Hong Kong: The Umbrella Movement as a Street Theater of Generational Change." *China Journal*. Vol. 82. 111–32.

Ku, Agnes Shuk-mei and Pun Ngai, eds., 2004. *Remaking Citizenship in Hong Kong: Community, Nation and the Global City*. London: Routledge.

Kuo, Huei-ying, 2014. *Networks beyond Empires: Chinese Business and Nationalism in the Hong Kong–Singapore Corridor, 1914–1941*. Leiden: Brill.

Kwong, Bruce K., 2010. *Patron–Client Politics and Elections in Hong Kong*. London: Routledge.

Kwong, Ying-ho, 2016. "State–Society Conflict Radicalization in Hong Kong: The Rise of 'Anti-China' Sentiment and Radical Localism." *Asian Affairs*. Vol. 47. No. 3. 428–42.

Lam, Jermain T.M., 2010. "Party Institutionalization in Hong Kong." *Asian Perspective*. Vol. 34, No. 2. 53–82.

Lam, Nora, 2017. *Lost in the Fumes* (biographical documentary). Hong Kong: Ying e Chi.

Lam, T.W., 1985. *Essays on the Ancient History of Hong Kong*. Taipei: Taiwan Commercial Press.

Lam, Wai-man and Luke Cooper, 2018. *Citizenship, Identity and Social Movements in the New Hong Kong: Localism after the Umbrella Movement*. London: Routledge.

Lam, Wai-man and Kay Lam Chi-yan, 2013. "China's United Front Work in Civil Society: The Case of Hong Kong." *International Journal of China Studies*. Vol. 4. No. 3. 301–25.

Lardy, Nicholas, 2019. *The State Strikes Back: The End of Economic Reform in China?* Washington DC: Peterson Institute for International Economics.

Lau Siu-kai, 1984. *Society and Politics in Hong Kong*. Hong Kong: Chinese University of Hong Kong Press.

Lau, Siu-Kai and Hsien-Chi Kuan, 1988. *The Ethos of the Hong Kong Chinese*. Hong Kong: Chinese University Press.

Law, Wing-sang, 2009. *Collaborative Colonial Power: The Making of the Hong Kong Chinese*. Hong Kong: University of Hong Kong Press.

Lee, Ching-kwan and Ming Sing, eds., 2019. *Challenging Beijing's Mandate of Heaven: Taiwan's Sunflower Movement and Hong Kong's Umbrella Movement*. Ithaca, NY: Cornell University Press.

Lee, Eliza, 2020. "United Front, Clientelism, and Indirect Rule: Theorizing the Role of the 'Liaison Office' in Hong Kong." *Journal of Contemporary China*. Vol. 29 No. 125. 763–75.

Lee, Francis L.F. and Joseph M. Chan, 2008, "Professionalism, Political Orientation and Perceived Self-Censorship: A Survey Study of Hong Kong Journalists." *Issues and Studies*. Vol. 44, No. 1. 205–38.

Lee, Francis L.F. and Joseph M. Chan, 2011. *Media, Social Mobilisation and Mass Protests in Post-colonial Hong Kong: The Power of a Critical Event*. London: Routledge.

Lee, Francis L. F. and Joseph M. Chan, 2018. *Media and Protest Logics in the Digital Era: The Umbrella Movement in Hong Kong*. Oxford: Oxford University Press.

Lee, Martin, 1996. "The Fight for Democracy." In Sally Blyth and Ian Wotherspoon, eds., *Hong Kong Remembers*. Hong Kong: Oxford University Press. 233–43.

Lee, Zardas Shuk-Man, Phoebe Y.H. Tang and Carol Tsang, 2013. "Searching for an Identity: Debates over Moral and National Education as an Independent Subject in Contemporary Hong Kong." *History Education Research Journal*. Vol. 11, No. 2. 88–97.

Leung, Benjamin K.P., 2000. "Student Movement in Hong Kong: Transition to a Democratizing Society." In Stephen W.K. Chiu and Tai-lok Lui, eds., *Dynamics of Social Movement in Hong Kong*. Hong Kong: Hong Kong University Press. 209–26.

Leung, Dennis K.K., 2015. "Alternative Internet Radio, Press Freedom and Contentious Politics in Hong Kong, 2004–2014." *Javnost: The Public*. Vol. 22, No. 2. 196–212.

Lian, Yi-Cheng, 2017. "Red Capital in Hong Kong." *New York Times*, June 1, 2017. At www.nytimes.com/2017/06/01/opinion/red-capital-in-hong-kong-china-investment.html.

Lilla, Mark, 2010. "Reading Strauss in Beijing." *New Republic*, December 10, 2010. At https://newrepublic.com/article/79747/reading-leo-strauss-in-beijing-china-marx.

Liu, Mingtang, 2020. "Two Faces of China's Statist Shift since the 2000s: A State-Led Counter-movement." Unpublished paper, Department of Sociology, Johns Hopkins University.

Liu, Xiaoyuan, 2003. *Frontier Passages: Ethnopolitics and the Rise of Chinese Communism, 1921–1945*. Palo Alto, CA: Stanford University Press.

Lo, Pui-Yin, 2014. *The Judicial Construction of Hong Kong's Basic Law: Courts, Politics and Society after 1997*. Hong Kong: Hong Kong University Press.

Lo, Sunny Shiu-Hing, 2013. "Democratization of China and Hong Kong: The Hong Kong Alliance in Support of Patriotic Democratic Movements of China." *Journal of Contemporary China*. Vol. 22, No. 84. 923–43.

Lo, Sonny Shiu-Hing, 2018. "Ideologies and Factionalism in Beijing–Hong Kong Relations." *Asian Survey*. Vol. 58 No. 3, 392–415.

Lo, Sonny Shiu-Hing, Steven Chung-fun Hung and Jeff Loo Hai-Chi Loo, 2019. *China's New United Front Work in Hong Kong: Penetrative Politics and Its Implications*. London: Palgrave Macmillan.

Lockhart, J.H.S., 1899. *Extracts from Papers Relating to the Extension of the Colony of Hong Kong*. Hong Kong: Hong Kong Government Printer.

Loh, Christine, 2010. *Underground Front: The Chinese Communist Party in Hong Kong*. Hong Kong: Hong Kong University Press.

Lotta, Moberg, 2017. *The Political Economy of Special Economic Zones: Concentrating Economic Development*. London: Routledge.

Louis, Wm. Roger, 1997. "Hong Kong: The Critical Phase, 1945–1949." *American Historical Review*. Vol. 102, No. 4. 1052–84.

Lowe, John and Eileen Yuk-ha Tsang, 2017. "Disunited in Ethnicity: The Racialization of Chinese Mainlanders in Hong Kong." *Patterns of Prejudice*. Vol. 51, No. 2. 137–58.

Lui, Tai-lok, 2017. "'Flying MPs' and Political Change in a Colonial Setting: Political Reform under MacLehose's Governorship of Hong Kong," In Michael H.K. Ng and John D. Wong, eds., *Civil Unrest and Governance in Hong Kong: Law and Order from Historical and Cultural Perspectives*. London: Routledge. 76–96.

Lui, Tai-lok and Stephen W. K. Chiu, 2009. *Hong Kong: Becoming China's Global City*. London: Routledge.

Lui, Tai-lok and Stephen W.K. Chiu, 1999. "Social Movements and Public Discourse on Politics." In Tak-wing Ngo, ed., *Hong Kong's History: State and Society under Colonial Rule*. New York: Routledge. 101–18.

Ma, Ngok, 1997. "The Sino-British Dispute over Hong Kong: A Game Theory Interpretation." *Asian Survey*. Vol. 37, No. 8. 738–51.

Ma, Ngok, 2005. "Civil Society in Self-Defense: The Struggle against National Security Legislation in Hong Kong." *Journal of Contemporary China*. Vol. 14, No. 44. 465–82.

Ma, Ngok, 2007. *Political Development in Hong Kong: State, Political Society, and Civil Society*. Hong Kong: Hong Kong University Press.

Ma Ngok, 2015. "The Making of a Corporatist State in Hong Kong: The Road to Sectoral Intervention." *Journal of Contemporary Asia*. Vol. 46, No. 2. 247–66.

Ma, Ngok, 2017. "The China Factor in Hong Kong Elections: 1991 to 2016." *China Perspectives*. No. 3. 17–26.

Machiavell, Niccolo, 1992 (1513). *The Prince*. New York: W.W. Norton.

Mark, Chi-kwan, 2004. *Hong Kong and the Cold War: Anglo-American Relations, 1949–57*. Oxford: Oxford University Press.

Mark, Chi-Kwan, 2007. "The 'Problem of People': British Colonials, Cold War Powers, and the Chinese Refugees in Hong Kong, 1949–62." *Modern Asian Studies*. Vol. 41, No. 6. 1145–81.

Marx, Karl, 1978 [1852] "The Eighteenth Brumaire of Louis Bonaparte." In Robert Tucker, ed., *The Marx–Engels Reader*. New York: W.W. Norton & Company. 436–525.

Mathews, Gordon, 2000. *Global Culture/Individual Identity: Searching for Home in the Cultural Supermarket. London*: Routledge.

Mathews, Gordon, Eric Ma, and Tai-Lok Lui, 2007. *Hong Kong, China: Learning to Belong to a Nation*. London: Routledge.

Meacham, William, 1984. "Coastal Landforms and Archaeology in the Hong Kong Archipelago." *World Archaeology*. Vol. 16, No. 1. 128–35.

Michael, Franz, 1986. "Traditional Tibetan Polity and Its Potential for Modernization." *Tibetan Journal*. Vol. 11, No. 4. 70–78.

Miners, Norman, 1986. *The Government and Politics of Hong Kong*. Hong Kong: University of Hong Kong Press.

Minkins, Robert and Kelvin Lau, 2012. *The Offshore Renminbi: The Rise of the Chinese Currency and Its Global Future*. New York: Wiley.

Modongal, Shameer (with Zhouxiang Lu as reviewing editor), 2016. "Development of Nationalism in China." *Cogent Social Sciences*. Vol. 2, No. 1. DOI: 10.1080/23311886.2016.1235749.

Morris, Paul and Edward Vickers, 2015. "Schooling, Politics and the Construction of Identity in Hong Kong: The 2012 'Moral and National Education' Crisis in Historical Context." *Comparative Education*. Vol. 51, No. 3. 305–26.

Muizarajs, Mikes, 2019. "Timor-Leste: A Nation of Resistance." In Jon B. Alterman and Will Todman, eds., *Independence Movements and Their Aftermath: Self-Determination and the Struggle for Success.* Lanham, MD: CSIS/Rowman and Littlefield. 53–80.

Mullaney, Thomas, 2011. *Coming to Terms with the Nation: Ethnic Classification in Modern China.* Berkeley, CA: University of California Press.

Muller, Nicolas, 2019. "Nicaragua's Chinese-Financed Canal Project Still in Limbo" *The Diplomat*, August 20, 2019. At https://thediplomat.com/2019/08/nicaraguas-chinese-financed-canal-project-still-in-limbo.

Murphy, Melissa and Wen Jin Yuan, 2009. "Is China Ready to Challenge the Dollar? Internationalization of the Renminbi and Its Implications for the United States." CSIS Report, October 7, 2009. At https://csis-website-prod.s3.amazonaws.com/s3fs-public/legacy_files/files/publication/091007_Murphy_IsChinaReady_Web.pdf.

Murphy, Peter, Fergus Saurin, Edward Beeley, Sian Knight, and Holman Fenwik Willian, 2017. "Arbitration Procedures and Practice in Hong Kong: An Overview." Thomson Reuters Practical Law Q & A session script, December 1, 2017. At https://uk.practicallaw.thomsonreuters.com/9-381-2657?__lrTS=20180917122905573&transitionType=Default&contextData=(sc.Default)&firstPage=true.

Ngo, Jeffrey, 2018. "Why the World Should Be Alarmed at Hong Kong's Expulsion of a Foreign Journalist," *Time*, October 16, 2018. At https://time.com/5425653/victor-mallet-hong-kong-china-ft-media-freedom-fcc.

Ngo, Tak-wing, 1999. "Industrial History and the Artifice of Laissez-faire Colonialism." In Tak-wing Ngo, ed., *Hong Kong's History: State and Society under Colonial Rule.* New York: Routledge. 119–40.

Ngo, Tai-Wing, ed., 1999. *Hong Kong's History: State and Society under Colonial Rule.* London: Routledge.

Norbu, Dawa, 1979. "The 1959 Tibetan Rebellion: An Interpretation." *China Quarterly.* No. 77. 74–93.

Norbu, Dawa, 1991. "China's Dialogue with the Dalai Lama 1978–90: Prenegotiation Stage of Dead End?" *Pacific Affairs.* Vol. 64, No. 3. 351–72.

Ortmann, Stephan, 2016. "The Lack of Sovereignty, the Umbrella Movement, and Democratisation in Hong Kong." *Asia Pacific Law Review.* Vol. 24, No. 2. 108–22.

Palmer, Michael, 1987. "The Surface–Subsoil Form of Divided Ownership in Late Imperial China: Some Examples from the New Territories of Hong Kong." *Modern Asian Studies.* Vol. 21, No. 1. 1–119.

Pang, Laik-wan, 2020. *The Appearing Demos: Hong Kong during and after the Umbrella Movement.* Ann Arbor: University of Michigan Press.

Pauly, Louis W., 2011. "Hong Kong's Financial Center in a Regional and Global Context,"

Hong Kong Journal (Carnegie Endowment for International Peace). No. 21, July 2011. At https://munkschool.utoronto.ca/pauly/selected_publications/Pauly%20Hong%20 Kong%20Journal.pdf.

Pavkovic, Aleksandar, 2013. "Seceding by the Force of Arms: Chechnya and Kosovo." In Jean-Pierre Cabestan and Aleksandar Pavkovic, eds., *Secessionism and Separatism in Europe and Asia: To Have a State of One's Own*. London: Routledge. 99–109.

Perdue, Peter C., 2001. "Empire and Nation in Comparative Perspective: Frontier Administration in Eighteenth-Century China." *Journal of Early Modern History*. Vol. 5, No. 4. 283–304.

Perdue, Peter C., 2005. *China Marches West: The Qing Conquest of Central Eurasia*. Cambridge, MA: Harvard University Press.

Petech, Luciano, 1973. *Aristocracy and Government in Tibet, 1728–1959*. Rome: Istituto Italiano Per Il Medio Ed, Esremo Oriente.

Rowe, William T., 2002. "Social Stability and Social Change." In Willard J. Peterson, ed., *Cambridge History of China: Mid-Ching*. Cambridge: Cambridge University Press. 473– 562.

Sassen, Saskia, 2001. *Global City: New York, London, Tokyo*. Princeton, NJ: Princeton University Press.

Schein, Louisa, 2000. *Minority Rules: The Miao and the Feminine in China's Cultural Politics*. Durham, NC: Duke University Press.

Schenk, Catherine, 2001. *Hong Kong as an International Financial Centre: Emergence and Development 1945–65*. London: Routledge.

Schenk, Catherine, 2011. "The Re-emergence of Hong Kong as an International Financial Centre 1960–78: Contested Internationalisation." In L. Quennouelle-Corre and Y. Cassis, eds., *Financial Centres and International Capital Flows in the Nineteenth and Twentieth Centuries*. Oxford: Oxford University Press. 199–253.

Schiffer, J.R., 1991. "State Policy and Economic Growth: A Note on the Hong Kong Model." *International Journal of Urban and Regional Research*. Vol. 15 No. 2. 180–96.

Scott, Ian, *1989. Political Change and the Crisis of Legitimacy in Hong Kong*. Hong Kong: Oxford University Press.

Scott, James C., 2009. *The Art of Not Being Governed: An Anarchist History of Upland Southeast Asia*. New Haven, CT: Yale University Press.

Serwer, Daniel, 2019. "Kosovo: An Unlikely Success Still in the Making." In Jon B. Alterman and Will Todman, eds., *Independence Movements and Their Aftermath: Self-Determination and the Struggle for Success*. Lanham, MD: CSIS/Rowman and Littlefield. 81–99.

Sewell, William H., Jr., 1996. "Historical Events as Transformations of Structures: Inventing Revolution at the Bastille." *Theory and Society*. Vol. 25, No. 6. 841–81.

Shepherd, John, 1993. *Statecraft and Political Economy on the Taiwan Frontier, 1600–1800*. Palo Alto, CA: Stanford University Press.

Simeon, Richard and Luc Turgeon, 2013. "Seeking Autonomy in a Decentralized Federation: The Case of Quebec." In Yash Ghai and Sophia Woodman, eds., *Practising Self-Government: A Comparative Study of Autonomous Regions*. Cambridge: Cambridge University Press. 32–6.

Sing, Ming, 2004. *Hong Kong's Tortuous Democratization: A Comparative Analysis*. London: Routledge.

Sing, Ming, 2009. *Politics and Government in Hong Kong: Crisis under Chinese Sovereignty*. London: Routledge.

Sing, Ming, 2019. "How Students Took Leadership of the Umbrella Movement: Marginalization of Prodemocracy Parties." In Ching Kwan Lee and Ming Sing, eds., *Take Back Our Future: An Eventful Sociology of the Hong Kong Umbrella Movement*. Ithaca, NY: Cornell University Press. 144–66.

Sinn, Elizabeth, 2003. *Power and Charity: A Chinese Merchant Elite in Colonial Hong Kong*. Hong Kong: Hong Kong University Press.

Siroky, David S. and John Cuffe, 2015. "Lost Autonomy, Nationalism and Separatism." *Comparative Political Studies*. Vol. 48, No. 1. 3–34.

Siu, Helen F., 1996. "Remade in Hong Kong: Weaving into the Chinese Cultural Tapestry." In Tao Tao Liu and David Faure, eds., *Unity and Diversity: Local Cultures and Identities in China*. Hong Kong: Hong Kong University Press. 177–96.

Siu, Helen F. and Liu Zhiwei, 2006. "Lineage, Market, Pirate, and Dan: Ethnicity in the Pearl River Delta of South China." In Pamela Kyle Crossley, Helen Siu, and Donald Sutton, eds., *Empire at the Margins: Culture, Ethnicity, and Frontier in Early Modern China*. Berkeley: University of California Press. 285–310.

Smart, Alan, 1992. *Making Room: Squatter Clearance in Hong Kong*. Hong Kong: Center of Asian Studies, Hong Kong University.

Smith, Warren W., Jr., 1994. "The Nationalities Policy of the Chinese Communist Party and the Socialist Transformation of Tibet." In Robert Barnett, ed., *Resistance and Reform in Tibet*. Bloomington: Indiana University Press. 51–75.

Smith, Warren W., Jr., 1996. *Tibetan Nation: A History of Tibetan Nationalism and Sino-Tibetan Relations*. Boulder, CO: Westview Press.

Snow, Edgar, 1968. *Red Star over China*. New York: Grove Press.

Snow, Philip, 2004. *The Fall of Hong Kong: Britain, China, and the Japanese Occupation*. New Haven, CT: Yale University Press.

So, Alvin Y., 1999. *Hong Kong's Embattled Democracy: A Societal Analysis*. Baltimore: Johns Hopkins University Press.

So, Alvin Y., 2000. "Hong Kong's Problematic Democratic Transition: Power Dependency or Business Hegemony?" *Journal of Asian Studies*. Vol. 59, No. 2. 359–81.

Solheim, Wilhelm G., II, 2006. *Archaeology and Culture in Southeast Asia: Unraveling the Nusantao*. Diliman, Quezon City, Philippines: University of the Philippines Press.

Song, Wendy W., 2014. "U.S. Export Controls Update: Why Hong Kong Dominates the New Unverified List." *Corporate Compliance Insights*, July 30, 2014. At www.corporate-complianceinsights.com/us-export-controls-update-why-hong-kong-dominates-the-new-unverified-list.

Spruyt, Hendrik, 1996. *The Sovereign State and Its Competitors: An Analysis of Systems Change*. Princeton, NJ: Princeton University Press.

Starr, Frederick S., 2004. *Xinjiang: China's Muslim Borderland*. Armonk, NY: M.E. Sharpe.

Stein, Rolf Alfred, 1972. *Tibetan Civilization*. Palo Alto, CA: Stanford University Press.

Steinhardt, H. Christoph, Linda Chelan Li, and Yihong Jiang, 2018. "The Identity Shift in Hong Kong since 1997: Measurement and Explanation." *Journal of Contemporary China*. Vol. 27, No. 110. 261–76.

Stoddard, Heather, 1986. "Tibet from Buddhism to Communism." *Government and Opposition*. Vol. 21, No. 1. 76–95.

Suksi, Markku, 2013. "Prosperity and Happiness through Autonomy: The Self-Government of the Åland Islands in Finland." In Yash Ghai and Sophia Woodman, eds., *Practising Self-Government: A Comparative Study of Autonomous Regions*. Cambridge: Cambridge University Press. 62–90.

Takla, T.N., 1969. "Notes on Some Early Tibetan Communists." *Tibetan Review*. Vol. 2, No. 17. 7–10.

Tam, Wai-keung, 2012. *Legal Mobilization under Authoritarianism: The Case of Post-colonial Hong Kong*. New York: Cambridge University Press.

Taylor, Peter J. and Ben Derudder, 2015. *World City Network: A Global Urban Analysis*. 2nd edn. New York and London: Routledge.

Tilly, Charles, 1989. *Big Structures, Large Processes, Huge Comparisons*. New York: Russell Sage Foundation.

Tilly, Charles, 1993. *Coercion, Capital, and European States, AD 990–1990*. Oxford: Blackwell.

Tilly, Charles and Wimp Blockmans, eds., 1994. *Cities and the Rise of States in Europe, A.D. 1000 to 1800*. Boulder, CO: Westview.

Ting, Chun Chun, 2013. "The Star and the Queen: Heritage Conservation and the Emergence of a New Hong Kong Subject." *Modern Chinese Literature and Culture*. Vol. 25, No. 2. 80–129.

Topley, M., 1964. "Capital, Saving and Credit among Indigenous Rice Farmers and Immigrant Vegetable Farmers in Hong Kong's New Territories." In R. Firth and B.S. Yamey, eds., *Capital, Saving and Credit in Peasant Societies*. London: George Allen and Unwin. 157–87.

Tsai, J.F., 1993. *Hong Kong in Chinese History: Community and Social Unrest in the British Colony, 1842–1913*. New York: Columbia University Press.

Tsang, Steve Yui-sang, 1988. *Democracy Shelved: Great Britain, China, and Attempts at Constitutional Reform in Hong Kong, 1945–1952*. Oxford: Oxford University Press.

Tsang, Steve Yui-sang, 2007. *A Modern History of Hong Kong*. London: I.B. Tauris.

Tse, Thomas Kwan-choi, 2004. "Civic Education and the Making of Deformed Citizenry: From British Colony to Chinese SAR." In Agnes S. Ku and Ngai Pun, eds., *Remaking Citizenship in Hong Kong: Community, Nation, and the Global City*. London: Routledge. 54–73.

Veg, Sebastian, 2007. "Cultural Heritage in Hong Kong: The Rise of Activism and the Contradictions of Identity." *China Perspectives*. No. 2. 46–8.

Veg, Sebastian, 2017. "The Rise of 'Localism' and Civic Identity in Post-handover Hong Kong: Questioning the Chinese Nation-State." *China Quarterly*. Vol. 230. 323–47.

Walter, Carl E. and Fraser J.T. Howie, 2012. *Red Capitalism: The Fragile Financial Foundation of China's Extraordinary Rise*. New York: Wiley.

Wang-Kaeding, Heidi and Malte Philipp, 2019, "Red Capital in Hong Kong." *Asian Education and Development Studies*. Vol. 8, No. 2. 149–60.

Wangye, Bapa Phuntso (with Melvyn C. Goldstein, Dawei Sherap, and William R. Siebenschuh), 2004. *A Tibetan Revolutionary: The Political Life and Times of Bapa Phuntso Wangye*. Berkeley: University of California Press.

Wasserstrom, Jeffrey, 2020. *Vigil: Hong Kong on the Brink*. New York: Columbia Global Reports.

Watson, James, 1975. *Emigration and the Chinese Lineage: The Mans in Hong Kong and London*. Berkeley, CA: University of California Press.

Watson, James, 1983. "Rural Society: Hong Kong's New Territories." *China Quarterly*. Vol. 95. 480–90.

Weber, Max, 1966 [1921]. *The City*. New York: Free Press.

Wong, Stan Hok-Wui, 2014. "Resource Disparity and Multi-level Elections in Competitive Authoritarian Regimes: Regression Discontinuity Evidence from Hong Kong." *Electoral Studies*. Vol. 33. 200–19.

Wong, Stan Hok-Wui and Kin Man Wan, 2018. "The Housing Boom and the Rise of Localism in Hong Kong: Evidence from the Legislative Council Election in 2016." *China Perspectives*. No. 3. 31–40.

Wong, Thomas W.P., 1998. "Colonial Governance and the Hong Kong Story." Occasional paper, Hong Kong Institute of Asia–Pacific Studies, Chinese University of Hong Kong.

Wong, Thomas W.P. and Tai-Lok Lui, 1992. "From One Brand of Politics to One Brand of Political Culture." Occasional Paper No. 10, Hong Kong Institute of Asia–Pacific Studies, Chinese University of Hong Kong.

Wong, Thomas W.P. and Tai-Lok Lui, 1993. "Morality, Class and the Hong Kong Way of Life." Occasional Paper No. 30, Hong Kong Institute of Asia–Pacific Studies, Chinese University of Hong Kong.

Wong, S., 2015. "Real Estate Elite, Economic Development, and Political Conflicts in Postcolonial Hong Kong." *China Review*. Vol. 15, No. 1. 1–38.

Wong, S., Ngok Ma and W. Lam, 2018. "Immigrants as Voters in Electoral Autocracies: The Case of Mainland Chinese Immigrants in Hong Kong." *Journal of East Asian Studies*. Vol. 18, No. 1. 67–95.

Wong, Timothy Ka-ying, 1996. *Ethnic Identity and National Identity of the People in Hong Kong: A Liberal Explanation*. Hong Kong: Hong Kong Institute of Asia–Pacific Studies.

Wong, Yiu-chung, 2004. *One Country, Two Systems in Crisis: Hong Kong's Transformation since the Handover*. Lanham, MD: Lexington Books.

Woodman, Sophia and Yash Ghai, 2013. "Comparative Perspectives on Institutional Frameworks for Autonomy." In Yash Ghai and Sophia Woodman, eds., *Practising Self-Government: A Comparative Study of Autonomous Regions*. Cambridge: Cambridge University Press. 449–86.

Wu, Rwei-Ren, 2016. "The Lilliputian Dreams: Preliminary Observations of Nationalism in Okinawa, Taiwan and Hong Kong." *Nations and Nationalism*. Vol. 22, No. 4. 686–705.

Yahuda, Michael, 1993. "Hong Kong's Future: Sino-British Negotiations, Perceptions, Organization and Political Culture." *International Affairs*. Vol. 69, No. 2. 245–66.

Yeh, Anthony G.O., Guanghan Chen, Victor Fung-Shuen Sit, and Yunyuan Zhou, 2006. *Developing a Competitive Pearl River Delta in South China under One Country–Two Systems*. Hong Kong: University of Hong Kong Press.

Yen, Ching-Hwang, 2013. *Ethnic Chinese Business in Asia: History, Culture and Business En-terprise*. Singapore: World Scientific.

Yep, Ray, ed., 2013. *Negotiating Autonomy in Greater China: Hong Kong and Its Sovereign before and after 1997*. Copenhagen: NIAS Press.

Yep, Ray and Tai-lok Lui, 2010. "Revisiting the Golden Era of MacLehose and the Dynamics of Social Reforms." *China Information*. Vol. 24, No. 3. 249–72.

Yew, Chiew-Ping and Kin-ming Kwong, 2014. "Hong Kong Identity on the Rise." *Asian Survey*. Vol. 54, No. 6, 1088–1112.

Yuen, Samson, 2019. "Transgressive Politics in Occupy Mongkok." In Ching Kwan Lee and Ming Sing, eds., *Take Back Our Future: An Eventful Sociology of the Hong Kong Umbrella Movement*. Ithaca, NY: Cornell University Press. 52–37.

Yuen, Samson, 2020. "Native-Place Networks and Political Mobilization: The Case of Post-handover Hong Kong." *Modern China*. Forthcoming (online first). At https://journals.sagepub.com/doi/abs/10.1177/0097700420934093.

Yuen, Samson and Chung San-ho, 2018. "Explaining Localism in Post-handover Hong Kong: An Eventful Approach." *China Perspectives*. No. 3. 19–29.

Zhao, Suisheng, 2004. *A Nation-State by Construction: Dynamics of Modern Chinese Nationalism*. Palo Alto, CA: Stanford University Press.

Zheng, Yongnian and Chiew Ping Yew, eds., 2013. *Hong Kong under Chinese Rule: Economic Integration and Political Gridlock*. Singapore: World Scientific.

Zhou, Xiaochuan, 2009. "Reform the International Monetary System." Bank of International Settlement, March 23, 2009. At www.bis.org/review/r090402c.pdf.

人名對照

Glossary

Bo Xilai 薄熙來
Cao Erbao 曹二寶
Cao Juren 曹聚仁
Cha Shih May-lung 查史美倫
Chan Fang On-sang 陳方安生
Chan, Ka-keung Ceajer 陳家強
Chan Kin-man 陳健民
Chan Shung-fai 陳崇輝
Chan Wai-yip 陳偉業
Chan Wan 陳雲
Chan Wan-kan 陳雲根
Chen Qing 陳晴
Chen Jianwen 陳健文
Chiang Ching-kuo 蔣經國
Chiang Kai-shek 蔣介石
Chen Lin 陳林
Chen Shuang 陳爽
Chen Wei 陳蔚
Chen Zixiang 陳子翔
Chen Zuo'er 陳佐洱
Ching Cheong 程翔
Chow Yong-kang 周永康
Deng Xiaoping 鄧小平

Diao Tong 刁潼
Dong Qiwu 董其武
Dong Zhe 董喆
Fang Fang 方方
Fung E 馮愉敏
Fok Ying Tung 霍英東
Gu Kailai 谷開來
Guo Pei 郭沛
Guo Qifei 郭齊飛
Han Shuxia 韓淑霞
Ho Chi-ping 何志平
Ho Tsu-kwok 何柱國
Huang Haibo 黃海波
Huang Henan 黃赫男
Huang Zheng 黃錚
Hu Jintao 胡錦濤
Hung, Benjamin 洪丕正
Hung Man 熊敏
Jiang Shigong 強世功
Jiang Zemin 江澤民
Kuan Hsin-chi 關信基
Kwan, Edward 關百忠
Kwok Chung 郭松
Lam Cheng Yuet-ngor 林鄭月娥
Lam Tin-fuk 林天福

Lau Luen Hung 劉鑾雄
Lau Nai-keung 劉迺強
Lau Siu-kai 劉兆佳
Lee Chu-ming 李柱銘
Lee, Jeanne 李細燕
Lee, Vincent 李君豪
Leung Chun-ying 梁振英
Leung Kwok-hung 梁國雄
Leung Tin-kei 梁天琦
Li Hou 李後
Li Ka-shing 李嘉誠
Li Kwok-po 李國寶
Li Lu-jen 李律仁
Li Peng 李鵬
Li Shan 李山
Li Tzar-kai 李澤楷
Li Wangyang 李旺陽
Li Xiaolin 李小琳
Li Zhanshu 栗戰書
Li Zhuozhuo 李卓卓
Liu Bin 劉賓
Liu Ting'an 劉廷安
Liu Xiaobo 劉曉波
Liu Yang 劉洋
Loo Aqui 盧亞貴
Ma Sixiao 馬斯曉

Meng Mingyi 孟明毅

Meng Wanzhou 孟晚舟

Meng Xiaosu 孟曉蘇

Ng Ngoi-yee 吳靄儀

Ngai, Joseph 倪以理

Ni Mu 倪木

Pu Zefei 濮澤飛

Qin Jing 秦靖

Qin Lisheng 秦力生

Qin Xiao 秦曉

Qin Yang 秦陽

Rao Guizhu 饒桂珠

Ren Shanshan 任珊珊

Song Renqiang 宋任強

Szeto Wah 司徒華

Song Xin 宋欣

Su Xiaopeng 蘇曉鵬

Tai Yiu-ting 戴耀廷

Tang Hsiang-chien 唐翔千

Tang Ying-yen 唐英年

Tanka 蜑家

Tian Bin 田斌

Tien Pei-chun 田北俊

Tien Puk-sun 田北辰

Tien Yuan-hao 田元灝

To Kwan-hang 陶君行

Tsang Chun-wah 曾俊華

Tsang Yam-kuen 曾蔭權

Tsang Yok-sing 曾鈺成

Tse Yung-hoi 謝湧海

Tung Chao-yung 董浩雲

Tung Chee-hwa 董建華

Wan Li 萬里

Wang Jing 王靖

Wang Yang 汪洋

Wang Yang 王暘

Wong Chau-chi 黃秋智

Wong Chi-fung 黃之鋒

Wong Kwong-Shing 黃鋼城

Wong Yuk-man 黃毓民

Wu Kexuan 吳柯萱

Xi Jinping 習近平

Xu Zengping 徐增平

Yang Tiantian 楊田田

Yang Xiaodan 楊曉丹

Yip, Florence 葉招桂芳

Yip Kwok-wah 葉國華

Zeng Xiaosong 曾曉松

Zeng Yu 曾昱

Zhan Sheng 詹勝

Zhang Jingwu 張經武

Zhang Leping 張樂平

Zhang Shengqiao 張聖橋

Zhang Yi 張毅

Zhang Yue 張玥

Zhao Bing 趙昺

Zhao Jiayin 趙佳音

Zhao Yang 趙暘

Zhou Enlai 周恩來

Zhou Xiaochuan 周小川

Zhou yuanzhi 周遠志

Zhu Rongji 朱鎔基

Zhu Yunlai 朱雲來

左岸政治　344

邊際危城 資本、帝國與抵抗視野下的香港
City on the Edge　Hong Kong under Chinese Rule

作　　　者	孔誥烽（Ho-Fung Hung）
譯　　　者	程向剛
總 編 輯	黃秀如
特約編輯	王湘瑋
行銷企劃	蔡竣宇
美術設計	黃暐鵬
社　　　長	郭重興
發行人暨出版總監	曾大福
出　　　版	左岸文化／遠足文化事業股份有限公司
發　　　行	遠足文化事業股份有限公司
	231 新北市新店區民權路 108-2 號 9 樓
電　　　話	(02) 2218-1417
傳　　　真	(02) 2218-8057
客服專線	0800-221-029
E - M a i l	rivegauche2002@gmail.com
臉書專頁	facebook.com/RiveGauchePublishingHouse
團購專線	讀書共和國業務部 02-22181417 分機 1124、1135
法律顧問	華洋法律事務所　蘇文生律師
印　　　刷	呈靖彩藝有限公司
初版一刷	2022 年 7 月 1 日
定　　　價	450 元
I S B N	978-626-96095-7-4
	9786269624621（EPUB）
	9786269624614（PDF）

邊際危城：資本、帝國與抵抗視野下的香港／
孔誥烽作；程向剛譯.
－初版.－新北市：左岸文化出版：
遠足文化事業股份有限公司發行，2022.07
　　面；　公分.－(左岸政治；344)
譯自：City on the edge：Hong Kong under Chinese rule.
ISBN 978-626-96095-7-4（平裝）
1.CST: 歷史 2.CST: 香港特別行政區
673.82　　　　　　　　　　　　111008780